Schnittpunkt * Zivilisationsprozeß
herausgegeben von Gerburg Treusch-Dieter

Band 25

Individualisierung und Transgression

Die Spur Batailles im Werk Foucaults

Petra Neuenhaus-Luciano

Centaurus Verlag & Media UG 1999

Umschlagabbildung: Zeichnung von Francis Picabia, 1932.

Die Autorin, *Petra Neuenhaus-Luciano*, geb. 1964, studierte Philosophie, Soziologie und Hispanistik an der Freien Universität Berlin, 1998 Promotion. Gegenwärtig ist sie als freie Autorin tätig und lebt in Namibia und Frankreich.
1993 veröffentlichte sie im Centaurus-Verlag eine Studie mit den Titel: *Max Weber und Michel Foucault. Über Macht und Herrschaft in der Moderne.*

Gedruckt mit Unterstützung der Deutschen Forschungsgemeinschaft.
Gedruckt auf alterungsbeständigem Papier.

Die Deutsche Bibliothek – CIP-Einheitsaufnahme

Neuenhaus-Luciano, Petra:
Individualisierung und Transgression : die Spur Batailles im Werk
Foucaults / Petra Neuenhaus-Luciano. –
Pfaffenweiler : Centaurus Verl.-Ges., 1999
   (Schnittpunkt Zivilisationsprozeß ; Bd. 25)
   Zugl.: Berlin, Freie Univ., Diss., 1998
   ISBN 978-3-8255-0239-3   ISBN 978-3-86226-415-5 (eBook)
   DOI 10.1007/978-3-86226-415-5

ISSN 0942-1750

Alle Rechte, insbesondere das Recht der Vervielfältigung und Verbreitung sowie der Übersetzung, vorbehalten. Kein Teil des Werkes darf in irgendeiner Form (durch Fotokopie, Mikrofilm oder ein anderes Verfahren) ohne schriftliche Genehmigung des Verlages reproduziert oder unter Verwendung elektronischer Systeme verarbeitet, vervielfältigt oder verbreitet werden.

© *CENTAURUS-Verlagsgesellschaft mit beschränkter Haftung, Pfaffenweiler 1999*

Umschlaggestaltung: DTP-Studio, A. Walter, Lenzkirch
Satz: Vorlage der Autorin

Für Francisco und Jonas

Inhaltsverzeichnis

Kritik der Individualisierung 8
Zur Intention dieser Arbeit 8
Zum Begriff des Individuums 9
Individualismen und ihre Gegner 11
Zur Lokalisierung Foucaults 20

Zur Archäologie von Individuum und Erfahrung im Text Foucaults 25
Maladie mentale et personnalité 26
Maladie mentale et psychologie 35
Die Einleitung zu Binswangers Traum und Existenz 42
Die Histoire de la folie 47
Von der Einheit individueller Erfahrung zu ihrer historischen Konstitution
und zur Grenzerfahrung 57

Spielarten der Individualisierung 60
Panoptische Macht 62
Justiz und Psychiatrie: Definitionsprobleme der Wissenschaften 74
Pastoralmacht und moderner Staat 85

Kritik und Transgression 91
Kritik 91
Transgression 100

Sprache der Identität, Sprache der Transgression 112
Repräsentierende Sprache 112
Foucault und Derrida: der Streit um das Außen des vernünftigen Diskurses 128

Schreiben als Grenzerfahrung: die Unmöglichkeit der Literatur 139
Der Anfang: Traum und Überschreitung 140
An der Grenze: Literatur und Wahnsinn 142
Leere Sprache 145
Schreiben als Transgression? 153
Literatur und politische Kämpfe: gegen Individualisierung 164

Individuum und Transgression bei Georges Bataille 172
Batailles Kritik der Individualisierung 173
Das Individuum und das Heilige im Collège de Sociologie 180
Überschreitung, nicht Aufhebung des Individuellen 188
Erfahrung, Kommunikation, Sprache 196

Literatur- und Siglenverzeichnis 208

Kritik der Individualisierung

Zur Intention dieser Arbeit

Dies ist der Versuch einer gedanklichen Distanzierung vom Individuum mit seiner psychologischen und sozialen Identität; der Versuch, gegen Begriff und Klassifikation individueller Partikularität Momente unseres Seins geltend zu machen, die zu veränderlich und vielfältig sind, um sich dauerhaft in Gestalt eines "Ich" zu profilieren. Dieser Versuch stützt sich auf die Kritik moderner Individualisierung bei Michel Foucault, deren Genese ich anhand der Problemfelder der Machtstrategien, der Sprache und der Literatur herausarbeiten will. In all diesen Problemfeldern kommt der Behandlung des Wahnsinns eine besondere Bedeutung zu, denn Foucault hat sich über das Problem des Wahnsinns das Thema der Erfahrung und der Grenz-Erfahrung erschlossen, das seine gesamte Arbeit durchzieht. Ich werde die Veränderungen nachzeichnen, denen der Erfahrungsbegriff im Laufe der Arbeit Foucaults unterzogen wird, da sie signifikant für die Veränderung seiner Denkweise sind.

Das Thema der Grenz-Erfahrung zeigt eine Spur Batailles im Text Foucaults auf, die zu verfolgen sich nicht zuletzt deshalb lohnt, weil so ein besseres Verständnis der Debatte zwischen Derrida und Foucault um das Andere der Vernunft möglich wird. Daher gehe ich im letzten Kapitel auf das Verhältnis von Individuum und Transgression bei Georges Bataille ein.

Diese Arbeit ist aus dem Studium des im Foucault-Archiv der Pariser *Bibliothèque du Saulchoir* gesammelten Materials entstanden. Die meisten der dort archivierten Texte und Gespräche sind 1994 in den *Dits et écrits* erschienen und so einer größeren Öffentlichkeit zugänglich gemacht worden.[1] Auf diese besonders in Deutschland noch weitge-

---

[1] *Dits et écrits. 1954-1988*, herausgegeben von Daniel Defert und François Ewald, Paris 1994, vier Bände. Im Folgenden: DE.

hend unerschlossenen Texte stützt sich die vorliegende Arbeit in stärkerem Maße als auf die Bücher Foucaults.

Zum Begriff des Individuums

Wenn im Folgenden die Rede vom Individuum ist, so bezeichnet dieser Begriff das Ergebnis eines gesellschaftlichen Prozesses. Es handelt sich um das moderne Individuum, dessen Formierung, so meine Ausgangsthese, verbunden ist mit der Bildung einer Identität, die es einerseits klassifizierbar und für ein Wissen verfügbar macht, die ihm andererseits eine "Auto-Identifikation" erlaubt, mittels derer es sich gesellschaftlich positionieren kann. Das historisch und soziologisch bestimmte Individuum, dessen Identität mit der Moderne entsteht, unterscheidet sich eben durch diese Identität vom empirischen Individuum, das wir in allen Gesellschaften finden.[2] Daher stimme ich nicht mit Manfred Frank überein, der schreibt: "Das Individuum hat eine Identität weder durch körperliche Eigenschaften (...) noch durch die Stabilität der Bedeutung der Prädikate, die ihm (dem Individuum) zu verschiedenen Zeiten zugesprochen werden und die sich ihrerseits schritthaltend mit dem kontinuierlich sich transformierenden Weltdeutungssystem des Individuums modifizieren. So ist das Individuum gerade kein Einheitsprinzip."[3]

Das mit sich selbst identische Individuum, von ich hier sprechen will, ist vom cartesianischen *cogito* durch seinen Weltbezug und durch sein Bestehen in der Zeit unterschieden.[4] Das Subjekt des modernen Humanismus hebt sich vom Individuum ab durch seine Selbstreflexivität (als Transparenz sich selbst gegenüber) und seine Fähigkeit zur

---

2   Vgl. Louis Dumont 1983, S. 29, 304. Dumont unterscheidet das Individuum der "idéologie moderne" vom empirischen Menschen, den wir in allen Gesellschaften finden.
3   Manfred Frank: *Subjekt, Person, Individuum*, in: Manfed Frank; Anselm Haverkamp (Hrsg.): *Individualität* (Poetik und Hermeneutik Band XIII), S. 17.
4   Vgl. zur Unbeständigkeit des cartesianischen *cogito* in der Zeit Wolfgang Hübener: *Der dreifache Tod des modernen Subjekts*, in: Frank, Raulet, van Rejen (Hrsg.) 1988, S. 101-127 sowie Jacob Rogozinski: *Wer bin ich, daß ich gewiß bin, daß ich bin?*, in: Nagl-Docekal, Vetter (Hrsg.) 1987, S. 86-107.

Selbstbegründung oder Autonomie, also dazu, sich selbst das Gesetz seines Handelns zu geben. Das moderne Subjekt ist damit abhängig von den selbstgesetzten Regeln, aber unabhängig gegenüber der radikalen Alterität des (göttlichen) Gesetzes.[5] Um sich selbstgegebenen Gesetzen unterzuordnen, muß das moderne Subjekt sein gesetzgebendes Selbst von dem sich unterordnenden Teil seiner selbst trennen können. Das gesetzgebende Selbst sollte, dem humanistischen Ideal zufolge, allen Menschen gemeinsam und nicht auf die individuelle Singularität reduzierbar sein.

Dem Individuum fehlt die Spaltung, die dem Subjekt konstitutiv ist. Seine Bindung an eine Identität impliziert zwar eine bestimmte, sehr bedingte und reduzierte Form von Reflexivität; was hier reflektiert wird, sind jedoch gesellschaftliche und kulturelle Strukturen viel mehr als ein autonomes Selbst. Während die Vorstellung des modernen Subjekts an die humanistische Idee der Autonomie geknüpft ist, so ist die sich durchsetzende Individualität an die Idee eines unabhängigen "Ich" gebunden.[6] Allerdings kommt damit zwangsläufig das moderne Verständnis vom einzelnen Menschen als eigenem Wert zur Geltung, und insofern ist das Auftreten des Individuums an die modernen Bedingungen der Subjektivität, an eine spezifische Form des Selbstverständnisses, gebunden.

Neuere Ansätze zur Verteidigung des Individuums versuchen daher auch stets, dieses wieder dem Begriff des Subjekts zuzuführen. So spricht Alain Laurent dem Individuum Autonomie zu und begründet diese in seinem Selbstbewußtsein, seiner Reflexivität, die ihm erlaubt, sich selbst zu transzendieren und Macht über sich selbst auszuüben. Der Individualismus wurzele unter anderem in dieser einzigartigen Beziehung zu sich selbst, die aus dem Individuum in doppeltem Sinne ein Subjekt mache: ein Wesen, das in sich selbst existiert, also in einer Subjektivität, die es auf irreduzible Weise von den anderen unterscheidet, und ein Wesen, das verantwortlicher Träger und Urheber seiner Entscheidungen und Handlungen ist.[7] Im gleichen Sinne erklärt Alain Renaut, für das Individuum sei das Streben nach Autonomie gleichbedeutend mit dem Streben, sich als Subjekt zu konstituieren, denn indem es sich auf die Autonomie zubewege, transzendiere es seine

---

5   Vgl. Alain Renaut 1995, S. 6, 46, 71.
6   Vgl. Alain Renaut 1989, S. 48f.
7   Alain Laurent 1993, S. 6.

Singularität und denkt sich als Teil einer Welt, die allen gemeinsam ist, welche, wie es selbst, die Struktur der Subjektivität besitzt. Daher setze das Streben nach Autonomie die Öffnung dem Anderen gegenüber, die Kommunikation, voraus.[8]

Ich möchte hier jedoch das Individuum gerade darin, wie es sich vom Subjekt unterscheidet, thematisieren - wobei nicht ausgeschlossen werden soll, daß es sich hier um eine Art Atavismus des Subjekts handelt, der jedoch eine eigene Form angenommen hat, welche der Problematisierung wert ist. Daher wird im Folgenden das Denken eines seiner selbst bewußten, reflexiven Subjekts nicht eigens problematisiert.[9]

Individualismen und ihre Gegner

Wie kommt es, daß Foucault im 20. Jahrhundert feststellen kann, die erhöhte Sorgfalt für die individuellen Differenzen seit dem 18. Jahrhundert habe lediglich zu ihrer besseren Beherrschbarkeit geführt, statt die "Sorge um sich" zu erlauben? Und welche Konsequenz ist aus dieser Feststellung zu ziehen, wenn sie denn wahr ist? Daß wir künftig die Konzeptualisierung des Individuums vermeiden sollten? Daß die Individualismen der Moderne als gescheitert zu betrachten sind?

Das Individuum als Ergebnis eines gesellschaftlichen Prozesses zu verstehen, ist eine Ausgangsentscheidung, die bereits eine Differenz zu einem Denken markiert, das sich "individualistisch" nennt. Wenngleich die Bezeichnung "Individualismus" ein sehr heterogenes Spektrum von Positionen zusammenfaßt,[10] so lassen sich individualistische

---

8   Renaut 1995, S. 63.
9   Aus der Fülle der Literatur zu diesem Problem sei hier nur auf folgende Titel verwiesen: *Tod des Subjekts?* Hrsg. Herta Nagl-Docekal, Helmuth Vetter, Wien, München 1987; *Penser le sujet aujourd'hui*, Publikation des *Centre Culturel International de Cerisy-la-Salle*, Paris 1988; *Après le sujet, qui vient? Cahiers Confrontation* Nr. 20 (Beiträge von A. Badiou, M. Blanchot, G. Deleuze, J. Derrida, J.-F. Lyotard).
10 Bekannt ist die Feststellung Max Webers in der *Protestantischen Ethik*, daß der Ausdruck "Individualismus" das "denkbar Heterogenste" umfaßt und "eine gründliche, historisch orientierte Begriffsanalyse (...) wissenschaftlich höchst wertvoll" wäre. *Die protestantische Ethik I*, S. 198, Anm. 23.

Positionen doch summarisch auf die Überzeugung zurückführen, daß die Menschheit zuallererst aus Individuen und nicht aus sozialen Gebilden wie Nationen, Klassen, Ethnien etc. besteht, und daß die erste und fundamentale Einheit aller sozialen Gebilde das Individuum ist. Dieses Individuum wird generell als aufgrund seiner Vernunft autonomes Wesen verstanden, das nach Unabhängigkeit strebt.[11]

Entspricht also die Kritik am Individuum und am Prozeß der Individualisierung, die hier anhand der Schriften Foucaults und Batailles entwickelt werden soll, einer "antiindividualistischen" Position? Die Beantwortung dieser Frage bedarf eines Rückblicks auf die verschiedenen individualistischen Positionen der Moderne und ihre Gegner. Denn unsere Modernität zeichnet sich nicht durch die einzigartige Entdeckung des Individuums aus, sondern durch die Pluralität der Formen des Individualismus, die in ihr entstanden sind und die einer Vielzahl von Formen der Soziabilität entsprechen.[12] Mit Rücksicht auf die von mir behandelten Autoren werde ich meinen Rückblick im Wesentlichen auf Frankreich beschränken.

Gerade die katholische Prägung des französischen Geisteslebens macht es notwendig, zu Beginn auf den "Individualismus" der Pietisten und Calvinisten zu verweisen, die durch Disziplin, Askese und Bindung an eine Gemeinschaft den Persönlichkeitstyp hervorbrachten, den Max Weber in der *Protestantischen Ethik* beschreibt. Eine Persönlichkeit, die ein verinnerlichtes und spirituell autonomes religiöses Leben mit der Anhäufung weltlichen Reichtums verband und damit den Boden jenes amerikanischen Liberalismus bereitete, der in Frankreich im allgemeinen als Gefahr für Staat und Nation betrachtet wurde. Ihre individualistische Haltung zeichnet in gewisser Weise die Entwicklung eines "individualistischen Denkens" vor, verstanden als existentielle und intellektuelle Affirmation des Primats der individuellen Freiheit, das heißt der Verbindung von Autonomie (als Fähigkeit der Vernunft zur Selbstbestimmung) und Unabhängigkeit (als gesellschaftliche Souveränität des einzelnen Handelnden, der sich nicht dem "Ganzen" einer Gemeinschaft unterordnet).[13] Im Laufe des siebzehnten Jahrhunderts

---

11 Vgl. Alain Laurent 1993, S. 4.
12 Vgl. Serge Moscovici 1989, S. 29.
13 Vgl. Alain Laurent 1989, S. 35.

manifestiert sich diese Entwicklung auch darin, daß das Wort "Individuum" als Bezeichnung des menschlichen Wesens, zum Ausdruck seiner Singularität und Universalität gebräuchlich wird.[14] In Frankreich heißen seit dem 17. Jahrhundert die ersten aktiven Partisanen der individuellen Freiheit des Denkens und des Ausdrucks "Libertins": einzelne Freidenker und Verfechter einer Sittenfreiheit, die sich gegen die strengen christlichen Normen stellen.

Wenn Leibniz eine aus individuellen Realitäten bestehende Welt entwirft, so sind diese individuellen Realitäten voneinander unabhängige Monaden, die die Totalität des Realen aus sich entstehen zu lassen vermögen. Die Veränderungen, die in und mit diesen einzigartigen, in sich geschlossenen Monaden vorgehen, können allein aus ihrer inneren Dynamik folgen. Mit dieser konstanten Autoproduktion entfaltet die Monade ein ihr eingeschriebenes Gesetz - sie entspricht also gerade nicht, wie Heidegger behauptet hat, der modernen Idee der Autonomie.[15] Die Monade entfaltet ein ihr eingeschriebenes Gesetz, da ihre ontologische Unabhängigkeit sie daran hindert, menschlich gesetzte Regeln zu befolgen. Die von Leibniz beschriebene Harmonie zwischen den nicht miteinander kommunizierenden Substanzen läßt sich als Antizipation der wesentlichen Bestimmungen und Werte eben jenes Individualismus lesen, den Tocqueville in einem anderen Register untersucht hat. Mit ihrer Definition der Freiheit als Unabhängigkeit, der hohen Bewertung der Selbstgenügsamkeit, der Behauptung der Individualitäten als Welten für sich leitet die Monadologie die philosophische Geburt des Individualismus ein. In diesem Zusammenhang ist erwähnenswert, daß in demselben Jahr 1714, in dem Leibniz, ohne sie zu veröffentlichen, die Monadologie schreibt, Mandeville eine erweiterte und kommentierte Edition seiner *Fable des abeilles* herausgibt, jener ersten Annäherung an das, was sich zu den ökonomischen Theorien des Marktes entwickeln wird. In ihr formuliert er aufs Deutlichste das liberale Paradox, daß, damit eine Gesellschaft gedeiht, jeder seine eigenen Interessen verfolgen sollte: "vices privées, vertus publiques".

---

14   Laurent 1993, S.29.
15   Vgl. Renaut 1995, S. 56f.

Die Aufklärung hat die Suche nach dem individuellen Glück in Gestalt der fortschreitenden Privatisierung der Existenz und der Verfechtung bürgerlicher, politischer und religiöser Freiheiten zum Ziel erhoben; diese Freiheiten wurden in der Deklaration der Menschenrechte als natürliche, dem Individuum unveräußerliche Rechte legitimiert. Kants kritikfähiger und mündiger Bürger, der selbstgegebenen Gesetzen folgt, sein Subjekt, das stets als Zweck und nie als Mittel zu denken ist, und die in der französischen Revolution erkämpften Rechte des Individuums sind gegen die traditionellen Strukturen gesetzte Ideen und Realitäten. Wenn wir also von einem Individualismus der Aufklärung sprechen, so ist darunter eine Bewegung des Widerstands zu verstehen. Ein Widerstand allerdings, der nicht negativ bestimmt bleibt: mit der sozialen Emanzipation des Individuums geht die Verstärkung der Selbstkontrolle einher, die Individualität bildet eine Innerlichkeit aus und eine Distanz zu sich selbst, sie differenziert sich zugleich stärker von den Anderen und affirmiert sich als singuläre Identität.[16] Die so behauptete Singularität aber eröffnet paradoxerweise, wie Foucault gezeigt hat, die Konstitution des Individuums als Effekt und Objekt von Macht und Wissen.

Die Französische Revolution ist ein wesentlich kollektiver Prozeß, dem voran und an dessen Oberfläche individuelles Denken agiert. Einzelne aufgeklärte Großbürger und Aristokraten schaffen neben der Masse, die gegen ihre miserablen Lebensbedingungen aufbegehrt, die subversive Atmosphäre, die zum Ausbruch der Revolution führt. Die gedanklichen Konstruktionen dieser Libertins sind individualistisch, darin jedoch Symptome sozialer Auflösung, die diese Auflösung überleben und die sich dem Prozeß der Rekomposition, welcher durch die Ideen vom souveränen Volk und der *volonté générale* vorangetrieben wird, nicht integrieren können.[17]

Der mit der französischen Revolution instaurierte Individualismus ist egalitär, da er jedem Individuum einen absoluten und quasi geheiligten Wert zuspricht, er richtet sich - im Prinzip - gegen die unterschiedliche Bewertung der Individuen aufgrund ihrer Zu-

---

16   Laurent 1993, S. 39.
17   Vgl. Pierre Klossowski: *Le marquis de Sade et la Révolution*. Vortrag vor dem *Collège de Sociologie* vom 7. Februar 1939, später erschienen in *Sade, mon prochain*, 1947. Hier nach Denis Hollier, *Le Collège de Sociologie*, S. 367f.

gehörigkeit zu einer Klasse, einer Rasse oder einem Geschlecht. Tatsächlich aber wird oft eine beschränkte Form dieses Individualismus zur Anwendung gebracht: es gilt die Gleichheit der Individuen, aber nur innerhalb einer bestimmten Rasse, einer Klasse, eines Geschlechts. Arlette Farge stellt daher fest: "(...) la Déclaration des droits de l'homme sera un évènement extraordinaire pour l'égalité: elle fera exister des exclus."[18] Daher ist die hier geprägte Idee des Individuums in der modernen okzidentalen Gesellschaft, die es als Inkarnation der ganzen Menscheit versteht, als frei, allen anderen gleich und mit seinen Bedürfnissen vorrangig vor denen der Gesellschaft, Fiktion geblieben.[19]

In Frankreich stößt die bürgerliche Emanzipation des Individuums auf starke Widerstände, die einerseits in der katholischen Tradition, andererseits in einer etatistischen und nationalistischen Konzeption des Bürgerstatus begründet sind. Dieser Konflikt führt zu der langen revolutionären Krise am Ende des 18. Jahrhunderts.

Auch auf Seiten der Kritiker des zentralistischen Staates gibt es, zu einem Zeitpunkt, als Individualität noch im Namen der Menschenrechte, der Gleichheit und Gerechtigkeit erkämpft wird, ein geschärftes Bewußtsein der Gefahren, die der Individualismus[20] mit sich bringt: insbesondere der Bedrohung des sozialen Zusammenhalts durch diese "amour passionné et exagéré de soi-même, qui porte l'homme à ne rien rapporter qu'à lui seul et se préférer à tout".[21] Tocqueville sieht im Individualismus eine Gefahr der Zersetzung und Atomisierung der Gesellschaft. Seine Sorge gilt dabei dem Verlust der Gemeinschaften, in die das Individuum des *Ancien Régime* eingebunden war und die gewichtige Gegen-Mächte gegen den absolutistischen Staat bildeten. Aus dieser Sorge heraus stellt er die Frage, wie in einer demokratischen und individualistischen Gesellschaft die Dekomposition des Sozialen aufgehalten und Gegenmächte zum Staat aufgebaut werden können.

---

18 *Fin de règne*. In: *EspacesTemps* Nr. 37, 1988, S. 24.
19 Vgl. Louis Dumont, *Homo Aequalis*, Paris 1977.
20 Die Bezeichnung "Individualismus" ist in Frankreich zwischen 1825 und 1830 gebräuchlich geworden. Vgl. Alain Laurent 1989, S. 35.
21 Alexis de Tocqueville, *De la démocratie en Amérique*, 1835-1840, Band 2, S. 17 (neu: Paris 1981).

Proudhon, Comte, Leroux, Blanqui, Lamartine und Marx betrachten den Einbruch der freien Konkurrenz und des Marktes als Ungerechtigkeit, für die der Individualismus die Verantwortung trägt und erhoffen die Wiedereingliederung des Individuums in eine egalitäre Gemeinschaft. Proudhon revidiert allerdings nach den Erfahrungen der vierziger Jahre seine Haltung: er erklärt jetzt das Privateigentum zur notwendigen Bedingung der Effizienz einer freien Assoziation von Produzenten und nähert sich einer individualistischen Konzeption der Gesellschaft.[22] Die Saint-Simonisten bedauern die egoistische Isolation des Individuums seit der Aufklärung,[23] und Auguste Comte verwirft ausgehend vom holistischen Paradigma den Individualismus, der sozialen Zerfall, Egoismus und Anarchie mit sich bringe.[24]

Daneben finden wir in der ersten Hälfte des 19. Jahrhunderts eine starke anti-individualistische Strömung auf Seiten der Traditionalisten und Konterrevolutionäre: Bonald, de Maistre, Lammenais beispielsweise weisen die mit Wahlrecht und Recht auf kritische Meinungsäußerung verbundene individuelle Emanzipation ideologisch zurück.[25] De Maistre denunziert seit 1820 die Teilung der Geister und den politischen Protestantismus, der auf einen absoluten Individualismus hinausläuft und die Strafe Frankreichs sein werde.

Die von De Maistre inaugurierte anti-individualistische Richtung ist deutlich traditionalistisch und katholisch inspiriert. Der Anti-Individualismus der Saint-Simonisten teilt mit ihm die kommunitaristische Orientierung, verbindet diese jedoch mit einer egalitären Perspektive. Er visiert eine kollektivistische und oft etatistische Neuordnung der Gesellschaft und unterscheidet sich deutlich von der Individualismus-Kritik der Reaktionäre durch seine Thematisierung der sozialen Ungleichheiten und der Pauperisierung der Massen. Beide Richtungen erheben jedoch ähnliche Vorwürfe gegen den Individualismus: sie erklären die innere Freiheit des Individuums (die rationale Autonomie) für

---

22 Alain Laurent 1993, S. 56f. Laurent bezieht sich auf Proudhons posthum erschienene *Théorie de la propriété*.
23 Vgl. Saint-Simon, *Le système industriel*, 1821.
24 Auguste Comte, *Discours sur l'esprit positif*, 1844.

illusorisch und die individuelle Unabhängigkeit und Handlungsfreiheit für gefährlich, da sie den sozialen Zusammenhalt auflösen;[26] sie klagen die Ungerechtigkeiten und die Zerstörung der sozialen Solidarität als Folgen des neuen Eigentumsrechts und des Prinzips der freien Konkurrenz an, und setzen die Herrschaft des Individuums gleich mit der Verbreitung des egoistischen Rückzugs auf sich selbst und des asozialen Hedonismus.[27]

Dagegen verkörpern in der Literatur Figuren wie Stendhals Julien Sorel einen raffinierten Individualismus, und Autoren wie Baudelaire oder Oscar Wilde[28] entwickeln einen neuen individuellen Lebensstil. Auf theoretischer Ebene entwickeln, um nur einige Beispiele zu nennen, Kierkegaard, Stirner, Nietzsche, Thoreau, John Stuart Mill, Emerson und Spencer ihre je eigene Form individueller Unabhängigkeit.

Gegen Ende des 19. Jahrhunderts zeichnen sich in Frankreich zwei ideologisch auf *"le sang et le sol"* bezogene Strömungen ab, die zur Konsolidierung einer antiindividualistischen Haltung führen: eine weltliche, nationalistische und positivistische Ideologie, die die französische Geschichte zum Kultgegenstand erhebt und in den imperialistischen Kolonialkriegen eine Verwirklichung der zivilisatorischen Mission Frankreichs sieht, welche mit der kulturellen, manchmal rassischen Überlegenheit der "grande nation" begründet wird. Ist diese Tendenz noch annähernd rationalistisch, so formierte sich zugleich eine vom Polytheismus faszinierte, offen rassistische Bewegung, deren Antisemitismus so weit geht, auch den christlichen Monotheismus abzulehnen. Maurice Barrès ist eine der Figuren, in denen beide Strömungen zusammenlaufen. Die anti-individualistische Haltung, die sich mit ihnen verfestigt, wird durch die Infragestellung der individuellen Autonomie in den neuen Wissenschaften Soziologie und Psychologie verstärkt. Für die Generation von 1880 hat das Individuum seinen Wert verloren, und das Kollektiv kann nicht als Summe seiner Individuen verstanden werden. Sie wenden sich heftig gegen den rationalistischen Individualismus der liberalen Gesellschaft,

---

25 Vgl. Laurent 1989, S. 36.
26 Bonald beispielsweise schreibt 1794 in seinem *Traité du pouvoir*: "Les volontés particulières de l'homme" sont "essentiellement dépravées et destructrices".
27 Laurent 1993, S. 68.
28 Wilde verteidigt die individuelle Freiheit auch theoretisch in *L'âme humaine et le socialisme* (1891).

gegen den "Utilitarismus und Materialismus", die in ihr vorherrschen. In diesem Klima kann schließlich der Faschismus und der Glaube an die Subordination des Individuums unter Kollektiv und Geschichte gedeihen.

Die Sache des Individuums dagegen wird von den kritisch denkenden "Intellektuellen", die als soziale Gruppe infolge der Dreyfus-Affäre entstehen, vertreten.[29] Zwischen 1890 und 1910 verbreitet sich der positive Gebrauch der Bezeichnung "Individualismus", und seine Zelebration als eminenter Ausdruck des demokratischen Humanismus, der aus der Aufklärung hervorgegangen ist, setzt ein. Jaurès und Durkheim, die den Individualismus zunächst verworfen hatten, beginnen nun, für ihn Stellung zu nehmen. Es geht nun weniger noch darum, für oder gegen den Individualismus zu sein, als vielmehr darum, welche Form des Individualimus man befürworten könne und solle. Durkheim entwickelt seine eigene Interpretation: im Jahr 1898 erklärt er, der Individualismus sei "unser einziges kollektives Ziel", er sei in der Sympathie der Menschen füreinander dem Sozialismus verwandt und bestehe in der Glorifikation nicht des individuellen Ich, sondern des Individuums im allgemeinen.[30]

Aber daneben besteht ein reaktionärer und militanter Anti-Individualismus, den die Destabilisierung durch den Ersten Weltkrieg zunächst verstärkt. In Frankreich äußert sich diese Reaktion als Allianz des Traditionalismus Maurras' (*La démocratie religieuse*, 1921) mit dem kommunitaristischen Personalismus Mouniers.[31] Die Partisanen Pétains gehen im wesentlichen aus der ultra-nationalistischen und der traditionalistisch-katholischen Strömung, die zutiefst anti-individualistisch ist, hervor. Roger Caillois unterzieht 1937 den Individualismus einer kritischen Revision in *Le vent d'hiver*, ebenso wie Lacombe in *Le déclin de l'individualisme*. In Deutschland, Italien, Spanien und Ruß-

---

29 Vgl. Jürg Altwegg 1989, S. 31ff.; Zeev Sternhell, *Ni droite ni gauche*, Paris 1983, und Bernard-Henri Lévy, *Idéologie française*, 1981.
30 Vgl. Laurent 1993, S. 57ff.
31 Mounier, Begründer der Zeitschrift *Esprit*, versteht das Individuum in erster Linie als egoistischen Bourgeois, Nutznießer und Komplizen des liberalen Kapitalismus. Er strebt eine soziale Neuordnung nach solidarischen und altruistischen Prinzipien an, die von vielen "linken" Katholiken geteilt wird. Vgl. Mounier, *La révolution personnaliste et communautaire*, 1934; *Le manifeste au service du personnalisme*, 1935.

land erklären die an Macht gewinnenden totalitären Ideologien das Individuum zu ihrem ersten Feind.[32]

Der Antagonismus zwischen Katholizismus und Individualismus zeichnet eine sensible ideologische und kulturelle Teilungslinie in die französische Gesellschaft ein, deren Auswirkungen noch gegenwärtig spürbar sind. Die Thesen Teilhard de Chardins üben starken Einfluß auf die sozial engagierten Katholiken Frankreichs aus. Aber nach dem Ende des Zweiten Weltkrieges wird der Individualismus eben dadurch aufgewertet, daß die Figur des freien Individuums der erste und gemeinsame Feind der totalitären Ideologien ist. Das Individuum erscheint als Opfer, das nach Ende der totalitären Regimes erst sein Recht erhalten kann und muß. Die verschiedenen Emanzipationsbewegungen liefern, indem sie sich auf die individuellen Freiheiten berufen, Stoff für die Rede von der "Rückkehr des Individuums". Und tatsächlich fällt es leicht, die Macht zu kritisieren, indem man das revoltierende Individuum gegen die politische Autorität, gegen den Leviathan, die öffentliche Meinung, die Arbeitsorganisation, die Statistik, den Durchschnitt, die Ordnung und die Disziplin, den sterilen Geist von Befehl und Gehorsam stellt. Fraglich ist jedoch, ob diese Opposition noch haltbar ist.

Die soziologischen, philosophischen, linguistischen und ethnologischen Theorien, die sich während der sechziger und siebziger Jahre etablieren, sprechen dem Individuum größtenteils seine Autonomie ab: so beispielsweise die Soziologie Pierre Bourdieus, die das Individuum als sozialen Agenten faßt, welcher von einem durch soziale Strukturen geprägten "Habitus" determiniert wird, der Strukturalismus und nicht zuletzt die Thesen, die Michel Foucault, etwa in *Surveiller et punir,* über die Produktion von Individuen durch Machttechniken entwickelt.

Die Revolte der sechziger Jahre läßt sich hinsichtlich ihres individualistischen Gehalts nicht leicht einordnen: zwar stellt sie das Kollektiv in den Vordergrund und gegen den bürgerlichen Egoismus, zugleich aber wird sie vom Interesse an individueller Freiheit angetrieben, das unter anderem den Rückzug in psychische und artifizielle Welten favorisiert.

---

32 Vgl. Laurent 1989, S.37.

Die Affirmation der Individualität als einziges Wertprinzip, die sich im 20. Jahrhundert beobachten läßt, wird weiterhin stark kontrovers beurteilt. Während einige in ihr einen den Werten der Moderne konformen Emanzipationsprozeß sehen, wird sie von anderen als Zerstörung kultureller Werte und daher als Barbarei bezeichnet. Renaut hat für die philosophische Diskussion in Frankreich die erstere Position als die der "Neo-Toquevillianer" bezeichnet, zu denen er Gilles Lipovetsky[33] ebenso zählt wie Louis Dumont, Marcel Gauchet und Alain Ehrenberg, die zweite Position als die der "Neo-Heideggerianer", zu denen Alain Finkielkraut, Jacques Derrida, Michel Foucault und François Lyotard gerechnet werden.[34] Jean Baudrillard konstatiert, daß dem heutigen Individuum eben die wesentliche Eigenschaft des Subjekts: das Geteiltsein, fehlt. Die Konfrontation mit dem Anderen und die Spaltung in sich selbst bestehen nicht mehr, so daß das Individuum seinen Begriff mit einer homogenen, ungeteilten Existenz erfüllt, die alle Spannung und Intensität verloren hat. Was einmal Utopie war und für die Überwindung erstarrter Strukturen stand, geistert nach dem Tod des Subjekts als Phantom umher. Das bedeutet das Ende der Dimensionen der Überschreitung und des Außen für das Individuum.[35]

Zur Lokalisierung Foucaults

Foucaults Kritik des modernen Individualisierungsprozesses relativiert die Vorstellung vom emanzipatorisch gegen die Autoritäten von Kirche und Staat aufbegehrenden Individuum, indem sie herausstellt, daß die modernen Individuen in einem komplexen Gefüge von Machtstrategien (das nicht mit dem Staat zu verwechseln ist) erzeugt wurden. Daraus folgt, daß die Idee, das Individuum sei ein handelndes Subjekt, welches kontinuierlich und identisch mit sich selbst immer schon gegeben ist, fallengelassen

---

33   *L'Ere du vide. Essai sur l'individualisme contemporain*, Paris 1983, und *L'Empire de l'éphémère*, Paris 1987.
34   Renaut 1995, S. 14.
35   *Le sujet et son double*, 1989, S. 19-23.

werden muß. Foucault gelangt zu dieser Konzeption des Individuums über seine Archäologie, die Methode, derzufolge es die historische und soziale Analyse mit nichts anderem als einem Ensemble von Akten und Ereignissen zu tun hat. Auch wenn Foucault sich in der *Archéologie du Savoir* nicht explizit auf den Begriff des Individuums bezieht, gehört doch dieser Begriff mit Sicherheit zu den "continuités irréfléchies", deren wir uns, wie es in diesem Buch heißt, entledigen müssen, um eine bestimmte Gruppe von Ereignissen zu verstehen. Der Begriff des Individuums verliert hier seinen privilegierten epistemologischen Status. Doch die Entstehungsgeschichte von Foucaults Verständnis des Individuums führt über sein Werk hinaus zurück zu Batailles Denken der Souveränität und Transgression und Nietzsches Dekonstruktion der Subjektidee.[36]

Eine der Konsequenzen aus Foucaults Position ist seine Opposition zur liberalen Konzeption des Individuums. Für die Liberalen ist das Individuum die erste Realität, auf die wir uns beziehen können, wenn wir die Gesellschaft beobachten. Es ist ein verantwortliches Subjekt, Träger von Rechten und Pflichten, besitzt eine persönliche Identität, die vergangene und künftige Handlungen miteinander verbindet. Für Foucault dagegen kann das Individuum nicht mehr "Subjekt" der Freiheit sein. Was sich der Macht entgegenstellt und aus dieser Konfrontation frei oder unterworfen hervorgeht, sind Handlungen, Gesten, Zustände des Geistes und des Körpers.[37]

Wie aber verhält sich das Individuum, von dem Foucault spricht, zum Subjekt? Unterscheidet Foucault die beiden Begriffe deutlich? Zunächst versteht er unter "Individuen" die durch verschiedene Weisen des *assujettissement*, sei es durch die Humanwissenschaften oder durch die Machttechniken, die in den Asylen, Hospitälern und Gefängnissen institutionalisiert sind, objektivierten und beherrschten Einzelnen. Im Unters-

---

36 Daneben macht sich bei Foucault der Einfluß der soziologischen und philosophischen Schulen des Positivismus geltend, die Individualität, im Unterschied zur allgemeinen Form des Subjekts, als akzidentell verstehen. So war der Positivismus Comtes eine Affirmation des Subjekts gegen das Individuum (in seiner *Synthèse subjective* von 1856 erklärt er die Menschheit im Allgemeinen zum wahren Subjekt, das trans-individuell ist und dem alle positiven Wissenschaften unterzuordnen sind). Heute verbindet sich der Positivismus jedoch meist auch mit einer antisubjektiven Haltung, da er seinen Gegner im Neokantianismus und in der Phänomenologie sieht: in allem, was dem transzendentalen Subjekt einen Platz einräumt.

chied dazu benutzt er den Subjektbegriff, um jene zu bezeichnen, die sich durch bestimmte Formen der Reflexivität, der Selbstbeziehung, auszeichnen und durch diese Reflexivität in Beziehung zum wahren Diskurs und zu bestimmten Rationalitätsformen treten.[38] Aber zwischen dem Individuum und dem ethisch konstituierten Subjekt gibt es keinen radikalen Bruch: denn das Subjekt kann sich im Prozeß des *assujettisement* nicht nicht selbst konstituieren, wenn diese Selbstkonstitution an das Machtdispositiv oder an eine Hermeneutik des Geständnisses gebunden bleibt. Wir können daher von einer stetigen Ambiguität, einer doppelten Konzeption des Begriffs "sujet" bei Foucault sprechen, der einerseits das "sujet soumis à l'autre par le contrôle et la dépendance" bezeichnet, und andererseits das "sujet attaché à sa propre identité par la conscience ou la connaissance de soi".[39] In beiden Fällen läßt sich "sujet" durch "individu" ersetzen, denn das Individuum, das in die Machtbeziehungen der Moderne eingebunden ist, befindet sich zwangsläufig auf der Suche nach seiner Identität und kreist um die Frage "wer bin ich?". Foucault spricht an gleicher Stelle über die gegenwärtigen Kämpfe, die den Status des Individuums infragestellen, wobei es nicht darum geht, für oder gegen das "Individuum" Position zu beziehen, sondern gegen das "gouvernement par l'individualisation". Diese Individualisierung aber beschreibt er als "forme de pouvoir qui transforme les individus en sujets", denn sie zwingt das Individuum, "à se replier sur lui-même et

---

37 Vgl. Alessandro Pizzorno: 1989, S. 236-245.
38 Dies entspricht teilweise der von Tongo Mikobi in *Naissance du sujet moderne dans l'itineraire de Michel Foucault* vorgenommenen Unterscheidung. Mikobi spricht jedoch im Falle des Individuums von einer Sinnebene des Subjektbegriffs, subsumiert das Individuum also letztlich dem Subjekt, und fügt den beiden genannten zwei weitere Ebenen des Subjektbegriffs bei Foucault hinzu: den Menschen als letztes Postulat einer gegebenen Epoche, in diesem Fall der modernen Episteme; und das Ich (le Moi) oder transzendentale Subjekt als Instanz der dieser Epoche eigenen Herrschaftspraxis. Diese beiden Figuren seien eng verbunden: das Epochensubjekt "Mensch" sei nicht der Mensch (être humain) in seiner Faktizität, sondern die der Aufklärung eigene "figure épistémique", der universelle und rationale Mensch. Das transzendentale Subjekt sei das dem Epochensubjekt immanente Prinzip der Selbstkonstitution. Foucaults Analyse der Humanwissenschaften zeige die Zusammengehörigkeit von Humanismus und transzendentaler Subjektivität. Ich vermag jedoch der von Mikobi vollzogenen Konstruktion eines Epochensubjekts nicht zu folgen.
39 *Le sujet et le pouvoir*, DE IV, S. 227.

l'attache (...) à son identité propre". "Cette forme de pouvoir s'exerce sur la vie quotidienne immédiate, (...) classe les individus en catégories, les désigne par leur individualité propre, les attache à leur identité, leur impose une loi de vérité qu'il leur faut reconnaître et que les autres doivent reconnaître en eux." Dem Individuum ist also, ebenso wie dem Subjekt, eine Form der Reflexivität zuzuschreiben, nicht aber der Anspruch auf Autokonstitution oder Transzendentalität. Entsprechend faßt Foucault in *Le souci de soi* das Individuum als "l'intensité des rapports à soi, c'est-à-dire des formes dans lesquelles on est appelé à se prendre soi-même pour objet de connaissance et domaine d'action, afin de se transformer".[40]

Foucault unterstreicht in *Surveiller et punir* die Aktualität der aristotelischen Frage nach der Möglichkeit und Legitimität einer Wissenschaft vom Individuum, angesichts der massiven Beschäftigung des abendländischen Wissens mit dem Individuum seit dem Ende des 18. Jahrhunderts. Seitdem haben die beiden wesentlichen Bedeutungen dieses Begriffs abwechselnd größeres Gewicht bekommen: die des Individuums als partikulares, das klassifiziert und erkannt werden kann, und die des singulären Individuums, das durch seine Differenz bestimmt ist und das sich der begrifflichen Zuordnung entzieht. Worauf sich Foucault mit seiner Kritik der Individualisierung in erster Linie bezieht, ist das Individuum, das als partikular verstanden wird und so Klassifizierung und Identifizierung ermöglicht. Paradoxerweise stellt Foucault jedoch fest, daß auch die Beschreibung des Individuellen als Singuläres in der Moderne zu seiner Konstitution als Effekt und Objekt von Wissen und Macht beigetragen hat. Demnach hat also Kants Frage "Was ist der Mensch?", statt dem Singulären Raum zu geben, zu seiner erneuten Fesselung beigetragen, und Rousseau bringt mit seiner Erklärung, daß wir, um "den Menschen" in dem ihm Eigenen zu erkennen, zunächst die Differenzen beobachten müssen[41], nicht nur

---

40   Paris 1984, S. 56. In den *Dits et Ecrits* finden sich zahlreiche weitere Belege für den alternierenden Gebrauch von "individu" und "sujet": siehe u.a. DE I S. 93f. und 98, 591 und 596, 606 und 609, DE II S. 12, 75, 226, 480, 481, DE III S. 180, 566, DE IV S. 170f., 213, 645f., 728f.. Das Individuum (d.h. die Kenntnis vom Individuum und seine Klassifikation als normal/anormal etc.) gilt aber als Voraussetzung für die Entstehung eines neuen Typs des Erkenntnissubjekts. Vgl. DE II, S. 539.

41   Jean Jaques Rousseau, *Essai sur l'origine des langues*, 8. Kapitel.

eine neue Aufmerksamkeit für die historischen und geographischen Verschiedenheiten der Menschen zum Ausdruck, die dem jeweiligen *hic et nunc* gerecht zu werden versucht und darin an die Nominalisten des Mittelalters anknüpft, sondern beteiligt sich auch an der Gründung jener Humanwissenschaften, die Foucault zufolge Agenten der Disziplinierung des modernen Individuums sind.

Zur Archäologie von Individuum und Erfahrung im Text Foucaults

In diesem Kapitel soll deutlich werden, wie sich Foucaults Kritik am Begriff des Individuums entwickelt und wie diese Entwicklung von Anfang an mit dem Thema der Erfahrung verflochten ist. Ich setze dazu bei einer Periode seines Schreibens an, die dem Konzept des abhängigen, disziplinierten, einer Vielzahl von Machteffekten unterworfenen Individuums, das Foucault in den siebziger Jahren als bedrückende Kehrseite einer zweihundertjährigen Geschichte von Humanismus und Aufklärung herausstellt, weit vorausliegt und bisher in der deutschen Rezeption wenig Beachtung gefunden hat.

Im weiteren Verlauf dieser Arbeit wird die Gestalt dieses Individuums als eine sich langsam abzeichnende und wieder verwischende Form des Denkens Foucaults verfolgt werden; hier jedoch will ich zunächst zeigen, wie Foucault mit dem Versuch beginnt, den "ganzen", ursprünglich freien Menschen zu denken, der in der Lage ist, seine Individualität zu transzendieren. Denn daran wird er später mit kritischen Entwürfen zur Lösung von individueller Identität anknüpfen, die geleitet sind von der Idee eines "Außen", vom Gedanken der fortwährenden Arbeit an sich selbst und dem Sich-Einlassen auf Erfahrungen, die die Grenze des individuellen Ich infragestellen. Daneben zeichnet sich aber bereits in dieser "Frühzeit" das Profil des unterworfenen Individuums ab.

Ich werde also hier die ersten Bücher Foucaults zum Thema "Wahnsinn und Geisteskrankheit" hinsichtlich der Gestalt, die Individuum und Subjekt darin enthalten, und hinsichtlich des Verhältnisses von Individuum und Subjekt zur Erfahrung thematisieren. Die behandelten Texte sind *Maladie mentale et personnalité* (1954), die Neufassung dieses Buches unter dem Titel *Maladie mentale et psychologie* (1962), die Einführung zu *Le rêve et l'existence* (1954) und die *Histoire de la folie*

(1961). Besonders wird dabei berücksichtigt, auf welche Weise Foucault den Begriff der Erfahrung mit den verschiedenen Formen des "Menschen", des "Individuums" und des "Subjekts" verknüpft, und wie sich dabei der Erfahrungsbegriff selbst verändert.

Maladie mentale et personnalité

Um die Schichten des Denkens Foucaults archäologisch freizulegen und zu sehen, auf welche Weise er begonnen hat, sich mit dem Problem des Individuums zu beschäftigen, müssen wir zurückgehen zum ersten Buch Foucaults, das 1954 unter dem Titel *Maladie mentale et personnalité* erschienen ist.[1] Das Buch setzt sich, nach einem einführenden Kapitel zum Problem von Geisteskrankheit und organischer Krankheit, aus zwei Teilen zusammen, deren erster die psychologischen Dimensionen der Krankheit behandelt, während der zweite auf ihre existentiellen Bedingungen eingeht. Es ist bekannt, daß Foucault dieses erste Buch unter starkem Einfluß der Phänomenologie verfaßt hat, die das akademische Leben der fünfziger Jahre in Frankreich beherrschte. In seinem Gespräch mit Trombadori erklärt er dazu, seine Universitätsausbildung habe unter dem Zeichen Hegels und der Phänomenologie gestanden. Die Lektüre dessen, was man "Existentialanalyse" oder "phänomenologische Psychiatrie" genannt hat, sei für ihn zu dieser Zeit sehr wichtig gewesen, da er nach einem Gegengewicht zu den Rastern des psychiatrischen Blicks gesucht habe. Er habe sich jedoch entschieden, in der Folge Batailles, Blanchots und Nietzsches die Kategorie des Subjekts und seine fundierende Rolle infragezustellen, an der Phänomenologie und Existentialismus festhielten.[2] Was aber bedeutet diese

---

1 Paris 1954. Foucault selbst datiert diese Arbeit in seinen *Titres et travaux* stets mit dem Jahr 1953. Das Manuskript scheint dem Verleger im Winter 1952-53 übergeben worden zu sein (Vgl. DE I, Chronologie, S. 19). Im Folgenden MMP.

2 DE IV, S. 43, 48. *Der Mensch ist ein Erfahrungstier*, Foucault/Trombadori 1996, S. 35f., 53f.

phänomenologische Prägung für das Verständnis des kranken Individuums, von dem er zu diesem Zeitpunkt ausgeht, und wie schlägt sie sich in seinem Erfahrungsbegriff nieder? Es ist vor allem der erste Teil des Buches, in dem sich die phänomenologische Herangehensweise geltend macht. Zunächst und vor allem darin, daß Foucault der etablierten Psychopathologie ein einheitliches Verständnis des Individuums entgegensetzt, das sich auf dessen Faktizität bezieht, das heißt auf die gelebte Einheit des individuellen Bewußtseins. Diese Einheit ist an die Persönlichkeit prägenden Grunderfahrungen wie der Erfahrung der Angst ablesbar, die bestimmte, von der Psychologie als pathologisch eingestufte Schutzreaktionen nach sich ziehen. Darüberhinaus macht die Methodologie, die das Bewußtsein des Kranken von seiner Krankheit und die für ihn grundlegende Form der Erfahrung zu verstehen sucht, den phänomenologischen Einfluß erkennbar.

Der zweite Teil des Buches, der die "äußeren" Bedingungen der Krankheit behandelt, spiegelt den marxistischen Positivismus wieder, der für die linken Intellektuellen im Nachkriegsfrankreich typisch war: Foucault will hier die Krankheit objektiv aus den psychologischen und gesellschaftlichen Existenzbedingungen der Individuen erklären, die von Entfremdung geprägt sind. In gewisser Weise wird hier also die einheitliche Individualität durch einen sozialen Determinismus relativiert.

Foucaults Anliegen in diesem Buch ist es, die einheitliche Individualität des Kranken und ihre Prägung durch eine bestimmte Erfahrung, die ihr im Wesentlichen ihre Einheit verleiht, herauszustellen. Er plädiert für eine Analyse der konkreten Formen, die die Geisteskrankheit im psychologischen Leben des Individuums annehmen kann, und ihrer Bedingungen. Er will zeigen, daß das Wissen von der Geisteskrankheit sich in der "Reflexion des Menschen über den Menschen" verankern muß.[3] Der einheitliche Begriff des Individuums, den er dabei verteidigt, soll sich in Absetzung von einer "abstrakten Metapathologie" auf die "faktische Einheit des realen Menschen" beziehen.[4] Denn die abstrakte Einheit von Physis und

---

3 MMP S. 2.
4 MMP S. 10.

Psyche, die die Psychopathologie dem Verständnis der kranken Persönlichkeit generell zugrundelegt, führt dazu, daß die Verantwortlichkeit für die Krankheit innerhalb der geschlossenen Realität des Einzelnen gesucht wird. Die Krankheit wird so als Schnitt in der individuellen Entwicklung begriffen, ohne die Komplexität und Besonderheit, die das psychologische vom organischen Leben abhebt, zu berücksichtigen, und ohne zu erwägen, daß die als pathologisch klassifizierte Reaktion im Rahmen der gegebenen Situation möglicherweise angemessen ist.

Foucault verteidigt die Kohärenz der persönlichen Struktur des Schizophrenen gegen die evolutiven Analysen der Entwicklungspsychologie und Psychoanalyse sowie gegen die negativen Definitionen der Geisteskrankheit (etwa durch eine Soziologie, die das Pathologische als Abweichung von der gesellschaftlichen Norm denkt). Er betont, daß die Regression die komplexe Struktur der kranken Persönlichkeit nicht zerstört und nicht etwa eine archaische Persönlichkeit zurückläßt. Wenn der Schizophrene eine zerstückelte, chaotische Welt beschreibt, deren Zeit keine Zukunft und Vergangenheit kennt, so findet diese zerstückelte Welt doch ihre Kohärenz in seiner persönlichen Struktur und bestätigt die gelebte Einheit seines Bewußtseins.[5]

Versteht man die Krankheit ausgehend von der gegenwärtigen Situation des Individuums, so können auch regressive Phänomene eher als ein Rekurs auf die Vergangenheit verstanden werden, der als Schutz vor der Gegenwart dienen soll, denn als Rückkehr in die Vergangenheit: "Plutôt un recours qu'un retour".[6] Der Begriff des psychischen Schutzes, dessen Notwendigkeit eine Konsequenz der individuellen Geschichte ist, bleibt für Foucaults weitere Argumentation in diesem Text zentral und führt ihn zur Rolle der Angst in der Krankheitsentwicklung. Es ist

---

5   MMP S. 34.

6   MMP S. 40. "La maladie a pour contenu l'ensemble des réactions de fuite et de défense par lesquelles le malade répond à la situation dans laquelle il se trouve; et c'est à partir de ce présent, de cette situation actuelle qu'il faut comprendre et donner sens aux régressions évolutives qui se font jour dans les conduites pathologiques; la régression n'est pas seulement une virtualité de l'évolution, elle est une conséquence de l'histoire" (S. 43).

die Erfahrung eines unlösbaren Konflikts, durch die sich der Kranke bedroht fühlt und Schutzreaktionen entwickelt - vorausgesetzt, daß der Konflikt nicht als äußerer Widerspruch in einer objektiven Situation, sondern als innerer Widerspruch, als widersprüchliche Erfahrung erlebt wird.[7] Die stärkste solcher ambivalenten Erfahrungen ist die Angst, die uns, so Foucault, im Schwindel einander widersprechender Gefühle zeigt, daß es *ein* Wunsch ist, der sich in uns auf Leben und Tod, auf Liebe und Haß richtet.[8] Die Angst ist in allen Schutzreaktionen der Krankheit präsent, sie bezieht sich sowohl auf die Vergangenheit als auch auf die Gegenwart des Kranken, die mit der Angst eine gemeinsame Bedeutung erhalten.

Die pathologische Entwicklung eines Individuums läßt sich Foucault zufolge aber nur dadurch erklären, daß bei ihm die Angst von Anfang an präsent und für seine Erfahrung bestimmend gewesen sein muß: "Si l'angoisse remplit l'histoire d'un individu, c'est parce qu'elle est son principe et son fondement; d'entrée de jeu, elle définit les mécanismes psychologiques qu'ils déclenchent, les formes de répétition qu'ils affectent au cours des épisodes pathologiques: elle est comme un *a priori* d'existence".[9] Mit Formulierungen wie dieser erinnert Foucault an die Existentialanalyse Heideggers, der in *Sein und Zeit* die Angst zu einer Grundbefindlichkeit des Daseins erklärt, die ausgezeichneter Zugang zum eigentlichen, vereinzelten Selbst ist und sich auf das "In-der-Welt-sein" als solches bezieht, wobei das "In-der-Welt-sein" zugleich das Wovor und das Worum der Angst ist.[10] Foucault hat Heidegger zu Beginn der fünfziger Jahre gelesen, und es ist wahrscheinlich, daß er beim Schreiben von *Maladie mentale et personnalité* auf seine Aufzeichnungen zu dieser

---

7   "Là où l'individu normal fait l'expérience de la contradiction, le malade fait une expérience contradictoire; l'expérience de l'un s'ouvre sur la contradiction, celle de l'autre se ferme sur elle. En d'autres termes: conflit normal; ou ambiguïté de la situation; conflit pathologique, ou ambivalence de l'expérience" (MMP, S. 48).
8   MMP S. 49.
9   MMP S. 52.
10 Martin Heidegger, *Sein und Zeit*, § 40.

Lektüre zurückgegriffen hat.[11] Die phänomenologische Prägung wird noch deutlicher im vierten, *La maladie et l'existence* überschriebenen Kapitel: hier liegt die Betonung auf dem Verstehen der Erfahrung des Kranken, um das sich der Psychologe bemühen muß, statt in der Distanz objektiven Erkennens zu verharren.[12] Foucault nimmt an, daß es eine grundlegende Erfahrung gibt, die alle pathologischen Prozesse beherrscht, wie zum Beispiel die Erfahrung der Fremdheit in Beziehung zu Anderen und zur Welt. Einer solchen Erfahrung in ihrer Konkretion und Einheitlichkeit gerecht zu werden, traut Foucault allein einer phänomenologischen Psychologie zu.

Die Achtung der Singularität des Kranken ist das Kriterium, das Foucault hier zur Wahl des phänomenologischen Verstehens als der adäquatesten, weil am wenigsten interventionistischen Methode veranlaßt. Das Bemühen, sich auf den Kranken, den Anderen, den Wahnsinn, die extreme Erfahrung zuzubewegen und durch sie verändern zu lassen, statt sie auf funktionale Begriffe zu bringen, wird auch in seinen späteren Auseinandersetzungen mit dem Wahnsinn und darüber hinaus in seinen Arbeiten zur Individualisierung und Subjektivierung und zur Literatur lesbar bleiben. Entsprechend macht Foucault hier, im vierten Kapitel von *Maladie mentale et personnalité*, das originale Bewußtsein des Kranken von seiner Krankheit gegen die alleinige Inanspruchnahme des Wissens durch den Arzt geltend. Es ist unmöglich, schreibt er, die Krankheit mithilfe des medizinischen Wissens objektiv zu erfassen, da die Art, wie das Subjekt seine Krankheit akzeptiert oder zurückweist, der Sinn, den es ihr gibt, eine wesentliche Dimension der Krankheit ist. Und die Krankheit erhält zumindest den subjektiven Sinn einer Trennung von der Welt der Anderen, einer irreduziblen Differenz.[13]

---

11 Vgl. *Le retour de la morale*, Gespräch mit G. Barbedette und A. Scala am 29. Mai 1984, in: DE IV S. 696-707, hier 703.

12 Foucault verweist hier auf Jaspers, der in seiner *Allgemeinen Psychopathologie* (Berlin 1913) gezeigt habe, daß das Verstehen die Grenzen des Normalen überschreiten und innerhalb gewisser Grenzen die Essenz des Pathologischen berühren könne. MMP S. 54.

13 Vgl. zu den möglichen Formen des Selbstbewußtseins des Kranken S. 57 f.

Foucault legt großen Wert darauf, zu zeigen, daß der Kranke in einer eigenen Welt lebt, deren Entstehung nicht auf eine historische Episode reduzierbar ist. Weil die phänomenologische Analyse dieser persönlichen Welt und damit der Annahme, daß eine bestimmte Färbung, bestimmte Vorlieben bereits vor der pathologischen Entwicklung gegeben sind, Rechnung tragen will, weist sie die apriorische Unterscheidung des Normalen und des Pathologischen zurück. Die pathologische Entwicklung beginnt dort, wo die Welt eines Individuums sich dem Bezug zur Welt der anderen verschließt und "Privatwelt" wird. Eben dies muß aber, erklärt Foucault, die Analyse veranlassen, sich der äußeren Welt, der *Situation* des Kranken zuzuwenden und dort die Bedingungen der Krankheit zu suchen, statt die Krankheit individualistisch aus seiner Persönlichkeit zu erklären.

Dem Anteil dieser äußeren Situation an der Krankheit ist daher der zweite Teil des Buches gewidmet. Bereits der Titel, *Les conditions de la maladie*, suggeriert die Möglichkeit ihrer objektiven Erklärung, und Foucault übernimmt hier weitgehend den Positivismus der marxistischen Entfremdungstheorie. Er kritisiert die Soziologie Durkheims und eine bestimmte Richtung der amerikanischen Psychologie, wie sie von Ruth Benedict vertreten wird, wegen ihrer negativen und virtuellen Konzepte der Krankheit[14] - negativ, weil sie die Krankheit als Abweichung in bezug auf eine Norm, einen Durchschnitt oder ein kulturelles Muster definieren; virtuell, weil sie die Krankheit durch statistisch oder anthropologisch gegebene Möglichkeiten definieren. Diese negative und virtuelle Kennzeichnung der Krankheit gilt ihm als deren Ausschluß und als Indiz dafür, daß sich unsere Gesellschaft im Kranken nicht wiedererkennen will. Dem sei ein Verständnis der Krankheit entgegenzusetzen, das sie als positive Manifestation einer Kultur und als Realität annimmt.[15]

Nachdem er die historischen Veränderungen dargestellt hat, denen der Status des Kranken unterworfen war (von der Besessenheit durch Dämonen zum Wahnsinn als

---

14 Vgl. Durkheim, Emile: *Règles de la méthode sociologique*, Paris 1947; Benedict, Ruth: *Echantillons de civilisation*, Paris 1950.
15 MMP S. 74.

menschliche Schwäche: eine Humanisierung, die paradoxerweise den Ausschluß aus der menschlichen Gesellschaft zur Folge hat) gelangt Foucault zu der Feststellung, daß die Internierung im 19. Jahrhundert in der Konstitution eines bestimmten Typus des Kranken resultiert. Die gesamte Erfahrung des Kranken ist jetzt von der Entfremdung, der *aliénation*, bestimmt, die damit mehr wird als nur ein juridischer Status. Der Kranke wird als Fremder betrachtet, der von den Rechten der menschlichen Gemeinschaft ausgeschlossen ist, und kann so seinerseits die Anderen nur als Fremde sehen. Es ist aber zu wesentlichen Teilen die Psychopathologie selbst, die mit der Aberkennung der den Menschen auszeichnenden Fähigkeiten diesen Zustand der Entfremdung herbeigeführt hat.

Die sozialen Strukturen und die menschliche Umwelt, in denen der Kranke lebt, sind Foucault zufolge konstitutiv für seine Erfahrung der Krankheit. Insofern drückt sich die Gesellschaft, die den Kranken ausschließt, dennoch in ihm aus. Foucault übernimmt den marxistischen Gedanken, daß die sozialen Beziehungen, wie sie von der kapitalistischen Ökonomie mit ihren Formen der Konkurrenz und der Ausbeutung, mit ihren imperialistischen Kriegen und Klassenkämpfen, bestimmt werden, dem Menschen eine Erfahrung seiner menschlichen Umwelt bieten, die ununterbrochen vom Widerspruch heimgesucht wird. Der Einzelne sieht sich auf negative Weise, durch Abhängigkeit, an die Anderen gebunden; die sozialen Gesetze, die ihn mit den Anderen im selben Schicksal vereinen, setzen ihn denselben Anderen in einem Kampf entgegen, der paradoxerweise nichts als die dialektische Form dieser Gesetze ist. Der Mensch ist für den Menschen ebenso das Gesicht seiner eigenen Wahrheit wie die Möglichkeit seines Todes. Die Erfahrung der Widersprüche des Kapitalismus zwingt zu der Feststellung, daß der Mensch vom Menschen eine negative Erfahrung machen kann und muß, die als Haß und Aggression gelebt wird. Die Psychologen haben dieser Erfahrung den Namen Ambivalenz gegeben und darin einen Triebkonflikt gesehen. Foucault sieht ihren Ursprung im Widerspruch der sozialen Beziehungen.

Die paradoxe Struktur der pathologischen "Privatwelt", die dem Kranken Zuflucht bietet und ihn zugleich seiner Verlassenheit ausliefert, sieht Foucault in den

Widersprüchen der realen Welt, in der wir leben, begründet.[16] So ermöglicht die gegenwärtige Welt die Schizophrenie, weil sie ihre Techniken in einer Weise gebraucht, in der der Mensch sich nicht mehr wiedererkennen kann (und nicht, weil ihre Techniken sie unmenschlich und abstrakt machen). Mit diesem Anspruch einer objektiven Erklärung der Geisteskrankheit aus den psychologischen und gesellschaftlichen Existenzbedingungen des Individuums bewegt sich Foucault innerhalb des Erklärungsrahmens einer realistischen Epistemologie, die von positiven Fakten ausgeht.

Um nun den Übergang vom historisch-gesellschaftlichen Konflikt zum psychologischen Konflikt zu erklären, geht Foucault im sechsten Kapitel dann überraschend auf die Physiologie Pavlovs ein, bei dem er eine experimentelle Untersuchung des Konflikts zu finden behauptet. Kurzgefaßt beschreibt Pavlov die Krankheit als Schutz bei mangelnder Differenzierung der Reaktion auf eine konfliktive Situation. Krankheit entstünde also dann, wenn das Individuum auf der Ebene der Reaktionen die Widersprüche seiner Umwelt nicht bewältigen kann. Dieser Versuch Foucaults, die Theorien Pavlovs auf die Psychopathologie anzuwenden, kann, wie Maurice Pinguet erklärt hat, seinem für eine gewisse Periode vorhandenen Bemühen zugeschrieben werden, "sein Denken im Marxismus-Leninismus der guten Richtung zu engagieren".[17] Der intellektuelle Dirigismus der PCF wurde ihm jedoch bald unerträglich, und dies äußert sich in seiner theoretischen Arbeit im Wechsel von Marx zu Heidegger, von den bedingten Reflexen zur Daseinsanalyse und von Pavlov zu Binswanger.[18]

Foucault schlägt abschließend einen Methodenwechsel der Psychopathologie vor: demnach sollte künftig die historische Entfremdung als gegeben angenommen und

---

16 MMP S. 89.
17 Maurice Pinguet, *Die Lehrjahre*, in: Wilhelm Schmid (Hrsg.) 1991, S. 46. *Les années d'apprentissage*, in: *Le Débat* Nr. 41, Sept.-Nov. 1986, S. 122-131, hier S. 127.
18 Zum Zusammenhang dieser Pavlov-Referenzen, wie der auf Razenkov und Politzer, mit Foucaults vorübergehender Zugehörigkeit zur P.C.F. vgl. auch David Macey, *Michel Foucault*, Paris 1994, S. 87f.

von ihr ausgehend der Kranke untersucht werden, um schließlich das Anormale seiner individuellen Persönlichkeit zu definieren. Das entspricht einer Umkehrung der klassischen Analyse, die von der Anormalität des Kranken ausgeht und die aus den angenommenen pathologischen Verhaltensweisen resultierende Veränderung der Persönlichkeit als *aliénation* bezeichnet. Dieser Ausgang von sozialer Entfremdung ist bereits hier polemisch gegen die bürgerliche Konzeption des Individuums gerichtet, die sich im Zuge der französischen Revolution etabliert hat. Seit diese die Menschlichkeit des Menschen durch seine theoretische Freiheit und abstrakte Gleichheit definiert hat, besteht das Skandalon des Geisteskranken darin, daß er demonstriert, wie leicht ein theoretisch freier und allen anderen gleichgestellter Mensch sich in Bedingungen befinden kann, die diese Freiheit und Gleichheit zunichtemachen. Um nicht damit konfrontiert zu werden, daß sie selbst es ist, die mit ihren Konflikten die Krankheit ermöglicht, liegt der bürgerlichen Gesellschaft so viel daran, die Krankheit als Ursache der Entfremdung zu betrachten.[19]

Halten wir fest, daß Foucault in diesem ersten Buch die Figur einer einheitlichen Individualität zeichnet, die von einer bestimmten Erfahrung geprägt und gefärbt ist. Diese Individualität reagiert auf die Widersprüche der historischen und gesellschaftlichen Situation, die sie vorfindet. Die Erfahrung der Fremdheit gegenüber den Menschen und der Welt ist eine in dieser Situation allgemeine Erfahrung, und die Krankheit ist eine besondere Reaktion auf diese Erfahrung, die zu den Äußerungen einer Kultur gehört. Sie kann eine subjektiv angemessene Reaktion sein, verschärft jedoch die Widersprüche, gegen die sie schützen soll. Daß Foucault hier solch großen Wert darauf legt, das Bewußtsein des Kranken von der Krankheit berücksichtigen, ist Ausdruck einer Haltung, die wir in allen seinen späteren Texten wiederfinden werden. Hier wird sie durch das phänomenologische *Verstehen* akzentuiert, und wenngleich Foucault sich von dieser Methode bald distanzieren wird, wird er doch stets darum bemüht bleiben, die Erfahrung derer, die sich an der Grenze der Normalität bewegen, jenseits normalisierender Schemata zum Ausdruck

---

19   MMP S. 104.

kommen zu lassen. Daher wird sein Denken stets bei der Erfahrung ansetzen. Und daher finden wir hier bereits eine Kritik des Ausschlusses, der in der *Histoire de la folie* und in der Entwicklung seiner Machttheorie eine so zentrale Bedeutung erhalten wird.

Maladie mentale et psychologie

Zwischen 1954 und 1962, dem Jahr, in dem die überarbeitete Fassung seines ersten Buches unter dem Titel *Maladie mentale et psychologie* erscheint, entwickelt Foucault eine zunehmend klare wissenschaftskritische Perspektive. Sie äußert sich bereits 1957 in einem Artikel über *La recherche scientifique et la psychologie*.[20] Auch hier, wie zuvor in *Maladie mentale et personnalité*, kritisiert Foucault das Schwanken der Psychologie zwischen empirischer Forschung und phänomenologischer Reflexion und die daraus folgende Bestimmung des Menschen als Wissensobjekt einerseits, als unbestimmbare Singularität andererseits. Er zitiert Jean-Edouard Morère: "Naturalistes, elles [les psychologies] tracent les contours définitifs de l'homme, humanistes, elles lui reconnaissent quelque chose d'inexplicable."[21] Die Psychologie selbst ist jedoch, seit die Psychoanalyse die Aufmerksamkeit der Forschung auf das Unbewußte gerichtet hat, nicht mehr nur der problematische Horizont der Forschung, sondern ihr polemisches Objekt.[22] Diese Problematisierung der Psychologie auf dem Niveau ihrer Konstitution als Wissenschaft zeigt an, was im Text von 1962 weiter ausgeführt wird.

Ich werde nun den Text von *Maladie mentale et personnalité* mit seiner überarbeiteten Fassung, die 1962 unter dem Titel *Maladie mentale et psychologie* erschienen ist, vergleichen und dabei den Veränderungen der Begriffe des Individu-

---

20 In: *Des chercheurs français s'interrogent: orientation et organisation du travail scientifique en France*, DE I, S. 137-158.
21 DE I, S. 137.
22 DE I, S. 142.

ums und der Erfahrung besondere Aufmerksamkeit widmen. Bereits die Änderung des Titels zu *Maladie mentale et psychologie* weist darauf hin, daß sich Foucaults Perspektive in die Richtung einer kritischen epistemologischen Analyse verschoben hat: nicht mehr der reale Ursprung der Krankheit und ihr Verhältnis zur Persönlichkeit werden in den Blick genommen, sondern die Abhängigkeit des Begriffs der Krankheit von der psychologischen Disziplin. Die Geisteskrankheit wird jetzt als veränderliches historisches Faktum verstanden, das ausgehend von den Formen, die die Psychologie ihr zuweist, untersucht werden muß. Ihre Analyse setzt nicht mehr bei einer Reflexion über "den Menschen selbst" an, wie es im Text von 1954 hieß, sondern bei einer bestimmten, historisch situierten Beziehung des Menschen (und damit des Wissens) zum wahnsinnigen und zum wahren Menschen.[23] Foucault macht hier also zur Voraussetzung, daß jede Reflexion über die menschliche Realität historisch situiert ist, und bei dieser Voraussetzung wird er in all seinen späteren Arbeiten bleiben.

Dort, wo in *Maladie mentale et personnalité* die Einheit des realen Menschen an die Stelle der abstrakten, durch eine "Metapathologie" hergestellten Einheit der verschiedenen Krankheitsformen gestellt wird - also eine Opposition zwischen abstraktem Wesen der Krankheit und konkreter Wahrheit des Menschen konstruiert wird, die tatsächlich eine Spiegelung ist - wird die Geisteskrankheit in *Maladie mentale et psychologie* auf ein historisches Faktum zurückgeführt, das wir bereits hinter uns gelassen haben. Denn, wie Pierre Macherey schreibt, das "Subjekt" der Geisteskrankheit ist nicht diese authentische oder objektive Natur, die hinter den sie verbergenden Interpretationen besteht, sondern ein historisches Wesen, von dem uns nichts sagt, daß es der Kranke selbst ist.[24] Die Einheit dieses Subjekts ist abhängig von Bedingungen, die sich fortwährend transformieren. Daher kann man der Eigentümlichkeit der Geisteskrankheit nicht gerecht werden, indem man die konkreten Formen sucht, die sie im Leben eines Individuums annehmen kann, wie

---

23   *Maladie mentale et psychologie*, Paris 1962, S. 2. Im Folgenden MMPSY.
24   Pierre Macherey 1986, S. 758.

Foucault es 1954 fordert,[25] sondern nur, indem man die Formen erfaßt, die die Psychologie ihr hat zuweisen können. Das Individuum und sein einheitliches Bewußtsein wird als fundamentale Einheit, die die Erforschung der Geisteskrankheit leiten könnte, aufgegeben. Und zwar deshalb, weil Foucault die "realistische" Perspektive nicht mehr für vertretbar hält, derzufolge wir von "Individuum", "Persönlichkeit", "Geisteskrankheit" und "Psychologie" sprechen können, als würden wir damit objektive und unveränderliche Gegenstände bezeichnen. Daher sucht er jetzt, die historischen Strukturen in den Blick zu bekommen, innerhalb derer diese Begriffe einen Sinn erhalten. Dementsprechend beschreibt er das Anliegen des ersten Teils jetzt als Bestimmung der Koordinaten, mithilfe derer die Psychologien das *"fait pathologique"* situieren können, während in der ersten Edition noch von den Koordinaten die Rede war, die erlauben, das Pathologische im Innern der Persönlichkeit zu situieren. Die Krankheit kann nur ausgehend von der Psychologie gedacht werden, die sie in ihre Perspektive einschreibt. Und dazu bedarf es nicht der Vermittlung einer individuellen Persönlichkeit, deren intime Struktur durch die Psychologie ausgesagt würde.

Ungeachtet der historischen Perspektive, die er in der zweiten Edition seines Buches einnimmt, hält Foucault hier jedoch an einer irreduziblen Größe fest, die zwar historischen Veränderungen unterliegt, aber nicht selbst durch diese konstituiert wird. Diese Größe ist die Erfahrung, beziehungsweise eine Vielzahl von Erfahrungen des Wahnsinns. Nicht mehr die Erfahrung eines Individuums soll Gegenstand medizinischen Wissens werden, sondern die von der Einheit der Persönlichkeit entbundenen Erfahrungen. In *Maladie mentale et psychologie* erklärt Foucault, die polymorphe Erfahrung des Wahnsinns, die es bis zum 19. Jahrhundert in der westlichen Welt gegeben habe, sei durch den Begriff der Geisteskrankheit konfisziert worden.[26] Das heißt zum Einen, daß durch den Begriff der Geisteskrankheit ursprüngliche historische Figuren, die aufgrund der Bedingungen ihrer

---

25 MMP S. 17.
26 MMPSY S. 78.

Entstehung unvergleichbar sind, auf einen einzigen abstrakten Begriff gebracht worden sind, und zum anderen, daß diese singulären Erfahrungen so in den Grenzen eines mythischen Diskurses festgehalten werden, der ihre veränderliche Realität verwischt.[27] Macherey hat diese Formulierung mit den ihr anhaftenden Suggestionen verdächtigt, die Skizze eines sich abzeichnenden neuen Realismus Foucaults zu sein: eines Realismus der Erfahrung, der den Realismus der Wissenschaft, wie wir ihn in *Maladie mentale et personnalité* finden, ersetzt. Die Erfahrung erhalte jetzt den Status einer ursprünglichen Form, die die Geschichte, welche nur der okkasionelle Ort ihrer Manifestation ist, frei durchquert. Dies wäre zugleich ein Realismus des Wahnsinns, nicht als Objekt des Wissens, sondern der Erfahrung. Und tatsächlich durchzieht die Annahme einer fundamentalen Erfahrung des Wahnsinns, die von den Grenzen historischer Konstitution nicht berührt wird, auch Foucaults *Histoire de la folie*, die kurz vor *Maladie mentale et psychologie* erscheint. Dreyfus und Rabinow haben in Bezug auf diese Art von Annahmen Foucaults, die charakteristisch sind für sein Denken zu Beginn der sechziger Jahre, von der "Suche nach verborgenen ontologischen Quellen" gesprochen.[28]

Auch wenn wir diese Kritik für berechtigt halten, müssen wir festhalten, daß sich bei Foucault hier ein doppeltes Gesicht der Erfahrung abzeichnet: das die Geschichte überschreitende Gesicht einer ursprünglichen Erfahrung zum einen, aber zum anderen die historischen Formen, die streng immanent sind und von einer Epoche zur anderen brüsken und fundamentalen Strukturwandlungen unterzogen sind. Das heißt, Foucault nimmt durchaus eine kritisch historische Perspektive ein, behält aber darüber hinaus den Gedanken eines Außen, dem sich nähern zu können wünschenswert wäre.

Der Begriff der Erfahrung wird jedoch nicht erst in *Maladie mentale et psychologie* oder in der *Histoire de la folie* zum Schlüsselbegriff. Er erscheint nicht, um die Vorstellung eines positiven Faktums zu ersetzen, das dem Begriff der Geistes-

---

27 Vgl. Macherey 1986, S. 763f..
28 Paris 1984, S. 29.

krankheit zugrundeläge. Wie wir gesehen haben, ist der Erfahrungsbegriff schon in *Maladie mentale et personnalité* zentral, und ebenfalls, wie wir noch sehen werden, in Foucaults Einleitung zu Ludwig Binswangers *Traum und Existenz* (1954). Zwar geht es in *Maladie mentale et personnalité* um das Verstehen der konkreten und einheitlichen Erfahrung des kranken Individuums durch eine phänomenologische Psychologie (die später verworfen werden wird), aber es ist bereits deutlich, daß sich die Wissenschaft dieser Erfahrung annähern soll, ohne sie zu "konfiszieren", ohne sie mehr oder weniger gewaltsam zu klassifizieren (was beibehalten werden wird). Die Erfahrungen lösen sich unter dem Blick Foucaults von nun an aus den Grenzen der Persönlichkeit bzw. des Individuums.

Die Erfahrungen des Wahnsinns folgen keiner historischen Entwicklung wie etwa einem Prozeß der Rationalisierung, sondern bringen selbst die Kriterien ihrer Rationalisierung hervor. So stellt es Foucault in *Maladie mentale et psychologie* dar, und manifestiert damit sein neues, von Diskontinuität bestimmtes Geschichtsverständnis. Nachdem in *Maladie mentale et personnalité* die Konstitution des Geisteskranken als *aliéné* noch eine Folge der Internierung des Wahnsinnigen war, die ihrerseits einen Schritt innerhalb einer langsamen Entwicklung des Umgangs mit dem Wahnsinn darstellte, spricht Foucault jetzt von einer plötzlichen Veränderung in der Mitte des siebzehnten Jahrhunderts: die Welt des Wahnsinns wird eine Welt der Ausschließung.[29] Die nun folgende Schilderung liest sich wie ein kurzes Résumé der Schilderungen der Internierung in der *Histoire de la folie*: die neue Erfahrung des Wahnsinns ist bestimmt durch eine eher polizeiliche als medizinische Institution: das *Hôpital général*. Die Ausschließung durch das *Hôpital général* macht uns gesellschaftliche Normen eher als medizinische Beobachtungen lesbar: ausgeschlossen wird, was einer Gesellschaft als individuelles Verhalten inakzeptabel erscheint. Der Wahnsinn wird jetzt als tatsächliche "Abwesenheit des Werks" wahrgenommen, als ein Zustand des Müßiggangs und der Faulheit, und das ist einer sich industriali-

---

29 MMPSY S. 80.

sierenden Gesellschaft Rechtfertigung genug, ihn ihrerseits aus der nützlichen Welt der Produktion auszuschließen.

Die Ausschließung per Internierung im *Hôpital général* gibt der medizinischen Erfahrung des Wahnsinns als Geisteskrankheit ihre Struktur vor. Es findet also im Umgang mit bestimmten Erfahrungen zwischen zwei historischen Epochen durchaus eine Übernahme von Modellen statt; der Sinn, der diesen Modellen (Praktiken und Repräsentationen) gegeben wird, ändert sich jedoch. Die moderne Medizin greift nicht in einer progressiven Annäherung an eine Wahrheit des Wahnsinns auf, was die polizeiliche Institution ihr vorgegeben hat, sondern perfektioniert ihr Dispositiv unter den veränderten Bedingungen, in denen sie sich befindet. Diese diskontinuierliche Folge von Praktiken, denen der Wahnsinn unterzogen wurde, müßte, wie Macherey richtig bemerkt, auf eine entsprechende Diskontinuität verschiedener Erfahrungen des Wahnsinns schließen lassen. Eine Diskontinuität, die in der *Histoire de la folie* und in *Maladie mentale et psychologie* noch nicht klar zu erkennen ist, da immer wieder die eine, ursprüngliche Erfahrung des Wahnsinns zumindest als rückwärtsgewandte Utopie gegen ihre historischen Deformationen gehalten wird.

Dennoch wird in *Maladie mentale et psychologie* deutlich, daß das medizinische Wissen von der Geisteskrankheit im 19. Jahrhundert nicht von der angenommenen Natur seines Gegenstandes, sondern vom Bewertungsrahmen, innerhalb dessen es diesen Gegenstand identifiziert, determiniert wird. Dieses Bewertungsraster definiert im 19. Jahrhundert eine neue Erfahrung des Wahnsinns, die gänzlich verschieden ist von den ihr vorausgehenden Erfahrungen.[30]

Erst dieses neue, die Begriffe Moral und Schuld implizierende, wenn nicht von ihnen geleitete Verständnis des Wahnsinns erlaubt die Entstehung der modernen

---

30 "Dans le nouveau monde asilaire, dans ce monde de la morale qui châtie, la folie est devenue un fait qui concerne essentiellement l'âme humaine, sa culpabilité et sa liberté; elle s'inscrit désormais dans l'élément de l'intériorité; et par là, pour la première fois dans le monde occidental, la folie va recevoir statut, structure et signification psychologiques. Mais cette psychologistion n'est que la conséquence d'une opération sourde et située à un niveau plus profond - une opération par laquelle la folie se trouve insérée dans le système des valeurs et des répressions morales." MMPSY S. 86.

Psychologie. Daher müssen wir, so Foucaults nietzscheanische Umkehrung des geläufigen Gedankens, das Unternehmen der Psychologie von der Erfahrung des Wahnsinns aus verstehen, statt zu glauben, daß die Psychologie den Wahnsinn verstehen könnte. Damit zeichnet sich allerdings im Text von 1962 eine neue Utopie ab, die nicht mehr die einer von ihren Widersprüchen befreiten Gesellschaft ist wie noch 1954, sondern die eines neuen, authentischen weil ent-psychologisierten Wissens vom Menschen: "Jamais la psychologie ne pourra dire sur la folie la vérité, puisque c'est la folie qui détient la vérité de la psychologie...".[31] Und: "Il faudra un jour tenter de faire une étude de la folie comme structure globale - de la folie libérée et désaliénée, restituée en quelque sorte à son langage d'origine".[32]

Die Vorstellung von der Zugänglichkeit einer ursprünglichen Erfahrung des Wahnsinns, die allen historischen Erfahrungen vorausgeht und diese relativiert, und damit eine Art ontologischer Wahrheit darstellt, ist eine Voraussetzung des Denkens Foucaults seit *Maladie mentale et personnalité* (wo diese Erfahrung noch im Bewußtsein des kranken Individuums situiert wurde) bis in die Mitte der sechziger Jahre. Diese Erfahrung wird eher poetisch evoziert als in einem positiven Wissen begründet. Foucault selbst geht ihr daher vor allem in seinen Schriften zu Literatur und Sprache nach. Woraus sein Denken seine Kraft bezieht, ist aber nicht eigentlich das Thema der ursprünglichen Erfahrung, sondern eben das der Beziehung, der Spannung zwischen dem historisch Feststellbaren und dem Außen der Geschichte, das in ihr nur momentan aufscheint. Sicher verdankt ein solches Geschichtsverständnis Vieles der Heidegger'schen Darstellung von Geschichte als Verdunkelung der Wahrheit. Die doppelte Konzeption der Erfahrung als einerseits historisch, andererseits ursprünglich und transzendental, zeigt eine deutliche Parallele zu Heideggers ontologischer Differenz, aus der heraus Seiendes und sichverbergendes Sein (als das ganz Andere) erscheinen. Aber Foucault gibt den Bezug zum Sein auf, sobald er ausgesprochen ist. Er fragt weder nach dem faktisch Seienden noch nach

---

31 MMPSY S. 89.
32 MMPSY S. 90.

dem Sein als Solchem, sondern eher nach dem Zwischen, in dem die Ordnungen der Dinge, Verhaltens- und Erfahrungsweisen aufeinander folgen. Daher halte ich es für problematisch, Foucault das Denken einer ontologischen Differenz im Heidegger'schen Sinne zuzuschreiben, wie es Dreyfus und Janicaud tun.[33]

Die Einleitung zu Binswangers 'Traum und Existenz'

In der Einleitung zur französischen Übersetzung von Ludwig Binswangers *Traum und Existenz*[34], die 1954 kurz nach *Maladie mentale et personnalité* entsteht, sucht Foucault den Zugang zu einer solchen Erfahrung des Außen im Traum. Beim Traum soll, heißt es hier, zunächst eine anthropologische Analyse des Menschseins und schließlich eine ontologische Analyse der fundamentalen Formen der Existenz ansetzen. Denn der Traum ist ausgezeichneter Zugang der Existenz zu sich selbst, und dies gilt *a fortiori* für den Todestraum.

Die Traumerfahrung basiert auf der Struktur der Sprache mit ihrer Notwendigkeit und Sinnvielfalt. Aber sie wird durch das Subjekt konstituiert, das Foucault mit Binswanger als Grund aller möglichen Traumbedeutungen beschreibt. Das träumende Subjekt ist ein seine Traumwelt konstituierendes Subjekt, von Binswanger sichtbar gemacht als "fondement de toutes les significations éventuelles du rêve, et dans cette mesure, il n'est pas la réédition d'une forme antérieure ou d'une étape archaïque de la personnalité, il se manifeste comme le devenir et la totalité de l'existence elle-même."[35] Diese "radikale Subjektivität"[36] der Traumerfahrung ist für

---

33 Hubert L. Dreyfus, Dominique Janicaud in: *De la mise en ordre des choses. L'Etre et le Pouvoir chez Heidegger et Foucault*. In: *Michel Foucault philosophe*, Paris 1989, S. 101-121.

34 Michel Foucault, *Introduction*, in: Ludwig Binswanger, *Le rêve et l'existence*, aus dem Deutschen übersetzt von Jacqueline Verdeaux, 1954. DE I, S. 65-119 (im Folgenden: IRE. Die Seitenangaben beziehen sich auf den in DE I wiedergegebenen Text). Binswangers Text ist zuerst 1930 in der *Neuen Schweizer Rundschau* erschienen.

35 IRE S. 98.

die Leser, die mit der schonungslosen Liquidierung des Subjekts beim späteren Foucault vertraut sind, keine geringe Überraschung. Und sie erscheint zunächst eher als ein geschlossenes, autonomes Innen denn als Bewegung der Überschreitung. Aber Foucault beschreibt uns diese Traumerfahrung *zugleich* als Zugang zum Eigensten der Existenz, als Immanenz, und - als Öffnung auf die Welt hin, als Transzendenz. Die Dualitäten von Immanenz und Transzendenz, Subjektivität und Objektivität werden in der Ambiguität der Traumerfahrung zunichte, denn die eigene Welt des Traums ist nicht von der äußeren Welt und ihren Wahrnehmungen isoliert, sondern arbeitet diese zu einem eigenen Universum aus.[37] Gerade in der Erfahrung ihrer Einsamkeit wird die Existenz auf die Welt hin überschritten: "Le rêve dans sa transcendance, et par sa transcendance, dévoile le mouvement originaire par lequel l'existence, dans son irréductible solitude, se projette vers un monde qui se constitue comme le lieu de son histoire; le rêve dévoile, à son principe, cette ambiguïté du monde qui tout ensemble désigne l'existence qui se projette en lui et se profile à son expérience selon la forme de l'objectivité. En rompant avec cette objectivité qui fascine la conscience vigile et en restituant au sujet humain sa liberté radicale, le rêve dévoile paradoxalement le mouvement de la liberté vers le monde, le point originaire à partir duquel la liberté se fait monde. La cosmogonie du rêve, c'est l'origine de l'existence elle-même. Ce mouvement de la solitude et de la responsabilité originaire, c'est lui sans doute, qu'Héraclite désignait par le fameux *"idios kosmos"*."[38]

Die fundamentale Ambiguität der Existenz ist also bereits hier nicht mehr, wie noch in *Maladie mentale et personnalité*, durch die Widersprüche in den sozialen Beziehungen der modernen okzidentalen Gesellschaften geprägt, sondern ist in den

---

36   IRE S. 98.
37   Walter Seitter hat die Kontinuität zwischen dieser Feststellung und dem Satz Foucaults in seiner späteren Antwort auf Derrida, *Mon corps, ce papier, ce feu* (in: *Histoire de la folie à l'âge classique*, Paris 1972), aufgezeigt: hier heißt es: "L'imagination onirique s'épingle exactement sur la perception actuelle." (S. 588) Walter Seitter, *Onirocritiques*, in: *Michel Foucault, philosophe*, S. 166-171, hier S. 166.
38   IRE S. 90f.

existenziellen Strukturen selbst begründet. Gerade diese Ambiguität der Traumerfahrung, die zugleich die Bewegung zur Welt hin und die ursprüngliche Bewegung der Freiheit anzeigt, gilt Foucault als das Individuellste am Individuum.[39] Und der Todestraum treibt dieses Paradox auf die Spitze: denn er konfrontiert Freiheit und Welt an ihrer Grenze.[40]

Die radikale Subjektivität der Traumerfahrung geht, so Foucault, einher mit der Gegebenheit einer ursprünglichen Freiheit, die von der Existenz angenommen oder verworfen werden kann. Sie verwirft diese Freiheit beispielsweise, indem sie sich dem Determinismus der Krankheit - und schließlich der Individualisierung durch die psychiatrische Disziplin überläßt. Diese Individualisierung, die den Kranken zum Schauplatz eines "objektiven Krankheitsprozesses" erklärt, sieht die Konstitution der Krankheitsgeschichte durch die Existenz selbst nicht vor.[41]

Ausgehend von der Annahme einer freien, radikalen Subjektivität, für die der Traum privilegierter Ort der Erfahrung ist, einer ursprünglichen Freiheit des Subjekts, das der Welt noch nicht unterworfen ist, kritisiert Foucault auch Freuds Psychoanalyse: sie verkennt die Notwendigkeit und die Vielfalt der Ausdrucksformen, die sich der Traum sucht, weil sie sich allein für den semantischen Aspekt der Traumsprache interessiert und die Bedeutung ausgehend vom Begehren konstituiert, so, wie die klassische Metaphysik der Welt durch den Willen und die Vernunft Gottes Sinn gab. So konstituiert in theologischer Manier die Wahrheit den Ausdruck, wobei die Verbindung von Bild und Sinn als kontingent gilt. Foucault dagegen beharrt auf der Notwendigkeit des vom Subjekt bestimmten expressiven Aktes. Der Traum macht nicht die Spur der Libido, sondern die ursprüngliche

---

39   IRE S. 93f.
40   Denis Hollier schreibt zur Heterogenität von Schlaf und Traum in Foucaults *Introduction*: während der Traum den Tod des Subjekts verkündet, steht der Schlaf im Dienst des Lebens. Der Traum ist wesentlich Todestraum, in ihm verflüchtigt sich das "Ich"-sagende Subjekt. Dabei ist jedoch der Tod nicht, wie bei Freud, als Opposition zum Leben zu verstehen, sondern in ihm erfüllt und negiert sich zugleich die Freiheit, in der Welt und gegen die Welt. In: Ewald, Waldenfels (Hrsg.) 1991, S. 106-123.
41   IRE S. 109.

Bewegung der Freiheit lesbar.[42] Freud objektiviert das träumende Subjekt und läßt es eine Rolle unter anderen im Traumszenario spielen. Wo die Traumanalyse das konstituierende Moment des träumenden Subjekts zutagebringen müßte, findet sie nur eine konstituierte Subjektivität.[43] Foucault wird, trotz seiner fortdauernden Kritik an der Psychoanalyse, den Positionen Freuds in seinen späteren Büchern näher kommen als in diesem Text - zumindest, was die Frage der Fremdkonstitution des Subjekts betrifft.[44]

Trotz der Behauptung einer ursprünglichen Freiheit des Subjekts, das nicht *constitutum,* sondern *constituens* ist, finden wir in Foucaults Ausführungen zum Todestraum bereits Ansätze, die er später in seinem Essay über Bataille, *Préface à la transgression,* aufgreifen wird. Das Zusammentreffen von extremer Innerlichkeit und Objektivität wird dort in der Erfahrung der Grenze wieder aufgenommen, die in der Bewegung der Transgression sowohl gesetzt als auch gelöscht wird und erlaubt, die Existenz nicht geschlossen zu sehen, mit einer absoluten Trennung zwischen einem Innen und einem Außen, sondern vielmehr als transitorisch.[45] Bataille hat die Verschiebung von einer Erfahrung der Subjektivität zu einer Erfahrung der Auflösung, der Überschreitung von Subjektivität im Denken Foucaults vorangetrieben. Die Begegnung mit Bataille hat bereits stattgefunden, als Foucault seine Einführung zu Binswangers *Le rêve et l'existence* schreibt: in einem späteren Interview beschreibt Foucault seine Parteinahme für Bataille, gegen Sartre, kurz nach dem Zweiten Weltkrieg. Bataille habe für ihn die Infragestellung der Kategorie

---

42 Vgl. IRE S. 69-73.
43 IRE S. 97f.
44 Vgl. Foucaults Erklärung im Gespräch mit Ducio Trombadori, der Konvergenzpunkt zwischen den unzutreffenderweise unter dem Etikett "Strukturalismus" zusammengefaßten Denkern Althusser, Lacan und Foucault sei ihre Infragestellung des Subjekts. "Partant de la psychanalyse, Lacan a mis en lumière le fait que la théorie de l'inconscient n'est pas compatible avec une théorie du sujet (au sens cartésien, mais aussi phénoménologique du terme)." DE IV, S. 52. Foucault/Trombadori 1996, S. 43.
45 Siehe hierzu unten das Kapitel "Schreiben als Grenzerfahrung: die Unmöglichkeit der Literatur".

des Subjekts bedeutet, seines Primats und seines fundamentalen Charakters. Neben Nietzsches Thema der Diskontinuität und des Übermenschen habe ihm Batailles Denken der Grenz-Erfahrung, durch die das Subjekt völlig aus sich herausgeht und sich als Subjekt auflöst, an der Grenze seiner eigenen Unmöglichkeit, einen Ausweg aus den die Nachkriegsphilosophie in Frankreich beherrschenden großen Kontinuitäten des Hegelianismus und der (existentialistisch oder phänomenologisch begründeten) philosophischen Identität des Subjekts gezeigt. Während in der Philosophie Sartres und mehr noch in der Phänomenologie das Subjekt in seiner fundierenden Funktion, als das, was, ausgehend von sich selbst, der Welt Sinn gibt, nie infragegestellt worden sei, zeigten Nietzsches Erfahrung der ewigen Wiederkehr und die Erfahrung Batailles, daß das Subjekt in dem, was es mit sich identisch macht, in seiner Beziehung zur Dauer, die es konstituiert, sich auflösen, seine Beziehung zu sich selbst unterbrechen und seine Identität verlieren kann.[46]

Die Einleitung zu *Le rêve et l'existence* zeigt allerdings, daß Foucault dem phänomenologischen Einfluß zu Beginn der fünfziger Jahre noch in weit höherem Maße unterliegt, als er es nachträglich darstellt. Wenngleich die Position des Subjekts in diesem Text von der Ambiguität des Eigenen und der Überschreitung geprägt ist, wird doch sein fundamentaler Charakter nicht infragegestellt, sondern vielmehr gegen die Psychoanalyse verteidigt. Eine "Auflösung des Subjekts" wird hier noch durch die Bindung an die Philosophie Husserls und an den französischen Existentialismus verhindert (ablesbar zum Einen am Postulat einer Analyse, deren Methode und Prinzip einzig durch das absolute Privileg ihres Objekts, des Menschen bzw. des Menschseins, bestimmt sind, zum Anderen an der Idee einer freien, radikalen Subjektivität, für die der Traum privilegierter Ort der Erfahrung ist, da er den Gehalt ihrer Präsenz in der Welt erkennbar macht). Wenn in diesem Text das Problem der Freiheit des Subjekts im Problem der Ursprünglichkeit (originarité) verankert wird, in der Bewegung des Zur-Welt-kommens, in der das Subjekt noch in *seiner* Welt ist, ohne daß diese schon *die* Welt geworden ist, so bewegt sich

---

46   DE IV, S. 48-50. Foucault/Trombadori 1996, S. 35-38.

Foucault noch durchaus im Rahmen von Husserls Denken des Subjekts.[47] Dagegen klingt das Zitat von Rene Char am Ende der Einleitung wie ein vorweggenommenes Echo auf die späteren Texte über Raymond Roussel und Georges Bataille: "Le poète peut alors voir les contraires - ces mirages ponctuels et tumultueux - aboutir, leur lignée immanente se personnifier, poésie et vérité étant, nous le savons, synonymes"[48].

Bleibt die Frage, ob der Gedanke der Grenzerfahrung, den Foucault beibehalten wird, die Prägung durch die phänomenologische Erfahrung behält, wie es Judith Revel[49] will, oder ob er sich, unter anderem unter dem Einfluß Batailles, grundlegend ändert. Ich werde darauf im Kapitel über "Schreiben als Grenzerfahrung" zurückkommen.[50]

Die 'Histoire de la folie'

Wie läßt sich, im Verhältnis zu den hier behandelten Texten, die "Erfahrung des Wahnsinns" situieren, die Foucault in der 1961 erschienenen *Histoire de la folie* beschreibt? Ist sie verknüpft mit einem bestimmten Begriff des Individuellen oder der Individualisierung?

Die *Histoire de la folie* ist, wissenschaftshistorisch betrachtet, eine Analyse der diskursiven Strategien und Praktiken, denen der Wahnsinn seit der Renaissance

---

47   Vgl. zur Verankerung von Foucaults Denken der Grenz-Erfahrung in der Phänomenologie Judith Revel: *Sur l'introduction à Binswanger (1954)*, in: Luce Giard (Hrsg.) 1992, S. 51-56.
48   IRE S. 118.
49   Judith Revel, a.a.o., S. 55.
50   Gérard Lebrun situiert Foucaults Bruch mit der Phänomenologie in *Les mots et les choses*, gibt aber zu bedenken, daß Foucaults Problemstellung und Methode auch weiterhin Spuren dessen tragen, womit er gebrochen hat. So ist beispielsweise der Ausdruck des "historischen a priori" ursprünglich von Husserl verwendet worden. Gérard Lebrun, *Note sur la phénoménologie dans Les mots et les choses*, in: *Michel Foucault philosophe*, S. 33-53.

unterzogen wurde. Versuchen wir, sie auf eine einzige These zu bringen (und so den Reichtum ihrer Aussagen zwangsläufig zu reduzieren), so lautet diese, daß die Objekte dieser Praktiken, Wahnsinn und Geisteskrankheit, erst durch diese Praktiken konstituiert werden. Der Wahnsinn wird erkennbar durch das, was die Teilung zwischen Wahnsinn und Nicht-Wahnsinn etabliert hat. Foucault beschreibt die Gesten, durch die sich unsere Kultur affirmiert, indem sie verwirft, was nicht in sie eingehen soll. So wird die Behandlung des Wahnsinns als Geisteskrankheit als eine historische Erfahrung sichtbar, der eine Reihe anderer Erfahrungen des Wahnsinns vorausgehen. Die moderne Erfahrung des Wahnsinns aber hat es dem Menschen ermöglicht, seine Wahrheit zu erfassen, indem er sich selbst zum Objekt eines Wissens macht. Damit bildet die *Histoire de la folie* die Grundlage für die späteren Untersuchungen der Macht-Wissens-Beziehungen, denn die Frage nach der Formation der Gegenstände des Wissens zieht die nach den Machtverhältnissen, die diese Formation regeln, nach sich. Insofern ist auch der Erfahrungsbegriff dieser Geschichte des Wahnsinns wesentlich mit der Machtkritik verflochten und schreibt sich ein in Foucaults großes Projekt einer Geschichte sowohl der Wahrheit als auch der Praktiken, durch die Wahrheitseffekte produziert werden und durch die sich das Sein historisch als Erfahrung konstituiert. Eine dieser Praktiken, die moderne Objektivierung des Menschen (hier: des Wahnsinnigen), ist, wie wir sehen werden, eine Praxis der Individualisierung (via Schuldzuweisung).

Halten wir zunächst fest, daß Foucault seine Geschichte des Wahnsinns durch zwei kritische Momente skandiert: die "Große Einschließung" in der Mitte des siebzehnten Jahrhunderts[51], die unterschiedslos Arbeitslose, Libertins, Kriminelle und Wahnsinnige zusammen einsperrt, die den Wahnsinnigen die tragische Wahrheit nimmt, die sie zuvor verkörperten, doch jedem *seine* Wahrheit läßt; und ihre Transformation zur modernen Erfahrung des Wahnsinns als Geisteskrankheit, die den Wahnsinn ins Asyl verbannt und zu objektivieren sucht. In beiden Fällen wird

---

51 Das Gründungsdekret des *Hôpital général* stammt von 1656.

sowohl eine soziale und metaphysische Erfahrung des Wahnsinns aufgelöst als auch eine neue Figur des Wahnsinns erfunden.

Gleichzeitig mit der Internierung findet die Foucault zufolge entscheidende Geste statt, die den Wahnsinn von der Vernunft trennt. Die Zäsur, die eine Distanz schafft zwischen Vernunft und Unvernunft, resultiert (neben politischen und sozialen Faktoren wie dem der neuen ethischen Transzendenz, zu der das Gesetz der Arbeit in einer von ökonomischen Krisen gezeichneten Gesellschaft erhoben wird, und der Möglichkeit, die Repräsentanten der "oisiveté maudite" in den alten Leprosorien zusammenzufassen) aus der epistemologischen Verschiebung, die in der Mitte des siebzehnten Jahrhunderts stattfindet und die für Foucault durch Descartes verkörpert wird. Descartes *Méditations métaphysiques* erscheinen 1641 in lateinischer, 1647 in französischer Sprache. Sie grenzen den Wahnsinn aus den Möglichkeiten des Vernunftgebrauches aus.[52]

Die klassische Erfahrung des Wahnsinns bleibt zu ungreifbar, um die Konstruktion einer individuellen Identität des Wahnsinnigen zu erlauben: der Wahnsinnige, der ja auf *die* Wahrheit verzichtet hat, kann niemals zum Gefangenen *seiner* Wahrheit werden. "Il n'est fou que dans la mesure où sa folie ne s'épuise pas dans sa vérité de fou."[53] Daher stellt sich der Wahnsinn der klassischen Erfahrung als *etwas* kriminell, *etwas* gespielt, *etwas* unmoralisch und *etwas* vernünftig zugleich dar. Dagegen hatte der Wahnsinnige, bevor ihn das siebzehnte Jahrhundert gewissermaßen in eine undifferenzierte Masse aufgenommen hat, im Mittelalter eine persönliche, individuelle Gestalt besessen - wenngleich dies wohl mehr eine Individualität der Rolle als des Kranken war.[54] Das siebzehnte Jahrhundert hat diese individuelle Gestalt verwischt. Im Verhältnis zum Irren der Narrentürme und der ersten

---

52 Derrida hat Foucaults Engführung des cartesianischen Satzes "Mais quoi ce sont des fous!" mit der Einschließung durch das *Hôpital général* in *Cogito et l'histoire de la folie* kritisiert (*L'écriture et la différence*, Paris 1967, S. 51-97). Ich werde auf die Kontroverse zwischen Foucault und Derrida über diesen Punkt in meinem Kapitel über "Sprache der Identität, Sprache der Transgression" eingehen.
53 HF, Paris 1972, S. 533.
54 HF S. 133. WG S. 109f.

spanischen Asyle löst sich die bereits seit Jahrhunderten individualisierte Gestalt des Wahnsinnigen im klassischen Zeitalter in einer allgemeinen Wahrnehmung der Unvernunft auf.[55]

Die Transformation in der Wahrnehmung des Wahnsinns, die seine Individualisierung erlaubt, beginnt bereits vor der Französischen Revolution.[56] Als dann Pinel 1794 die in *Bicêtre* Internierten von ihren Ketten befreit und Samuel Tuke 1796 die *Retreat* von York gründet, entsteht das Asyl - eine neue Form der Einschließung, die der Medizin eine bisher ungekannte Bedeutung gibt. Im Asyl wird der Wahnsinn medikalisiert, zugleich aber ist es Aufgabe der Medizin, die Einschließung auf moralischer und legaler Ebene zu rechtfertigen. Bevor es möglich wird, die Wahnsinnigen von *Bicêtre* zu befreien und humaner zu behandeln, gilt es, sie zu identifizieren und von den Kriminellen, politischen Gefangenen, Libertins etc. zu trennen. Als Internierte hat man sie zum Schweigen gebracht, jetzt gilt es, sie zum Sprechen zu bringen, sie ihren Wahnsinn sagen zu lassen, damit er manifest wird. So wird es zur wesentlichen und unerläßlichen Bedingung seiner Behandlung, ein Individuum davon zu überzeugen, daß es wahnsinnig ist. Pinel schafft so einen wesentlichen Platz für das Geständnis: der Wahnsinnige muß sich im Urteil des Wahnsinns, das über ihn gesprochen wird, wiedererkennen. So wird das "wahnsinnige Individuum" geschaffen, das in jedem Augenblick seines Lebens im Asyl mit einer unausgesprochenen Anklage konfrontiert ist. Denn es geht im modernen Asyl nicht nur um Beobachtung, Diagnostik und Therapie, es ist ein Gerichtsraum, in dem man angeklagt, be- und verurteilt wird und aus dem man sich nur durch die Reue befreit - ein moralisches Gefängnis.

Diese moralische Konzeption des Wahnsinns führt jedoch zu erheblichen Komplikationen für den Begriff des Individuums. Der Wahnsinn wird sich von nun an selbst fremd, er erhält den Status eines Objekts. Für den Wahnsinnigen bedeutet

---

55   HF S. 135; WG S. 112
56   "Avant même de la Révolution, elle (la folie, P.N.) est libre: libre pour une perception qui l'individualise, libre pour la reconnaissance de ses visages singuliers et tout le travail qui lui donnera finalement son statut d'objet." (HF S. 440; WG S. 435).

dies, daß seine Freiheit, die bis dahin unbestimmt am Horizont seiner Möglichkeiten geblieben war, eminenter Gegenstand der wissenschaftlichen Diskussion wird.[57] Der Wahnsinnige ist ein außerordentliches Individuum, das einerseits einem Determinismus unterliegt, der seine Freiheit zugleich negiert und ihre Objektivierung erlaubt, und andererseits schuldig ist, da frei.[58] Das psychiatrische Denken von Esquirol bis Freud sucht sowohl nach der Determinierung als auch nach der Schuld des Wahnsinnigen. Daß ihm beides wesentlich ist, macht seine Wahrheit aus - eine Wahrheit, die ihn gänzlich konfisziert. Foucault benutzt hier,[59] wie in *Malade mentale et psychologie,* den Begriff der Konfiszierung. Auch hier ist mitzulesen, daß die konfiszierende Wahrheit etwas Anderes, Ursprüngliches verdeckt.

Pinel und Esquirol beobachten Individuen, die nur auf affektiver Ebene wahnsinnig zu sein scheinen - ohne daß ihre Intelligenz davon betroffen wäre. Dieser "partielle Wahnsinn", der in England den Namen "moral insanity" erhält, zeigt die wesentlichen Strukturen, die das 19. Jahrhundert dem Wahnsinn zuschreibt, besonders deutlich. Er ist Innerlichkeit in der Form der Äußerlichkeit, Subjektivität in objektiver Gestalt. Damit ist die "psychologisation spontanée de l'homme" vollzogen[60], die das wesentliche Moment der Objektivierung im Menschen, das, was sein Menschsein für das Wissen ausmacht, gleichsetzt mit dem Hinübergleiten in den Wahnsinn. "(...) le moment essentiel de l'objectivation, en l'homme, ne fait qu'une chose avec le passage à la folie. La folie est la forme la plus pure, la forme principale et première du mouvement par lequel la vérité de l'homme passe du côté de l'objet et devient accessible à une perception scientifique. L'homme ne devient *nature* pour lui-même que dans la mesure où il est capable de *folie.* Celle-ci, comme passage

---

57 "Ce n'est pas d'une libération des fous qu'il s'agit en cette fin de XVIIIe siècle; mais d'une objectivation du concept de leur liberté." (HF S. 533; WG S. 542).
58 Vgl. HF S. 534.
59 HF S. 534.
60 HF S. 544.

spontanée à l'objectivité, est moment constitutif dans le devenir-objet de l'homme. (...) De *l'homme* à *l'homme vrai*, le chemin passe par *l'homme fou.*"[61]

Man findet durch den Wahnsinn die Wahrheit des Menschen. Das zeigt auch die Prägung des Begriffs der "monomanie homicide" in Frankreich zu Beginn des 19. Jahrhunderts, der ebenfalls auf das Skandalon eines Individuums verweist, das teils wahnsinnig, teils vernünftig bleibt. Die plötzlichen, von normal scheinenden Menschen ohne Grund und Motiv begangenen Gewaltverbrechen stellen sowohl Justiz als auch Medizin vor ein fundamentales Problem, das die moderne Vorstellung vom freien, selbstverantwortlichen Individuum betrifft: erklärt man diese Menschen für verrückt, für nicht-verantwortlich, so müßte man eine determinierende Ursache für ihr Verbrechen finden. Was aber, wenn weder eine solche Ursache gefunden werden noch das Individuum als "normal" klassifiziert werden kann? Foucault hält diese Überlegungen für fundamental hinsichtlich der Erfahrung des Wahnsinns, die sich im 19. Jahrhundert konstituiert. "(...) peut-on admettre qu'un individu devienne brusquement *autre*, perde cette liberté par laquelle il se définit, et pour un instant s'aliène à lui-même?"[62] Mit dieser Frage stellt die Wissenschaft selbst, die das wahnsinnige Individuum mit seiner Identität konstituiert hat, das Problem seiner Inkohärenz und letztlich Auflösung.

Foucault erklärt rückblickend, er habe in der *Histoire de la folie* eine kollektive Erfahrung beschreiben wollen, die zugleich den Wahnsinn als Objekt und das Subjekt, das ihn erkennen kann, konstituiert habe. Die Geschichte dieser Erfahrung habe er herausgearbeitet, indem er sie in Bezug setzte zu einer bestimmten normalisierenden Gesellschaft, zu Praktiken wie denen der Einschließung, zu einer bestimmten ökonomischen Situation, zur sozialen Situation der Urbanisierung, zur Entstehung des Kapitalismus, zur Bevölkerungsmigration etc..[63] Die Lektüre des

---

61   HF 544.
62   HF 546. (In WG fehlen diese Passagen).
63   DE IV, S. 55-58. Foucault/Trombadori 1996, S. 49f., 52f. Im gleichen Sinn äußert sich Foucault im ursprünglichen Vorwort zur *Histoire de la sexualité*, das er später durch ein anderes ersetzt (DE IV, S. 581).

Buches zeigt uns jedoch neben dieser wissenschaftsgeschichtlichen Linie ein immer wieder in den Text fließendes Interesse für den Wahnsinn als Grenz-Erfahrung - als extreme Erfahrung, die sich an den Rändern der Geschichte hält.[64] Im ursprünglichen, anläßlich der Neuauflage des Buches 1972 gestrichenen Vorwort der *Histoire de la folie* wird dieses Interesse deutlich benannt. Hier erklärt Foucault: "Cette structure de l'expérience de la folie, qui est toute entière de l'histoire, mais qui siège à ses confins, et là où elle se décide, fait l'objet de cette étude."[65] Es geht ihm um eine sich an der Grenze bewegende Erfahrung, die zwar historisch bestimmt, aber für unser Wissen bestimmend ist.

Wir finden also, wo wir in *Maladie mentale et psychologie*[66] eine Verschiebung von der Behandlung einer Tatsache (der Geisteskrankheit) zur Behandlung ihrer historischen und diskursiven Konstitution innerhalb der Psychologie und zugleich die Annahme einer ursprünglichen Erfahrung festgestellt haben, die zumindest partiell vom Lauf der Geschichte unabhängig ist, ebenfalls in der *Histoire de la folie* den Gedanken, daß die Erfahrung ihrerseits an der Konstitution historischer Diskurse beteiligt ist.[67] Die Erfahrung in der *Histoire de la folie* stellt eine Art wahrheitsfundierende Instanz der historischen Diskurse dar. So schreibt Foucault, er wolle, um die Unvernunft als Zentrum der klassischen Erfahrung zu beschreiben,

---

64 Yves Roussel zufolge hat Foucault die Parallelität seiner wissenschaftsgeschichtlichen Arbeit in der *Histoire de la folie*, der *Naissance de la clinique* und *Les mots et les choses* einerseits und seiner Beschäftigung mit einer extremen Literatur der Grenzerfahrung und Überschreitung andererseits sehr bewußt betrieben. So hat er auf das gleichzeitige Erscheinen der *Naissance de la clinique* und des *Raymond Roussel* gehofft. Vgl. Yves Roussel 1992, S. 97-110.

   Vgl. auch Tongo Mikobi: "Tels sont les enjeux de la lecture de l'Histoire de la folie: on peut la lire soit comme une thèse universitaire privilégiant la "coupure épistémologique" dans le prolongement et dans la filiation des travaux de Gaston Bachelard ou de Georges Canguilhem, soit comme une approche évocative des désirs traqués de l'interdit sous le patronage des poètes comme Artaud, Hölderlin ou Nerval, ou des savoirs obscurs de la transgression à la manière de Nietzsche, de Bataille et de Blanchot." Mikobi 1990, S. 62.

65 HF Paris 1961, S. VIf. WG S. 13.
66 Das Buch erscheint kurz nach der *Histoire de la folie*, 1962.
67 Vgl. Yves Roussel, a.a.O.

"(...) ne pas le décrire comme l'évolution de concepts théoriques, à la surface d'une connaissance; mais en tranchant dans l'épaisseur historique d'une expérience, nous tenterons de ressaisir le mouvement par lequel est devenu finalement possible une connaissance de la folie: cette connaissance qui est la nôtre (...)".[68] So wird die klassische Erfahrung der Unvernunft als Möglichkeitsbedingung unserer Kenntnis des Wahnsinns begreifbar. Mit anderen Worten: es gibt in der *Histoire de la folie* den Index einer Wahrheit der Erfahrung, die zugleich eine Erfahrung der Wahrheit ist. Das Residuum dieser doppelten Erfahrungskonzeption hält sich auch in weiteren Texten Foucaults bis etwa 1968, trotz der strukturalen Analysen von *Les mots et les choses* oder der *Archéologie du savoir*.[69] Diese Erfahrung des Wahnsinns ist nie außerhalb der Teilungen und Entscheidungen gegeben, die eine Kultur erst möglich machen. Es gibt keine volle Präsenz des Wahnsinns, er ist immer nur in Beziehung zur "anderen Seite", zu unserer Vernunft, erkennbar. Gleichwohl nimmt Foucault gegenüber dieser "anderen Seite", auf der die Diskurse über den Wahnsinn stattfinden, eine Haltung des Verdachts ein, die mehr ist als nur methodologische Vorsicht: er evoziert eine unzugänglich bleibende, aber persistente Erfahrung, die der tragischen Erfahrung gleicht, welche von Sade, Goya, den deutschen Romantikern, Nietzsche, van Gogh und Artaud bezeugt wird. Der Wahnsinn bleibt unerkennbar und bildet so die Referenz eines Denkens der Grenze des Gleichen: ein "ganz Anderes", das die Wahrheit des Gleichen enthielte.

Ich halte es für möglich, diesen Zug des foucaldinischen Denkens, der seinen struktura-listischen Tendenzen so kraß zu widersprechen scheint, als vorausgreifenden Versuch zu lesen, das zu beschreiben, was (noch) nicht ist. Rückblickend erklärt Foucault im Gespräch mit Ducio Trombadori, die *Histoire de la folie* sei als eine Erfahrung sowohl für den Autor wie für den Leser gedacht, denn er habe hier eine Veränderung der historischen, theoretischen und auch moralisch-ethischen Beziehungen bewirken wollen, die wir zum Wahnsinn haben, zu den Wahnsinnigen,

---

68   HF, Paris 1972, S. 225. WG S. 205.
69   Vgl. François Wahl 1968, S. 320, 348, 373, 375, und Gérard Lebrun 1988, S. 33-53.

zur psychiatrischen Institution und zur Wahrheit des psychiatrischen Diskurses. Um diese Erfahrung zu ermöglichen, müsse zwar das Gesagte historisch verifizierbar sein. Aber dies sei nicht das Wesentliche, wesentlich sei die Erfahrung, und die sei immer eine Fiktion: etwas, das wir selbst schaffen und das vorher nicht existiert hat.[70] Die Erfahrung des Wahnsinns, vorgestellt als Erfahrung des "ganz Anderen", wäre also Fiktion. 1963 definiert Foucault die Fiktion als "la nervure verbale de ce qui n'existe pas, tel qu'il est."[71] Eine Sprache sei nicht deshalb fiktiv, erklärt er weiter, weil sie in Distanz zu den Dingen existiert, die Sprache sei vielmehr die Distanz der Dinge, das, was sie zugleich erkennbar und unerreichbar macht. Und jede Sprache, die diese Distanz nicht vergißt, sondern sich in ihr hält und aus ihr spricht, ist eine Sprache der Fiktion. Gleich, ob es sich um die Sprache eines Romans oder einer Reflexion handelt, um Prosa oder Poesie.

Dies ist ein Vorschlag für eine sanfte Interpretation des problematischen Umgangs mit dem Wahnsinn in der *Histoire de la folie*. Zwar läßt sich Foucault hier in gewissem Maße durch die Figur des Wahnsinns als ursprüngliche und reine Erfahrung verführen, die der Genealoge später als mythische Projektion entlarven wird. Der nietzscheanisch geschulte Historiker hat über die Suche nach der Wahrheit Ursprungs zu lachen gelernt, denn der erhabene Ursprung ist der "metaphysische Nachtrieb, welcher bei der Betrachtung der Historie wieder ausschlägt und durchaus meinen macht, am Anfang aller Dinge stehe das Wertvollste und Wesentlichste".[72] Aber für die *Histoire de la folie* bleibt festzuhalten, daß sie eine Spur aufdeckt: sie läßt die Verwandtschaft des Wahnsinnigen mit den "poètes maudites", ihren verbotenen Träumen und versuchten Überschreitungen, auf eine Weise sichtbar werden, die die Wurzel des wissenschaftlichen Positivismus angreift. Denn die gemeinsame Ausgrenzung von Wahnsinn und Poesie setzt die herrschende Rationalität dem Verdacht aus, nur ein dominantes kulturelles Modell

---

70 DE IV, S. 45. Foucault/Trombadori 1996, S. 30f.
71 *Distance, aspect, origine*, in: Critique Nr. 198, November 1963, S. 939f. DE I, S. 280.
72 Friedrich Nietzsche, *Menschliches, Allzumenschliches. Der Wanderer und sein Schatten*, § 3. Werke Band I, S. 873.

zu sein. Indem sie an die "expériences limites" der Unvernunft rührt, enthüllt die *Histoire de la folie* den Prozeß, durch den eine Kultur sich ein Außen schafft.

Das Privileg der Erfahrung zeugt, was die *Histoire de la folie* betrifft, von Foucaults fortdauernder Gebundenheit an die Phänomenologie. Die folgende Passage mit ihren deutlichen Anklängen an die Einleitung zum Text Binswangers bestätigt dies: Foucault spricht im letzten Kapitel der *Histoire de la folie* von einer wiedergefundenen Sprache des Wahnsinns in der lyrischen Erfahrung des frühen 19. Jahrhunderts, in der, was der Wahnsinn von sich selbst sagt, mit der Wahrheit der Träume übereinstimmt: "une vérité de l'homme, très archaïque et très proche, très silencieuse et très menaçante: une vérité en dessous de toute vérité, la plus voisine de la naissance de la subjectivité, et la plus répandue au ras des choses; une vérité, qui est la profonde retraite de l'individualité de l'homme, et la forme inchoative du cosmos (...). Ainsi, dans le discours commun au délire et au rêve, se trouvent jointes la possibilité d'un lyrisme du désir et la possibilité d'une poésie du monde; puisque folie et rêve sont à la fois le moment de l'extrême subjectivité et celui de l'ironique objectivité, il n'y a point là contradiction: la poésie du cœur, dans la solitude finale, exaspérée, de son lyrisme, se trouve être par un immédiat retournement le chant originaire des choses; et le monde, longtemps silencieux en face du tumulte du cœur, y retrouve ses voix (...)".[73]

Hier finden wir das in der *Introduction* zum Buch Binswangers betonte Paradox einer freien Bewegung der Existenz, die sich in der Welt objektiviert, als Rückzug der Individualität einerseits, äußerste Subjektivität andererseits wieder. Poetische Erfahrung, Traumerfahrung und Erfahrung des Wahnsinns sind Erfahrungen einer Subjektivität, die sich auf die Welt hin transzendiert. Erfahrungen, für die das Innere des Menschen so äußerlich ist, daß die extreme Subjektivität sich mit der Faszination des Objekts identifiziert. Erfahrungen einer sich auflösenden Subjektivität ohne Identität und ohne Bestand. Darin ist, wie im Schlußkapitel der *Histoire de la folie* klar wird, die poetische Erfahrung dem sich im 19. Jahrhundert konstituierenden

---

73   HF 1972, S. 536.

positiven Wissen von der Geisteskrankheit wesensverwandt. Einem Wissen, das den Wahnsinnigen zugleich als Objekt der Erkenntnis und als Motiv des Wiedererkennens behandelt. Das Wiedererkennen schützt sich jedoch durch die Distanz der Reflexion, die erlaubt, das wahnsinnige Individuum zu definieren und objektiv zu erfassen. Es entwickelt eine diskursive Sprache, die, wie die Sprache der romantischen Poesie, das Ende des Menschen aussagt. Letztlich sprechen beide von der "...découverte qu'en l'homme, l'intérieur est tout aussi bien l'extérieur, qu l'extrême de la subjectivité s'identifie à la fascination immédiate de l'objet, que toute fin est promise à l'obstination du retour."[74]

Die Behandlung des Wahnsinns als Geisteskrankheit führt also, wie wir gesehen haben, zu einer Form von Individualisierung, die zugleich die Infragestellung des Begriffs des Individuums beinhaltet.

Von der Einheit individueller Erfahrung zu ihrer historischen Konstitution und zur Grenzerfahrung

Fassen wir kurz zusammen, was der Durchgang durch die ersten Schriften Foucaults ergeben hat: Während der Begriff der Erfahrung in *Maladie mentale et personnalité* noch an die gelebte Einheit des individuellen Bewußtseins geknüpft ist (auch und gerade dann, wenn es sich um eine ambivalente oder widersprüchliche Erfahrung handelt) und die Erfahrung hier als objektiv abhängig von den gesellschaftlichen Existenzbedingungen dargestellt wird, wird diese Konzeption in der überarbeiteten Fassung von 1962 durch ein plurales Modell historischer Erfahrungen, die zur Etablierung von Gegenständen des Wissens wie z.B. des Wahnsinns führen, ersetzt. Daneben aber erscheint eine gewissermaßen ursprüngliche und die Geschichte transzendierende Erfahrung, so daß wir es mit einer auf problematische Weise

---

74 HF S. 537.

doppelten Konzeption des Erfahrungsbegriffs zu tun haben, welche auch die *Histoire de la folie* durchzieht.

In der Einleitung zum Buch Binswangers von 1954 ist die Erfahrung als Traumerfahrung noch, wie in *Maladie mentale et personnalité*, an das Subjekt bzw. Individuum gebunden: sie ist ausgezeichneter Zugang zu sich selbst, der durch das Subjekt als Grund aller möglichen Traumbedeutungen konstituiert ist. Zugleich basiert sie jedoch auf der Struktur der Sprache. Insofern ist die Traumerfahrung zugleich radikal subjektiv und objektiv, zugleich immanent und transzendent.

Die Erfahrung der Angst nimmt dabei eine zentrale Rolle ein, da in ihr die Widersprüche, die die Krankheit als Reaktion nach sich ziehen, besonders deutlich hervortreten. Daß Foucault den Todesbezug der Erfahrung hier so stark in den Vordergrund rückt, läßt sich, wie ich meine, auf seine Lektüre Batailles zurückführen. Foucault hatte zum Zeitpunkt der Verfassung dieses Textes Bataille bereits gelesen, sich dessen Denken jedoch noch nicht so weit angeeignet, daß er die Grenzerfahrung, die die Erfahrung des Todes im Traum ist, als eine Form der Auflösung des Subjekts denken und sich damit von der Phänomenologie trennen würde. Gerade in diesem Schritt der Abgrenzung von der Phänomenologie wird Foucault jedoch rückblickend das entscheidende Moment seines Erfahrungbegriffs erblicken: auch das phänomenologische Denken stützt sich ja auf den Begriff der Erfahrung, um seinen theoretischen Horizont zu bezeichnen. Während jedoch die Erfahrung der Phänomenologen einen reflektierenden Blick auf das alltägliche Erleben bezeichnet, meint Foucaults Erfahrungsbegriff im Anschluß an Bataille, aber auch an Blanchot und Nietzsche, den Versuch, "de parvenir à un certain point de la vie qui soit le plus près de l'invivable." An die Stelle der Möglichkeitsvielfalt alltäglicher Erfahrung soll hier das Äußerste an Intensität und Unmöglichkeit treten. Dabei dient die Erfahrung dazu, "d'arracher le sujet à lui-même, de faire en sorte qu'il ne soit plus lui-même ou qu'il soit porté à son anéantissement ou à sa dissolution. C'est une entreprise de dé-subjectivation."[75] Die Phänomenologie dagegen will

---

75 DE IV, S. 43. Foucault/Trombadori 1996, S. 26f.

über die Bedeutung der alltäglichen Erfahrung letztlich die transzendentalen Funktionen des Subjekts erfassen und begründen.

Der Erfahrungsbegriff der *Histoire de la folie* schließlich ist bereits eingeschrieben in die Geschichte der Machtpraktiken, die sowohl Wahrheitseffekte produzieren als auch historische Erfahrung konstituieren. Es hängt von der epochenspezifischen Erfahrung des Wahnsinns ab, ob dieser an eine individuelle Identität gebunden ist oder nicht. Die moderne Erfahrung des Wahnsinns zeichnet sich dabei durch ihre hochgradige Individualisierung aus. Aber auch hier hält sich die bereits erwähnte Doppelung des Erfahrungsbegriffs. Die Grenz-Erfahrung des Wahnsinns ist einerseits historisch bestimmt, andererseits für die Wissens- und Machtpraktiken einer Epoche bestimmend. Ihr ist die poetische Erfahrung des Wahnsinns im 19. Jahrhundert sehr nahe, die Subjektivität bis zu ihrer Auflösung treibt. Aber auch die wissenschaftliche Erfassung des Wahnsinns gelangt an einen Punkt, an dem die Wahrheit des Menschen mit dem Wahnsinn, mit der objektiven Erfassung des Menschen in dem Moment, an dem er in höchstem Maße unfrei und sich fremd ist, zusammenfällt.

Das Paradigma der Erfahrung ist nur eins der beiden Paradigmen, die Foucault an die Stelle seiner Konzeption von individueller Einheit, wie er sie in *Maladie mentale et personnalité* behauptet, treten läßt. Das andere ist das der epistemologischen Konstitution von Objekten wie Geisteskrankheit und Individuen wie dem Geisteskranken. Ausgehend von einer Vorstellung individueller Einheit gelangt Foucault also, als er sich von dieser löst, zu einer dualen Konzeption von epistemologischer Abhängigkeit einerseits und Erfahrungsbezug andererseits.

Spielarten der Individualisierung

Während der Arbeit an der *Histoire de la folie* wurde, wie wir gesehen haben, das einheitliche, freie, sinnstiftende und verantwortliche Individuum aus dem Register Foucaults gestrichen. An seiner Stelle finden wir nunmehr ein tragisches, überdeterminiertes Individuum, das von den wissenschaftlichen Praktiken, deren Objekt es ist, erzeugt wurde. Foucault beginnt in der *Histoire de la folie* und in *Maladie mentale et psychologie*, die modernen Humanwissenschaften dahingehend zu kritisieren, daß sie, wo sie Wahrheit zu suchen vorgeben, tatsächlich an der schärferen Abgrenzung des "Normalen" vom "Pathologischen" arbeiten und so die rechtliche Entmündigung des Individuums, das sie miterzeugt haben, vorantreiben. Im Laufe der sechziger und siebziger Jahre unternimmt er es dann, die Funktionen der Norm und der Normalisierung systematischer auszuarbeiten[1] und von diesem Problemfeld aus die Konstitution der Humanwissenschaften zu hinterfragen.

Das andere Leitmotiv der *Histoire de la folie,* das des Wahnsinns als Grenz-Erfahrung, war bereits in der Einleitung zu Binswangers *Le rêve et l'existence* präsent und wird trotz aller Wendungen beständiges Motiv Foucaults bleiben.[2] Dies gilt selbst für die so formalistisch scheinende *Archéologie du savoir*, zu der Foucault rückblickend erklärt, er habe in diesem Buch untersucht, wie die Menschen in den

---

[1] Georges Canguilhem schreibt dazu: "Si les concepts de norme et de normalisation, destinés à rendre intelligibles les stratégies des différents pouvoirs (politique, juridique, médical) dans les sociétés modernes, ne sont systématiquement utilisés qu'à la fin de Surveiller et punir (1975), c'est l'Histoire de la folie (1961) qui a montré, dès le début des analyses (pp. 161-162), que ce que la psychologie prétendue scientifique au XIXe siècle a cherchée à fonder en vérité, la délimitation du "normal", n'est en fait que la consécration discursive de pratiques d'établissement de l'incapacité juridique d'un individu." *Sur l'Histoire de la folie en tant qu'événement*, in *Le Débat* Nr. 41, 1986, S. 37-40, hier S. 38. Über die 'Geschichte des Wahnsinns' als Ereignis, in: Wilhelm Schmid (Hrsg.) 1991, S. 62.

[2] So auch Judith Revel 1992, S. 51-56.

westlichen Gesellschaften den Eintritt in einen Prozeß erfahren haben, der ihnen zugleich erlaubt, ein bestimmtes Gegenstandsfeld zu erkennen und sich selbst als Subjekte mit einem bestimmten, festen Status zu konstituieren. Beispielsweise den Wahnsinn zu erkennen, indem man sich selbst als vernünftiges Subjekt konstituiert; die Krankheit zu erkennen, indem man sich als lebendiges Subjekt konstituiert; die Sprache zu erkennen, indem man sich als sprechendes und erkennendes Subjekt konstituiert, etc. Diesen Versuch, die Konstitution bestimmter Wissensgebiete ausgehend von Grenzerfahrungen aufzuzeigen, situiert Foucault explizit in der Nähe Batailles.[3] Dennoch ist es die *Archéologie du savoir*, in der Foucault, im Rahmen der Entwicklung seiner Theorie des Diskurses, die zentrale Stellung der Erfahrung in seinen früheren Schriften kritisiert: er habe, heißt es hier, der Erfahrung viel zu große Wichtigkeit und einen recht rätselhaften Status gegeben. Damit sei er der Annahme eines anonymen, allgemeinen Subjekts der Geschichte nahe geblieben.[4]

Daher macht Foucault in seinen folgenden Arbeiten nicht die Erfahrung zum zentralen Problem, sondern fragt nach dem Zusammenhang von Wissen, Macht und Erfahrung. Aus diesem Zusammenhang tritt dann das Problem der Individualisierung in neuer Form hervor. Denn die Individualisierung durch die Disziplinen - durch die Justiz, die Psychiatrie und Psychologie, die Kriminologie etc. - ist, wie hier gezeigt wird, eng an die Grenzerfahrungen der Gesetzesübertretung, des Wahnsinns, der Sexualität gebunden. Sie dokumentiert einen sich verändernden Umgang mit diesen Grenzerfahrungen. Ich möchte im Folgenden zeigen, wie Foucault von der doppelten Konzeption der wissenschaftlichen Konstitution von Erfahrung einerseits und der Grenzerfahrung andererseits zur Feststellung der Konstitution individueller Identität im Zusammenspiel von Erfahrung, Macht und Wissen gelangt, und welche Konsequenzen diese Feststellung hat. Dazu werde ich zunächst die modernen Strategien der Individualisierung im historischen und epistemologischen Umfeld ihrer Epoche betrachten und verfolgen, wie sich der Begriff des Individuums im Zusammenhang der Machttheorie entwickelt.

---

3   DE IV, S. 57. Foucault/Trombadori 1996, S. 52f.
4   AS S. 26 f. Vgl. Mikobi S. 81f.

Panoptische Macht

Foucault beschreibt die Zentrierung der modernen Gesellschaften um das Individuum und seine Identität als innig mit der Entwicklung neuer Formen der Machtausübung verbunden. Eine historische Analyse dieser Machtmechanismen, dieser Netze von kleinen Mächten, mit denen wir konfrontiert sind, die unseren Körper, unsere Sprache und unsere Gewohnheiten domestizieren, führt er in *Surveiller et punir* durch, das 1975 erscheint, aber auch in zahlreichen Artikeln, Vorlesungen und Gesprächen, die uns jetzt in seinen *Dits et Ecrits* vorliegen.

Waren die erklärenden Momente für die Konstitution von Erfahrung (d.h.: von Gegenständen des Wissens ebenso wie von erkennenden Subjekten) bisher, wie wir gesehen haben, die Wissenskonfiguration einer Epoche und eine von den epochalen Einschnitten zumindest teilweise unberührt bleibende Grenzerfahrung, so schreibt Foucault jetzt die Erklärungsfunktion in erster Linie der Disziplinarmacht und ihrem Zugriff auf das individuelle Verhalten zu, stellt aber diese Macht ihrerseits in den Dienst der Produktion. Den Nutzwert zu steigern, der aus der Disziplinierung und Normalisierung individuellen Verhaltens zu ziehen ist: dazu dienen dann auch die im 19. Jahrhundert entstehenden Humanwissenschaften. Foucault nimmt also Abstand von der in den sechziger Jahren vertretenen These, daß die Humanwissenschaften ihre Möglichkeit einer fundamentalen Erfahrung und/oder einer epistemologischen Disposition verdanken, und erklärt sie nunmehr aus der technisch-politischen Nutzung des individuellen Verhaltens.[5] Dabei entstehen sowohl die Probleme, die sich bei der Nutzung des individuellen Verhaltens durch die Macht ergeben, als auch die Ansatzpunkte ihrer Optimierung aus jenen Erfahrungen, die mit ihr unvereinbar sind.

---

5   Vgl. Frédéric Gros 1996, S. 69.

Foucault gibt dem Machttyp, der die westlichen Gesellschaften des 17. und 18. Jahrhunderts kennzeichnet, den Namen Disziplin. Die Disziplin umfaßt die strategischen Maßnahmen, die zusammen mit den ökonomischen, rechtlich-politischen und wissenschaftlichen Neuerungen dieses Zeitraums entwickelt werden, um gezielt Macht auf die Individuen und ihre Körper ausüben zu können.[6] Dazu gehört beispielsweise die im 17. Jahrhundert einsetzende Hierarchisierung in den Schulen, die Registrierung der Bevölkerung im 18. Jahrhundert und heute die Kontrolle der Arbeitszeit.[7] Wesentlicher Zweck der Verfeinerung der Machttechniken ist die Steigerung der ökonomischen Produktion, und Foucault beschreibt die Entwicklung der Disziplin als untrennbar von der des Kapitalismus.[8] Wenngleich das Funktionieren der Disziplin dem Interesse eines Staates entspricht, der mit dem Eintritt in die Moderne abhängiger von den einzelnen Individuen ist als je zuvor, deckt sie sich doch mit keinem Herrschaftsapparat und mit keiner Institution. Die Disziplin ersetzt die feierliche Demonstration souveräner Macht durch die Kontrolle individuellen Verhaltens. Und zwar durch eine stets minutiösere Kontrolle und präzisere Berechnung dieses Verhaltens, durch eine zunehmend effiziente Rationalisierung des Details.[9]

Dabei zeichnet sich die Disziplin durch die Doppelstrategie aus, den Individuen einerseits nahezu unendliche Entwicklungsmöglichkeiten zu lassen und so ihre Effizienz zu erhöhen, sie aber andererseits zu schwächen, um sie politisch fügsam zu machen. Sie betreibt eine Spaltung der individuellen Kräfte, indem sie zugleich Fähigkeiten steigert und unterwirft.[10] So gelingt es der Disziplinarmacht, die Individu-

---

6 Vgl. hierzu und zum Folgenden Petra Neuenhaus 1993.
7 Vgl. *Folie, une question de pouvoir,* DE II S. 660-664.
8 DE II, 431, 436, 466f., 622; DE III, 65, 233, 374, DE IV, 185-189, SP 219-223.
9 SP S. 141ff. ÜS S. 179f.,
10 SP S. 140: "La discipline majore les forces du corps (en termes économiques d'utilité) et diminue ces mêmes forces (en termes politiques d'obéissance). D'un mot: elle dissocie le pouvoir du corps; elle en fait d'une part une "aptitude", une "capacité" qu'elle cherche à augmenter; et elle inverse d'autre part l'énergie, la puissance qui pourrait en résulter, et elle en fait un rapport de sujétion stricte." ÜS 177.

en, die sie unterwirft, zugleich zu produzieren.[11] Denn die Machttechniken verfeinern sich nicht nur kontinuierlich, sie ändern auch ihre Gegenstände und bringen neue Gegenstände hervor, wie den des Individuums als psychologischen Fall, als kriminellen Fall, etc.[12]

Jede der disziplinarischen Techniken, die Foucault beschreibt, steigert die Effizienz der Machtausübung in der modernen Gesellschaft und damit den Effekt der Individualisierung. Sie kommen im Militär, in den Fabriken, den psychiatrischen Anstalten, den Schulen und Hospitälern zur Anwendung, wobei jede Institution Zweck und Struktur ihres Einsatzes modifiziert. Das Verfahren, das wohl die allgemeinste Anwendung gefunden hat, ist die panoptische Überwachung. Modell dieser Technik war das 1787 von Jeremy Bentham entworfene Panopticon, eine architektonische Konstruktion, die als abstrakte Formel der Individualisierungstechnologie lesbar ist.[13] Mit dem Panopticon ist eine Form gefunden, die isolierten Individuen permanenter hierarchisierender Überwachung zu unterwerfen. Es besteht aus einem ringförmigen Gebäude, "(...) à la périphérie un bâtiment en anneau; au centre, une tour; celle-ci est percée de larges fenêtres qui ouvrent sur la face intérieure de l'anneau; le bâtiment périphérique est divisé en cellules, dont chacune traverse toute l'épaisseur du bâtiment; elles ont deux fenêtres, l'une vers l'intérieur, correspondant aux fenêtres de la tour; l'autre, donnant sur l'extérieur, permet à la lumière de traverser la cellule de part en part. Il suffit alors de placer un surveillant dans la tour centrale, et dans chaque cellule d'enfermer un fou, un malade, un condamné, un ouvrier ou un écolier. Par effet du contre-jour, on peut saisir de la tour, se découpant exactement sur la lumière, les petites silhouettes captives dans les cellules de la périphérie. Autant de cages, autant de petits théâtres, où chaque acteur est seul, parfaitement individualisé et constamment visible."[14]

---

11 SP S. 218f.: "(...) la belle totalité de l'individu n'est pas amputée, réprimée, altérée par notre ordre social, mais l'individu y est soigneusement fabriqué, selon toute une tactique des forces et des corps." ÜS S. 279.

12 DE II, 396. (*Préface*, in S. Livrozet, *De la prison à la révolte*, Paris 1973.)

13 SP S. 252f. ÜS S. 288.

14 SP S. 201f. ÜS S. 256f.

Die Funktion des Panopticons besteht darin, sichtbar zu machen. Die Individuen werden von einer zentralen Stelle überwacht, die selbst nicht einsichtig ist, so daß die Überwacher austauschbar sind. Auch wenn diese ihre Funktion nicht kontinuierlich ausüben, wird bei den Individuen das Bewußtsein permanenter Beobachtung erzeugt. Damit erreicht das Panopticon eine bisher ungekannte Intensität der Machtausübung, die ihre Verinnerlichung durch die überwachten Individuen einschließt. In der Vorlesung *La société punitive* nennt Foucault die Entstehung des psychologischen Subjekts im 19. Jahrhundert einen Effekt des Zusammentreffens von Macht und Körper: "Le panoptisme, la discipline et la normalisation caractérisent schématiquement cette nouvelle prise du pouvoir sur les corps, qui est mise en place au XIXe siècle. Et le sujet psychologique tel qu'on le voit apparaitre à ce moment-là (donné à une connaissance possible, susceptible d'apprentissage, de formation et de dressage, lien éventuel de déviations pathologiques et d'interventions normalisatrices) n'est que l'envers de ce processus d'assujetissement. Le sujet psychologique naît au point de rencontre du pouvoir et du corps: c'est l'effet d'une certaine 'physique politique'."[15]

Die Objektivierung seiner selbst ist für das Funktionieren der Überwachungsgesellschaft elementar. Sie ermöglicht der Macht, sich im gesellschaftlichen Raum zu streuen und die zentrale Position aufzugeben: "Du point de vue du gardien, [la foule] est remplacée par une multiplicité dénombrable et contrôlable; du point de vue des détenus, par une solitude séquestrée et regardée (...). De là, l'effet majeur du Panoptique: induire chez le détenu un état conscient et permanent de visibilité qui assure le fonctionnement automatique du pouvoir. Faire que (...) la perfection du pouvoir tente à rendre inutile l'actualité de son exercice; que cet appareil architectural soit une machine à créer et à soutenir un rapport de pouvoir indépendant de celui qui l'exerce; bref que les détenus sont pris dans une situation de pouvoir dont

---

15 *La société punitive*. Vorlesung am *Collège de France* 1972/73, in: *Résumé des cours*, Paris 1989, S. 29-51, hier S. 49f. Zuerst in *Annuaire du Collège de France*, 73e année, *Histoire des systèmes de pensée, année 1972-73*, 1973, S. 255-267. DE II, S. 456-470 (leicht gekürzte Fassung, in der der hier zitierte Abschnitt fehlt).

ils sont eux-mêmes les porteurs."[16] Ein Modell, das die Kosten der Macht verschwindend gering werden läßt.[17]

Für Foucault ist das Panopticon nicht nur als architektonisches Modell interessant, sondern vor allem als "(...) diagramme d'un mécanisme de pouvoir ramené à sa forme idéale".[18] Er beschreibt die Lebensräume der Disziplinarindividuen als Komplexe aus Architektur, Funktionen und Hierarchien. "Ce sont des espaces mixtes: réels puisqu'ils régissent la disposition de bâtiments, de salles, de mobiliers, mais idéaux, puisque se projettent sur cet aménagement des caractérisations, des estimations, des hiérarchies."[19] Dabei weitet die synoptische Funktionsweise der Macht die Überwachung allgemein aus und garantiert ihre konstante Funktion.[20] Bereits Bentham hatte das Panopticon nicht nur als architektonische Form, sondern vor allem als Form des Regierens verstanden, als eine Möglichkeit für den Geist, Macht über den Geist auszuüben. "Rapprochez le texte de Bentham, qui est de 1787, de la présentation du Code pénal par Treilhard, en 1810, en France: Treilhard présente le pouvoir politique comme une espèce de panopticon réalisé dans les institutions."[21]

Die panoptische Überwachung wird in dem Moment auf sozial relevante Weise wirksam, als die monarchisch und rituell funktionierende Souveränität auf die hier-

---

16　SP S. 202f. ÜS S. 258.
17　"Un regard qui surveille et que chacun, en le sentant peser sur lui, finira par intérioriser au point de s'observer lui-même; chacun, ainsi, exercera cette surveillance sur et contre lui-même. Formule merveilleuse: un pouvoir continu et d'un coût finalement dérisoire!" DE III, S. 198.
18　SP S. 207. ÜS S. 264.
19　SP S. 149f. ÜS. S. 190.
20　"Une nouvelle optique, d'abord: organe de surveillance généralisée et constante; tout doit être observé, vu, transmis: organisation d'une police; institution d'un système d'archives (avec fiches individuelles), établissement d'un panoptisme." *La société punitive, Résumé des cours* S. 49, DE II, S. 469. Vgl. hierzu auch DE III, S. 35 (*Questions à Michel Foucault sur la géographie*, 1976) und DE III, S. 190-207 (Gespräch mit J.-P. Barou und M. Perrot, *L'oeil du pouvoir*, in: J. Bentham, *Le Panoptique*, Paris 1977), wo Foucault die Bedeutung der Sichtbarkeit für die modernen Machttechniken relativiert: ("...les procédures de pouvoir mises en oeuvre dans les sociétés modernes sont bien plus nombreuses et diverses et riches. Il serait faux de dire que le principe de visibilité commande toute la technologie du pouvoir depuis le XVIIIe siècle." (S. 192).
21　DE II, S. 437 (*A propos de l'enfermement pénitentiaire*, 1973).

archisch und kontinuierlich wirksame Disziplin trifft und allmählich von ihr abgelöst wird. Von nun an löst sich die Macht vom Zentrum und streut sich als "distribution concertée des corps, des surfaces, des lumières, des regards".[22] Sie verlagert ihre größte Intensität in die individualisierten Körper. Während dadurch das Individuum in einer veränderten sozialen Realität eine neue Rolle erhält und als das, welches wir kennen, erst geschaffen wird, geht die Herrschaft der Repräsentation sowohl auf epistemologischer als auch auf politisch-sozialer Ebene zu Ende. Anstelle des Subjekts der modernen Episteme, das seine eigene Endlichkeit transzendieren soll und dessen Freiheit zentrales Thema der Aufklärung ist, findet Foucault nun aber disziplinierte Individuen.[23]

Die isolierten Individuen überwachen sich von nun an selbst. Diese Form von Selbstüberwachung der Gesellschaft (Foucault wird dem Thema in seiner Studie über die *Lettres de cachet* weiter nachgehen) ging durchaus konform mit bestimmten Zielen der französischen Revolution: La Fayette läßt Bentham 1791 zum "citoyen français" erklären. Foucault rückt das panoptische Projekt in die Nähe Rousseaus: "Je dirai que Bentham est le complémentaire de Rousseau. Quel est, en effet, le rêve rousseauiste qui a animé bien des révolutionnaires? Celui d'une société transparente, à la fois visible et lisible en chacune de ses parties; qu'il n'y ait plus de zones obscures, de zones aménagées par les privilèges du pouvoir royal ou par les prérogatives de tel ou tel corps, ou encore par le désordre; que chacun, du point qu'il occupe, puisse voir l'ensemble de la société; que les coeurs communiquent les uns avec les autres, que les regards ne rencontrent plus d'obstacles, que l'opinion règne, celle de chacun sur chacun. (...) Bentham, c'est à la fois tout cela et tout le contraire. Il pose le problème de la visibilité, mais c'est en pensant à une visibilité organisée entièrement autour d'un regard dominateur et surveillant. Il fait fonctionner le projet d'une universelle visibilité, qui jouerait au profit d'un pouvoir rigoureux et méticuleux. Ainsi, sur le grand thème rousseauiste - qui est en quelque sorte le

---

22 SP S. 203. ÜS S. 259.
23 Vgl. Kammler 1986 S. 164.

lyrisme de la Révolution - se branche l'idée technique d'exercice d'un pouvoir "omniregardant", qui est l'obsession de Bentham; les deux s'ajoutent et le tout fonctionne: le lyrisme de Rousseau et l'obsession de Bentham."[24]

Wie gut die Beteiligung der Individuen an der gegenseitigen Überwachung und ihre Bestätigung der Norm bereits im *Ancien Régime* funktioniert hat, zeigt Foucault gemeinsam mit Arlette Farge in einer Studie über die *Lettres de cachet*, die 93 Dossiers aus den Jahren 1728 bis 1760, aufbewahrt in den Archiven der Bastille, dokumentiert und analysiert. Diese Dossiers enthalten Briefe, in denen Mitte des 18. Jahrhunderts französische Bürger die königliche *Lettre de cachet* erbitten.[25] Dieser Brief wird in Guyots *Repertoire de jurisprudence* von 1785 als ein auf Anweisung des Königs ausgefertigtes Schreiben definiert, das von einem Staatssekretär gegengezeichnet und mit einem königlichen Siegel versehen ist. Es handelt sich aber auch um die Bittschriften an den Polizeileutnant oder an die Kanzlei des Königs, um vom Herrscher eine Order zu erhalten, die die Freiheit einer bestimmten Person einschränken sollte (dabei kann es sich um Zwangsaufenthalt, Verbannung oder, wie in den meisten Fällen, um Festsetzung handeln).[26] Aus der von Farge und Foucault unternommenen Studie ergibt sich ein anderes Bild des *Ancien Régime* als das vertraute Szenario despotischer Grausamkeit. Die dokumentierten familiären Konflikte lassen ein komplexes Netz von Interessen und Taktiken erkennen, in das jeder Einzelne eingebunden ist. In dieser Beziehungsstruktur werden die Individuen zu Agenten der öffentlichen Ordnung, indem sie ihre intimsten Geheimnisse offenbaren.

Die Bitten um Festsetzung kommen zum größten Teil aus den armen Schichten und beziehen sich in der Hauptsache auf familiäre Angelegenheiten (Ehestreitigkeiten, familiäre Gewalt, Erziehungsprobleme). Etwa ein Drittel dieser Anträge richtet sich gegen Ehegatten. Sie sind lesbar als Normentwurf für das Ehe- und Familienleben, ausgehend von einer in der Bevölkerung herrschenden Meinung über

---

24 DE III, S. 195 (Gespräch mit Perrot).
25 Arlette Farge, Michel Foucault: *Le désordre des familles. Lettres de cachet des Archives de la Bastille.* Paris 1982. *Familiäre Konflikte: die "Lettres de cachet",* Frankfurt/Main 1989.
26 Vgl. Farge/Foucault 1989, S. 9.

das, was nicht sein darf. Von der *Lettre de cachet* wird erwartet, die Lücken des Rechts- und Polizeisystems zu füllen, denn öffentliche und private Sphäre sind noch nicht, wie später im *Code Napoléon*, getrennt und in ihren Zuständigkeiten festgeschrieben. Die Polizei im 18. Jahrhundert arbeitet noch unsystematisch und sprunghaft. Foucault entnimmt den untersuchten Dossiers ein ausdrücklich von der Bevölkerung geäußertes Begehren danach, daß die königliche Autorität mittels ihres Polizeiapparates und ihrer Strafmöglichkeiten Ordnung in die Familien bringen soll. Die Antragsteller berufen sich auf eine angeblich mit den Behörden geteilte, gemeinsame Moral. Das hat zum Einen zur Folge, daß sich die politische Souveränität bis zur untersten Ebene sozialer Beziehungen auswirkt, von Individuum zu Individuum. In allen Beziehungen kann man die Mittel der "absoluten" Macht ins Spiel bringen. Zum Anderen wird so die Behörde unter Umgehung der Justiz zum Richter über das Alltagsleben und beansprucht Verantwortung. Die Institution Familie klinkt sich in den Behördenapparat ein.[27] So zeigt bereits die Praxis der *Lettres de cachet*, wie Macht als komplexes Beziehungsgeflecht zwischen einer Vielzahl von Partnern funktioniert und in welchem Maße die einzelnen Individuen Agenten, nicht Opfer dieser Machtfunktionen sind.

An der Schwelle der Moderne findet, wie Foucault in *Surveiller et punir* gezeigt hat, mit der fortschreitenden Ausweitung und Differenzierung der Disziplinen die Formierung der "Disziplinargesellschaft" statt. Das für Foucault Wesentliche an der Disziplinargesellschaft ist ihre doppelte Wirkung, die einerseits in der Homogenisierung des sozialen Raumes und der damit implizierten allgemeinen und beliebig einsetzbaren Kontrolle und Registrierung der Individuen besteht, andererseits in der Differenzierung, Qualifizierung und Festschreibung individueller Differenzen.[28] Diese Funktionsweise wird durch die normalisierende Wirkung der Disziplin unterstützt. Für Foucault ist die moderne Macht eine Normalisierungsmacht, im Unter-

---

27 Vgl. Farge/Foucault 1989, S. 273ff.
28 Vgl. François Ewald in Ewald, Waldenfels (Hrsg) 1991, S. 164. Ewald betont jedoch allein den Aspekt der Homogenität der Disziplinargesellschaft, was meines Erachtens eine Verkürzung bedeutet.

schied zu Machtformen, die auf dem Gesetz basieren, gründet sie sich auf ein Netz kontinuierlich wirksamer, regulierender Verwaltungsapparate. Daran ändert die scheinbare Wichtigkeit der legalen Verfassungen nichts: "(...) les constitutions écrites dans le monde entier depuis la Révolution française, les codes rédigés et remaniés, toute une activité législative permanente et bruyante ne doivent pas faire illusion: ce sont là les formes qui rendent acceptable un pouvoir essentiellement normalisateur."[29] Die Legitimation von Macht und Herrschaft geschieht für Foucault[30] in den modernen westlichen Gesellschaften nicht auf legalem Wege, sondern durch die Norm, die dem Vergleich und der Messung individuellen Verhaltens dient. Intensiver als jede rechtliche Ordnung bindet sie die Individuen an ein gemeinsames Maß und differenziert sie nach Niveau, Anlage, Natur und Wert.[31] Sie setzt, anders als das Gesetz, am Inneren der Individuen an, nicht an präzisen einzelnen Handlungen. So entsteht zugleich Wissen und die Möglichkeit des normalisierenden Eingriffs: Macht-Wissen. Dabei wiederholt sich die doppelte Wirkung der Homogenisierung und Individualisierung, die Foucault an der Disziplin hervorhebt: "En un sens le pouvoir de normalisation contraint à l'homogénéité; mais il individualise en permettant de mesurer les écarts, de déterminer les niveaux, de fixer les spécialités et de rendre les différences utiles en les ajustant les unes aux autres. On comprend que le pouvoir de la norme fonctionne facilement à l'intérieur d'un système de l'égalité formelle, puisque à l'intérieur d'une homogénéité qui est la règle, il introduit, comme un impératif utile et le résultat d'une mesure, tout le dégradé des différences individuelles."[32] Dabei ist die zunehmende "individuelle Freiheit" der Moderne nicht bloße Fiktion - sie hat lediglich drastische disziplinarische Voraussetzungen: "Pour que un certain libéralisme bourgeois ait été possible au niveau des institutions, il a fallu, au niveau de ce que j'appelle les micropouvoirs, un investissement beaucoup plus serré des individus, il a

---

29 *Histoire de la sexualité I: La volonté de savoir*, Paris 1976, S. 190. SW I, S. 172.
30 ...im Unterschied zu Max Weber, vgl. Neuenhaus 1993.
31 Vgl. zur Gegenüberstellung von Gesetz und Norm DE III, S. 75, 274f.
32 SP S. 186. ÜS S. 237f.

fallu organiser le quadrillage des corps et des comportements. La discipline, c'est l'envers de la démocratie."[33]

Foucault erklärt auch die Entstehung der Humanwissenschaften im 19. Jahrhundert aus der Affirmation der Disziplinarmacht, genauer: aus ihrem Zugriff auf die intimen Verhaltensweisen.[34] Foucault nimmt also Abstand von der zuvor vertretenen These, daß die Humanwissenschaften ihre Möglichkeit in eine fundamentale Erfahrung oder eine epistemologische Disposition einschreiben, und erklärt sie nunmehr aus der technisch-politischen Nutzung des individuellen Verhaltens.[35] Sie entstehen, nachdem sich im Laufe des 18. Jahrhunderts die in den Institutionen Asyl, Gefängnis, Hospital und Klinik angewandten Praktiken, die Techniken der Individualisierung, hinreichend formalisiert haben, um Wissenschaften zu konstituieren. Ein Ereignis, das Foucault als "Schwellenüberschreitung" und als "Aufhebung einer epistemologischen Blockade" bezeichnet.[36] Denn diese Wissenschaften entwickeln nun ihrerseits Konzepte individueller Normalität, die wieder in die Praktiken der Machtausübung eingehen. Von nun an wird die Macht der Disziplinen von einem Diskurs begleitet, "der die Norm begründet, analysiert und spezifiziert, um sie präskriptiv zu machen."[37] Und so verstärken sich nun Wissensbildung und Machtsteigerung gegenseitig. Dabei schreiben sich Wissenschaften wie Psychologie, Psychiatrie, Kriminologie, Soziologie in den Panoptismus ein, ja sie sind Verlängerungen der panoptischen Funktionsweise der Gesellschaft, in der nichts im Dunkeln bleibt. "Un savoir des individus qui naît de l'observation des individus, de leur classement, de l'enregistrement et de l'analyse de leurs comportements, de leur comparson.

---

33 DE II, S. 722.
34 Als methodischen Kern der Humanwissenschaften benennt Foucault die Technik der Prüfung, die den Individuen der Disziplinarmacht konforme Identitäten zuschreibt. DE II, S. 594f.
35 Vgl. Frédéric Gros 1996, S. 69.
36 SP S. 192. ÜS S. 246.
37 *Die Macht und die Norm.* In: *Mikrophysik der Macht*, S. 122. "Le discours qui maintenant va accompagner le Pouvoir disciplinaire va être celui qui fonde, analyse et spécifie la norme pour la rendre prescriptive." *Le pouvoir et la norme: Cours du 28 mars 1973 au Collège de France.* Transcription pirate, non reproductible, in *Bibliothèque du Saulchoir*, Paris (nicht in DE).

On voit naître ainsi, à côté de ce savoir technologique, propre à toutes les institutions de séquestration, un savoir d'observation, un savoir en quelque sorte clinique, comme celui de la psychiatrie, de la psychologie, de la psychosociologie, de la criminologie. C'est ainsi que les individus sur lesquels s'exerce le pouvoir sont, ou bien ce à partir de quoi on va extraire le savoir qu'eux-mêmes ont formé et qui sera retranscrit et accumulé selon des nouvelles normes, ou bien des objets d'un savoir qui permettra aussi bien de nouvelles formes de contrôle. C'est ainsi, par exemple, qu'un savoir psychiatrique est né et s'est développé jusqu'à Freud, qui a été le premier de rompre avec lui." [38]

Die Polizeiwissenschaft spielt eine entscheidende Rolle in diesem Prozeß: diese Disziplin, die sich während des 17. und 18. Jahrhunderts in Deutschland und Italien formiert, hat mit der Äquivalenzformel Staat = Gesellschaftskörper, die das Wohl des Staates mit dem der Einzelnen zu verbinden erlaubt,[39] mehr zur Entwicklung kohärenter Prinzipien der modernen Herrschaft beigetragen als die Theorien politischer Legitimität. Im 17. und 18. Jahrhundert bedeutet "Polizei" ein Programm rationalen Regierens und das Ziel, die Lenkung der Individuen so weit zu perfektionieren, daß sie sich selbst ohne die Notwendigkeit der Intervention kontrolliert.[40] Eine solche Formalisierung des Regierens und der individuellen Kontrolle hat den Effekt, daß soziales Konfliktpotential in technische Probleme transformiert wird, welche wiederum durch fortschreitende Perfektionierung der Techniken lösbar scheinen. Die Denkweise der Techniker und Taktiker der "Staatsräson", die den Staat als Selbstzweck begreifen, setzt sich durch. Die Staatsräson als auf Rationalität und Wissen gegründete Kunst der Staatenlenkung bedarf der polizeilichen Überwachung der Bevölkerung und ihrer Reflexion in der Polizeiwissenschaft.[41]

---

38 DE II, S. 619f. (*La vérité et les formes juridiques*, 1974). Siehe auch DE II, S. 437.
39 Vgl. *"Omnes et singulatim": vers une critique de la raison politique*, DE IV, S. 134-161.
40 Vgl. Foucault im Interview mit Paul Rabinow, in: Rabinow 1984, S. 240 f.
41 Vgl. dazu Foucault in SP S. 214-17, ÜS S. 273-77; *Omnes et Singulatim...* DE IV S. 150ff. (Für eine Kritik der politischen Vernunft S. 63ff). Von Foucault angegebene Quellen zur "Staatsräson": Botero, G.: *Della ragione di stato dieci libri*, Rom 1590; Palazzo: *Discorso del governo e della ragione vera di Stato*, Venedig 1606; von Chemnitz, B.P.: *Dissertatio de Ratione Status* in *Imperio nostro romano-germanico*, Paris 1647 (Pamphlet, das unter dem

Resultat dieser Entwicklung ist, daß wir heute innerhalb eines sozialen Kontrollnetzes leben, das sich auf jedes einzelne Individuum bezieht, ihm seine Individualität aufprägt und ihm eine Identität verleiht. Jeder von uns hat eine Biographie, eine Vergangenheit, die irgendwo dokumentiert ist; es gibt stets eine Verwaltungsinstitution, die jederzeit sagen kann, wer wir sind. Die Macht individualisiert - damit wird die uns so geläufige Opposition zwischen "Individuum und Gesellschaft", "Individuum und Staat", "Individuum und Macht" hinfällig. Die Individualität in unseren modernen Gesellschaften befindet sich in keiner Weise in Opposition zur Macht; im Gegenteil: die obligatorische individuelle Identität, die wir alle besitzen, ist, so erklärt Foucault, ein Machtinstrument.

Die genannten Disziplinen bleiben bezüglich der von ihnen betriebene Individualisierung keineswegs neutrale Beobachter oder nichtbetroffene Täter. Foucault will der Annahme entgegenarbeiten, daß das Erkenntnissubjekt immer bereits definitiv gegeben ist, und daß die ökonomischen, sozialen und politischen Existenzbedingungen nur ihren Abdruck auf diesem Subjekt hinterlassen. Nicht nur Individuen als Erkenntnisobjekte, sondern auch Erkenntnissubjekte werden, so Foucault, durch soziale und wissenschaftliche Praktiken erst konstituiert. Im ersten der Vorträge, die Foucault im Mai 1973 an der katholischen Universität von Rio de Janeiro hält[42], geht es darum, wie soziale Praktiken Wissensbereiche entstehen lassen können, die ihrerseits neue Objekte, Begriffe und Techniken, aber auch neue Formen von Subjekten und Erkenntnissubjekten hervorbringen. Das Erkenntnissubjekt hat selbst eine Geschichte, ebenso wie das Verhältnis von Subjekt und Objekt oder die Wahrheit selbst. Und dies zeigt Foucault hier anhand der Entstehung des Wissens von der Individualität, vom normalen oder anormalen Individuum im 19. Jahrhundert aus den sozialen Praktiken der Kontrolle und Überwachung. Dieses Wissen habe sich nicht in einem erkennenden Subjekt festgesetzt, sondern einen ganz neuen Typ des erkennenden Subjekts entstehen lassen.

Namen Hippolithus veröffentlicht wurde) und Meinecke, Friedrich: *Die Idee der Staatsräson in der neueren Geschichte*, Berlin, Oldenburg, 1924.

42 *La vérité et ses formes juridiques*, DE II, S. 538-646.

Justiz und Psychiatrie: Definitionsprobleme der Wissenschaften

Im Prozeß der Individualisierung, wie Foucault ihn beschreibt, sind die Disziplinen der Justiz und der Psychiatrie mit ihren Praktiken und ihrem Wissen treibende Faktoren.[43] Sie tragen insbesondere zur Prägung bestimmter individueller Profile (des Kranken, des Delinquenten, etc.) bei. In seinem Bericht für das *Annuaire du Collège de France* für das Jahr 1974/75 schreibt Foucault, die Kategorie der "Anormalen" habe sich ausgehend von drei Elementen gebildet: dem "menschlichen Monster" (bzw. dem "gefährlichen Individuum"), dem zu korrigierenden Individuum (dem der Status des Rechtssubjekts teilweise abgesprochen werden kann) und dem Onanisten.[44]

Zur Identität des Kriminellen im 19. Jahrhundert äußert sich Foucault in seinem Vorwort zu Serge Livrozets Buch *De la prison à la révolte*.[45] An Kriminelle, auch und gerade wenn ihnen eine gewisse Akzeptanz gewährt wird wie einem Lacenaire,[46] werden präzise Verhaltensanforderungen gestellt: von ihnen wird verlangt, daß sie uns ihr Leben erzählen und sich dabei streng an ihr Gedächtnis und ihre Erinnerung halten. Keine Reflexion, kein denkender Diskurs, keine Entwicklung von Ideen wird toleriert. Denn hinter der kriminellen Tat kann und darf es keinen mitteilbaren Sinn geben, keine Wahrheit, die von Mehreren geteilt werden könnte. Ihr Grund muß ein verrücktes Begehren sein, eine den Täter kennzeichnende Schwäche, die dazu führte, daß die Tat von genau diesem Individuum begangen wurde. "Les condamnés n'existent au pluriel que par l'effet et la grâce d'un discours "scientifique"

---

43 Vgl. Foucaults Stellungnahme zum Fall Carpentier in *Les grandes fonctions de la médecine dans notre société* (1972), DE II, S. 380-382.

44 *"Les Anormaux"*, Annuaire du College de France, 75. Jahrgang, *Histoire des systèmes de Pensée*, année 1974-75, 1975, S. 335-339. DE II, S. 822-828.

45 *Préface*, Paris 1973, S. 7-14. DE II S. 394-399.

46 Lacenaire repräsentiert für Foucault ein neuer Typ des Kriminellen im 19. Jahrhundert: bürgerlicher Herkunft und Bildung, gelingt es ihm, seine relativ geringfügigen Delikte mittels eines intelligenten Diskurses als Kunstwerke darzustellen. Er wurde Vorbild für die Ästhetisierung des Kriminellen im Kriminalroman. Vgl. DE III, S. 98 und VI, S. 281.

tenu par un preposé. Ils forment un ensemble parce qu'on les a regroupés sous des catégories générales; s'ils doivent savoir des mots ou des idées en commun, ce sont les mots par lesquels on les désigne, et les notions qu'on leur applique. L'analyse ou la reflexion se mène de l'extérieur: on ne leur demande pas quelle est la leur; on l'exerce, avec tout le soin possible, sur eux."[47]

Weil es keinen kollektiven Diskurs über die Tat, kein Denken der Tat geben darf, ist der Kriminelle wesentlich Einzeltäter. Und in dem Maße, in dem der Verurteilte kein denkendes, reflektierendes, sich innerhalb eines Zusammenhangs verstehendes Subjekt sein darf, bedarf es eines wissenden Blicks, eines Diskurses, der über ihn zu sprechen vermag. Dazu sind Soziologie, Psychiatrie und Psychologie der Delinquenz da. Im Plural existieren die Delinquenten nur dank des "wissenschaftlichen" Diskurses, der über sie gehalten wird. Sie werden mithilfe allgemeiner Kategorien zu einem Ganzen zusammengefaßt; die Wörter und Ideen, die ihnen gemeinsam sind, sind die, mit denen man sie bezeichnet, die Begriffe, die man auf sie anwendet. Die Rollen sind klar verteilt: auf der einen Seite das Individuum, seine Abenteuer, sein Gedächtnis, seine Rede in der ersten Person; auf der anderen Seite die, die seine Erzählungen hören, ihnen folgen, sie rekonstituieren, durch ein rationales Kalkül beherrschbar machen. Die Wissenschaften lassen die Kriminalität in eine Summe individueller Abenteuer zerfallen und zeichnen gleichzeitig ein allgemeines Profil, das "Abweichung" heißt.

Dennoch gibt es, erklärt Foucault (und sieht dies durch Livrozets Buch bestätigt) eine alte, verkannte Tradition eines Denkens der Übertretung, das der Übertretung selbst innerlich ist, eine bestimmte Reflexion über das Gesetz, die an die aktive Verweigerung gegenüber dem Gesetz gebunden ist, eine bestimmte Analyse der Macht und des Rechts, die von denen praktiziert wurde, die täglich gegen Recht und Macht kämpften. Dieses Denken der Übertretung scheint auf Seiten der Disziplinen mehr beunruhigt zu haben als die Illegalität selbst, denn es ist strenger zensiert worden als die Tatsachen, die es begleiteten. Foucault bezeichnet das Buch Livrozets als

---

47 DE II, S. 396.

"expression individuelle et forte d'une certaine expérience et d'une certaine pensée populaires de la loi et de l'illégalité."[48] Auf dieses Denken und diese Erfahrung der Übertretung werden wir später zurückkommen - hier gilt es festzuhalten, daß Foucault Mitte der siebziger Jahre an einer "undisziplinierten" Erfahrung (der Gesetzesübertretung) festhält, und daß er die Entwicklung der Disziplinen von der Auseinandersetzung mit dieser Grenzerfahrung her versteht. Im Netz des Macht-Wissens sind die Grenzerfahrungen das, was nicht aufgeht und sich nicht vollständig erfassen läßt.

Foucault hat einem besonderen Kriminellen des 19. Jahrhunderts, Pierre Riviére, zwei Jahre seines Seminars am *Collège de France* gewidmet und im Anschluß daran ein umfangreiches Dossier zu diesem Fall veröffentlicht. Sein Interesse an diesem Fall beruht zu einem beträchtlichen Teil auf dem Aufschluß, den seine Dokumentation über die Formierung eines medizinischen und juridischen Wissens vom Individuum und seine Beziehungen zu den zuständigen Institutionen liefert,[49] und auf der Tatsache, daß hier der Täter eines extrem gewaltsamen Verbrechens selbst über dies Verbrechen spricht. In der *Histoire de la folie* hat Foucault, wie er später sagt, die Genese eines Denksystems als Materie möglicher Erfahrungen analysiert. Dies geschah anhand dreier Achsen: der Formation eines spezifischen Wissens von der Geisteskrankheit; der Organisation eines normativen Systems, das sich auf einen technischen, administrativen, juristischen und medizinischen Apparat stützt; und schließlich der Definition einer Beziehung zu sich selbst und den Anderen als mögliche Subjekte des Wahnsinns. Unter denselben Gesichtspunkten erhalten individuelle Fälle wie der Pierre Rivières oder die familiären Probleme, auf die sich die *Lettres de cachet* beziehen, ihre Bedeutung als signifikante Erfahrungen.[50]

---

48   DE II S. 399.
49   Vgl. *Moi, Pierre Rivière*, S. 17f.
50   So Foucault im 1984 verfaßten Vorwort zur *Histoire de la sexualité*, das dem zweiten Band ursprünglich vorangestellt werden sollte, schließlich aber zugunsten einer neuen Version aufgegeben wurde. DE IV, S. 581.

Foucault jetzt, von Machtpraktiken konstituiert, und dies geschieht mittels der Formierung spezifischer Wissensgebiete. Sowohl Machtpraktiken als auch Wissensgebiete formieren sich jedoch stets in Auseinandersetzung mit bestimmten, sich nicht in die Norm einfügenden Erfahrungen.

Seit Beginn des 19. Jahrhunderts hat sich der Austausch zwischen Medizin und Justiz so weit intensiviert, daß ihre Grenzen sich zunehmend verwischen. Foucault erklärt, daß in erster Linie die Medizin ihren Kompetenzanspruch auf das Gebiet ausdehnt, das vormals der Strafjustiz eigen war. Diese Entwicklung wird unter anderem durch die Einführung der verminderten Zurechnungsfähigkeit und die mit ihr verbundenen "mildernden Umstände" in das Strafrecht begünstigt, in erster Linie aber durch eine generelle Veränderung der Bevölkerungsstruktur und die Entstehung neuer Formen der Machtausübung, in die die Machtansprüche von Disziplinen wie der Medizin eingebunden sind. Es handelt sich hier also um einen Prozeß, der mehr durch Praktiken vorangetrieben wird als durch die Begründung eines neuen Wissens und die Formierung neuer Rationalitäten. Dies geschieht im 19. Jahrhundert, wie Foucault in einer Debatte zum Thema *Réclusion et capitalisme*[54] hervorhebt, insbesondere durch Polizeipraktiken. Denn wenngleich in der westlichen Welt die polizeiliche Verfolgung von Vagabunden, Bettlern und Müßiggängern seit dem 15. Jahrhundert üblich ist, so bleibt die von der Polizei durchgeführte Selektion, Aus- und Einschließung doch außerhalb der juridischen Praxis. Erst zu Beginn des 19. Jahrhunderts werden diese polizeilichen Praktiken der Rechtsprechung integriert. Als sich im napoleonischen Staat die Beziehungen von Polizei, Justiz und Strafinstitutionen auf bisher ungekannte Weise verdichten, werden neue psychologische, psychiatrische und soziologische Kategorien entwickelt, deren Funktion es ist, die Polizeipraktiken zu legitimieren und zu verstärken. Das bedeutet, so Foucaults These, daß sowohl das moderne Strafsystem als auch die Psychiatrie, Justiz und Psychologie aus den Polizeipraktiken der Selektion, Exklusion und Einschließung

---

54 In: *Table ronde: Réclusion et capitalisme*. Michel Foucault, Jean-Marie Domenach, Jacques Donzelot, Paul Virilio et al. In: *Esprit* n° 413, 1972, S. 111-133. DE II S. 316-339.

hervorgegangen sind, die dem juridischen System erst relativ spät integriert wurden.[55]

Folge der modernen Zusammenarbeit von Medizin und Justiz ist, daß heute die zentrale Frage der Strafjustiz die Frage nach dem "wer?" des Täters, nach seiner Identität ist. Die Zuweisung einer individuellen Identität ist unverzichtbar geworden. Aber wie kommt es dazu, daß die Konstitution einer individuellen Identität des Wahnsinnigen oder Verbrechers im 19. Jahrhundert so große Bedeutung erhält, und wie vollzieht sich im Einzelnen diese Konstitution? Foucault unternimmt in seinem 1978 erschienen Artikel *About the Concept of the "Dangerous Individual" in 19th Century Legal Psychiatry*[56] eine wissenschaftsgeschichtliche Untersuchung dieser Frage. Er kommt hier auf das Problem zurück, das er bereits am Ende der *Histoire de la folie* aufgeworfen hatte: dem Auftreten einer Form des Wahnsinns, der sich nicht durch die bekannten Symptome kontinuierlich manifestiert, sondern sich punktuell durch schwere, grausame Verbrechen äußert, die ohne erkennbares Motiv bleiben. An diesen Fällen setzt die Psychiatrisierung der Delinquenz ein, und es formt sich das Profil eines bestimmten Typs von Individuen, in denen Wahnsinn und Kriminalität zusammentreffen. Über diesen individuellen Typus schreibt Foucault: "(...) ce n'est pas l'homme du petit désordre quotidien, la pâle silhouette qui s'agite aux confins de la loi et de la norme, c'est le grand monstre. La psychiatrie du crime au XIXe siècle s'est inaugurée par une pathologie du monstrueux."[57] Begriff für die

---

55   Foucault betont, daß die Einschließung gefährlicher Individuen, sei es im Gefängnis oder im Hospital, heute sowohl in den kapitalistischen als auch in den nichtkapitalistischen Gesellschaften stattfindet. Er schlägt eine Typisierung der uns bekannten Gesellschaften nach der Art, wie sie sich nicht ihrer Toten, sondern ihrer Lebenden entledigen, vor: rituell mordende Gesellschaften, Exilgesellschaften, Reparationsgesellschaften und einschließende Gesellschaften. DE II, S. 318f.

56   In *International Journal of Law Psychiatry*, vol. I, 1978, S. 1-18. Der Text geht auf einen Vortrag Foucaults während der Konferenz über *Law and Psychiatry* am *Clarke Institute of Psychiatry* in Toronto vom 24.-26. Oktober 1977 zurück. Die französische Fassung erscheint 1981 unter dem Titel *L'évolution de la notion d'"Individu dangereux" dans la psychiatrie légale*, in: *Déviance et Société*, Genf, vol 5, n° 4, pp. 403-422. DE III, S. 443-464.

57   *L'évolution...*, S. 407. DE III, S. 447.

pervertierte Natur, die für diese Verbrechen verantwortlich ist und doch, als Wahnsinn, der Verantwortlichkeit entgeht, ist die "monomanie homicide", die zum Schlüsselbegriff der gerichtspsychiatrischen Frühgeschichte wurde. Denn dieser Begriff wird geprägt in einem Moment, in dem die Psychiatrie, die bislang nur ein Zweig der Medizin gewesen war, sich als besondere Disziplin etabliert und sich bemüht, Individuen, die bislang als Kriminelle behandelt worden waren, zu Wahnsinnigen zu erklären.[58] Während hier die Psychiatrie eine neue Möglichkeit der Machtausübung zu legitimieren und zu sichern sucht, wird ihr dies durch die demographischen und urbanen Veränderungen im Zuge der Industrialisierung erleichtert, die ein neues Bedürfnis nach öffentlicher Hygiene hervorrufen. Angesichts eines neuen Problemfeldes, das Existenzbedingungen, Habitat, Ernährung, Krankheiten, Geburtenrate und Sterblichkeit der Bevölkerung betrifft, übernimmt es die Medizin, für die öffentliche Hygiene zu sorgen und die dem sozialen Körper inhärenten Gefahren zu bekämpfen. Der Psychiatrie gelingt es, sich in das Feld dieser Medizin einzuschreiben, weil sie den Wahnsinn im Zusammenhang mit gesundheitsbedrohenden Existenzbedingungen wie Überbevölkerung, Promiskuität, städtische Gesinnung, Alkoholismus und Ausschweifung problematisiert und als Quelle von Gefahren für die übrige Bevölkerung identifiziert.

Die Medizin hat das Strafsystem nicht "von oben" - durch die Gesetzgebung oder durch theoretische Prinzipien - durchdrungen, sondern "von unten": ansetzend bei den Strafmechanismen und beim Sinn, den man ihnen gab. Das Strafen ist, neben all den neuen Techniken der Kontrolle und der Transformation der Individuen, ein Ensemble konkreter Vorgehensweisen zur Korrektur der Gesetzesbrecher geworden. Mehr als auf das Verbrechen beziehen sich die Strafen jetzt auf den Kriminellen selbst: auf das, was ihn zum Kriminellen macht, seine Motive, seine Beweggründe, seinen Willen, seine Neigungen, seine Instinkte.[59] Die Rechtsprechung bedarf der Bestimmung des Motivs, des psychologisch intelligiblen Bandes zwischen Tat und

---

58 Erst am Ende des 18. Jahrhunderts war Pinel gegen die Mischung von Wahnsinnigen und Kriminellen an den Orten der Internierung eingeschritten.
59 *L'évolution...* S. 411. DE III, S. 452.

Täter. Damit sind ihr die Mediziner als "Spezialisten des Motivs" unverzichtbar. Sie beurteilen die Vernunft des Subjekts und die Rationalität der Handlung sowie das Ensemble der Beziehungen, die die Tat mit den Interessen, Kalkülen, Neigungen und Gewohnheiten des Individuums, mit seinem Charakter, verbinden. Oder, wie wir heute sagen würden: sie integrieren die Tat in das allgemeine Verhalten des Individuums.

Im monströsen Verbrechen, der "monomanie homicide", treffen sich die medizinische Demonstration, daß der Wahnsinn an seiner Grenze stets gefährlich ist, und die juristische Notwendigkeit, das Motiv eines Verbrechens zu kennen, um seine Strafe zu bestimmen. Und so schreibt sich nun die Figur des "gefährlichen Individuums" sowohl in die psychiatrische als auch in die Rechtsinstitution ein. Es wird von nun an, in Theorie und Praxis, zum Hauptziel der strafenden Intervention.[60]

Diese Konzentration auf das kriminelle Individuum hat weiter zur Konsequenz, daß sich das Konzept der strafrechtlichen Verantwortlichkeit und Haftbarkeit (responsabilité pénale) grundlegend verändert. War es bis dahin für die Strafbarkeit einer Tat notwendig gewesen, daß der Täter frei, mit vollem Bewußtsein und ohne Spuren von Wahnsinn, Demenz oder Furor gehandelt hat, so wird die strafrechtliche Verantwortlichkeit jetzt zusätzlich an die Intelligibilität des Aktes in Bezug auf Verhalten, Charakter und Vorstrafen des fraglichen Individuums gebunden. In einer Situation, in der es ein starkes soziales und politisches Begehren nach Repression des Verbrechens - und des mit Wahnsinn "kontaminierten" Verbrechens insbesondere - gibt und in der sich das System der Gefängnisstrafe als ineffizient erweist, tritt das Problem der individuellen Verantwortlichkeit ins Zentrum der Diskussion. Die allgemeine Tendenz dieser Diskussion besteht darin, vom Verbrechen zum Täter überzugehen, von der tatsächlich begangenen Tat zur virtuell einem Individuum

---

60 In Bezug auf das Problem des "gefährlichen Individuums" formieren sich einerseits die italienische Schule der Kriminalanthropologie und andererseits die belgische Schule mit ihrer Theorie der "défense sociale". *L'évolution...* S. 413. DE III, S. 454f. Vgl. hierzu auch Foucaults Artikel *Attention: danger*, der in der Tageszeitung *Libération* erschienen ist (No. 1286, 22. März 1978, S. 9. DE III, S. 507f.)

innewohnenden Gefahr, von der Bestrafung des Schuldigen zum Schutz der übrigen Gesellschaft.[61] Als kriminelle Persönlichkeit und gefährliches Individuum wird jemand definiert, der aufgrund einer schwer zu restituierenden kausalen Verkettung ein hohes kriminelles Risiko darstellt. Und durch die Einführung des Konzepts der "Risikowahrscheinlichkeit" ("probabilité causale et de risque") kann man dieses Individuum nun strafrechtlich verantwortlich machen, ohne bestimmen zu müssen, ob es seine Tat aus freiem Willen begangen hat und somit schuldfähig ist, indem man eine von ihm begangene Tat an das Kriminalitätsrisiko bindet, das seine Person konstituiert. Die Sanktion hat nun nicht mehr den Zweck, ein Rechtssubjekt zu strafen, das aus freiem Willen das Gesetz gebrochen hat, sondern, das Kriminalitätsrisiko, das durch ein bestimmtes Individuum repräsentiert wird, weitestgehend zu minimieren - sei es durch Einschließung, spezifische Restriktionen oder therapeutische Methoden.

Das Strafrecht hat im Laufe des 19. Jahrhunderts das Wissen vom gefährlichen Individuum ausgedehnt und codifiziert, vom seltenen Fall des Monomanen bis zu den alltäglichen des Degenerierten, des Perversen, des konstitutionell Labilen, des Unreifen, etc. Das Individuum wird nun als "virtualité d'actes"[62] Gegenstand des Strafrechts, wenngleich weiterhin allein eine Tat, nicht eine Person, Anlaß einer strafrechtlichen Sanktion sein kann. Durch diese Veränderung des Konzepts der strafrechtlichen Verantwortlichkeit erscheint nun paradoxerweise das Individuum in dem Maß verantwortlich für seine Handlung, in dem es mit ihr durch eine psychologische Determination verbunden ist. Damit aber, daß die juristische Verantwortlichkeit eines Individuums durch den determinierten Charakter seiner Tat begründet wird, durch seine Nicht-Verantwortlichkeit und durch die Unerklärbarkeit seiner Handlung, geraten Psychiatrie und Rechtsprechung in eine fatale Unsicherheit, die ihren Begriff des Individuums zerfallen zu lassen droht: "les jeux de la responsabilité

---

61 Vgl. hierzu DE II, S. 592f.
62 *L'évolution...* S. 421, DE III, S. 463.

pénale et de la détermination psychologique sont devenus la croix de la pensée juridique et médicale".[63]

Eine parallele Entwicklung verzeichnet Foucault für die Gesetzgebung, die die Sexualität betrifft. Im Laufe des 19. Jahrhunderts finden hier erhebliche Verschärfungen im Namen der "Sittlichkeit" statt, wenngleich es den Richtern nicht gelingt, die unter Strafe gestellten Delikte und Perversionen präzise zu definieren.[64] Darin sind schließlich Medizin und Psychiatrie erfolgreicher: Mitte des 19. Jahrhunderts wird in diesen Disziplinen die Idee der potentiellen Allgegenwart des Perversen zur Obsession, und es setzt eine Verfolgung von gefährlichen Teilen der Bevölkerung ein. Im 20. Jahrhundert wird die Verteidigung der Sittlichkeit durch die Behauptung ersetzt, es gebe bestimmte Individuen, für die die Sexualität der Anderen zur permanenten Gefahr werden kann. Diese werden als "Risikogruppen" oder "gefährdete Teile der Bevölkerung" bezeichnet, womit man sich insbesondere auf die Kinder bezieht. Den Psychiatern, Psychologen und Pädagogen wird nun eine zweifache Intervention möglich: sie treten kraft ihres Wissens zunächst als Schützer der kindlichen Sexualität und ihrer Besonderheit gegen das Eindringen der Erwachsenen auf; zum Anderen postulieren sie den Schutz des Kindes vor seinem eigenen Begehren, sofern es sich auf einen Erwachsenen richtet. So hat sich im Innern des neuen gesetzlichen Rahmens, der wesentlich dazu bestimmt war, bestimmte gefährdete Teile der Bevölkerung zu schützen, eine medizinische Macht etabliert, die ausgehend von einer problematischen Konzeption der Sexualität, und besonders der sexuellen Beziehungen zwischen Kindern und Erwachsenen, eine Kategorie von Individuen schafft, die als pervers und monströs isoliert werden kön-

---

63 *L'évolution...* S. 414. DE III, S. 455. .Foucault hatte dieses Problem bereits in der *Histoire de la folie* aufgeworfen, s.o..

64 Vgl. Michel Foucault, Guy Hocquenghem, Jean Danet, *La Loi de la pudeur*. Transkription der Rundfunksendung *Dialogues* in *France-Culture* vom 4. April 1978, in: *Recherches*, n° 37, April 1979, S. 69-82, hier S. 72. DE III S. 763-777, hier S. 767f.

nen.⁶⁵ Und deren Verbrechen letztlich unabhängig von jeder Erklärung und der tatsächlich begangenen Tat werden.⁶⁶

Der doppelte Effekt, den die Idee einer zu schützenden Bevölkerung zeitigt, ist einerseits die Vorstellung einer Kindheit, die von Natur aus gefährdet ist, und andererseits die ärztliche und richterliche Definition einer Gruppe wegen ihrer Sexualität "gefährlicher Individuen". Die Sexualität ist nicht mehr ein präzisen Verboten unterliegendes Verhalten, sie wird dekriminalisiert - um zur omnipräsenten Gefahr erklärt zu werden. Und im Schatten dieser Gefahr und der Angst, die sie erzeugt, wird ein neues Kontrollregime über die Sexualität etabliert, das einerseits eine scheinbar großzügige Gesetzgebung impliziert, andererseits aber durch punktuelle Interventionen wirksam wird, die von den rechtlichen und medizinischen Institutionen getragen werden.⁶⁷

Pastoralmacht und moderner Staat

Die hier dargestellte Form der Kontrolle entspricht der politischen Rationalität, die Foucault als charakteristisch für den modernen Staat herausgearbeitet hat.⁶⁸ Gegen

---

65   Vgl. Michel Foucault, *La loi de la pudeur, Recherches*, S. 74. DE III, S. 768f.
66   Foucault stellt nicht die Folgen sexuellen Mißbrauchs zur Diskussion, sondern die Konsequenzen medizinischer Macht, die mittels der sexuellen Beziehungen zwischen Erwachsenen und Minderjährigen bestimmte Bevölkerungsgruppen zu einer Gefahr erklärt.
67   *La loi de la pudeur, Recherches*, S. 78. DE III S. 772f.
68   Es ist wichtig, festzuhalten, daß Foucault nicht *eine* Rationalität und keinen übergreifenden Prozeß der Rationalisierung kennt, sondern vielmehr verschiedene Formen politischer Rationalität kenntlich macht, verschiedene "Rationalitätstypen", die soziale Praktiken organisieren (vgl. *Omnes et singulatim*, DE IV S. 135f. (*Für eine Kritik der politischen Vernunft* S. 58) sowie zu den von Foucault unterschiedenen Rationalitätstypen Neuenhaus 1993, S. 68-78). Axel Honneth dagegen versteht Foucaults Machtanalyse als Teilanalyse eines übergreifenden Prozesses der Rationalisierung, der "im Sinne eines nietzscheanisch gedeuteten Weber" eine "Steigerung der sozialen Kontroll- und Machtmittel" bedeute. Foucault setze dabei voraus, daß dieser "übergreifende Prozeß der Rationalisierung unter dem verhüllenden Schein einer moralischen Emanzipation die technischen Mittel sozialer Herrschaft perfektioniert und

die Klage, die moderne Gesellschaft ignoriere das Individuum, will Foucault zeigen, in welch frappierendem Maße der moderne Staat den Individuen Aufmerksamkeit schenkt, welche Techniken er entwickelt hat, damit sie seiner Kontrolle nicht entgehen. Denn all die großen Disziplinarmaschinen: Kasernen, Schulen, Werkstätten und Gefängnisse, dienen dazu, das Individuum zu erfassen, zu wissen, wer es ist, was es tut und was sich mit ihm tun läßt. Auch die Humanwissenschaften dienen diesem Zweck, sie bestimmen, wer normal ist und wer nicht, wer vernünftig ist und wer nicht, wer wozu fähig ist, welche individuellen Verhaltensweisen vorhersehbar sind, welche zu verhindern sind.

Auf eine paradoxe Weise waren seit dem 18. Jahrhundert sowohl die kapitalistischen und industriellen Gesellschaften als auch die modernen Staatsformen, die mit ihnen einhergingen, auf Prozeduren der Individualisierung angewiesen, die das christliche Pastorat ins Werk gesetzt hat. So bezeichnet Foucault eine Form des Regierens, die auf der Verantwortung der Regierenden für jedes einzelne Individuum und auf der Gehorsamspflicht der Individuen basiert. Damit bindet er den modernen Staat in die Geschichte des Christentums ein: eine Geschichte, die zwar auch von Verbot und Repression, aber mehr noch von der Einsetzung feiner Kontrollmechanismen geprägt ist, die zugleich das Wissen von den Individuen und das der Individuen über sich selbst vermehrten. Der erste Effekt der Einführung der Pastoralmacht in die römische Gesellschaft war, erklärt Foucault in *Sexualité et pouvoir*, das "assujettissement de l'individu à lui-même".[69] Von nun an war die Heilssuche zugleich individuelle Angelegenheit und Angelegenheit aller, gab es eine Verpflichtung zum umfassenden und permanenten Geständnis sowie die Pflicht zur Verinnerlichung und zur Bewußtmachung aller Schwächen und Regungen des Selbst. Die antiken Staaten, die feudale Macht und auch die absolutistische Monarchie bedurften einer solchen individualisierenden Macht nicht, sie bezogen sich auf Gruppen, Territorien und Kategorien von Individuen. Aber bereits lange vor der Entwicklung

---

    ineins damit das moderne, zwanghaft vereinheitlichte Individuum hervorbringt." Honneth 1990, S. 83.

69 Konferenz an der Universität Tokyo vom 20. April 1978, DE III, S. 552-570, hier S. 566.

der industriellen und bürgerlichen Gesellschaft hat die christliche Pastoralmacht an der Konstitution von Individuen gearbeitet, die an sich selbst in der Form einer Subjektivität gebunden sind, von der man verlangt, sich ihrer selbst im Namen der Wahrheit und in Form des Geständnisses bewußt zu werden.[70]

Der einzigartige Charakter der Pastoralmacht in der Geschichte der Zivilisationen beruht darauf, daß sie einerseits wie jede andere Machtform auf eine ganze Bevölkerung bzw. Gruppe ausgeübt wird, daß sie es sich zugleich aber zur ersten Aufgabe macht, über das Heil aller zu wachen, indem sie sich um jeden Einzelnen, jedes Schäfchen der Herde, jedes Individuum sorgt - "(...) non seulement pour le contraindre à agir de telle ou telle manière, mais aussi de façon à le connaître, à le découvrir, à faire apparaître sa subjectivité et à structurer le rapport qu'il a à lui-même et à sa propre conscience."[71] Das macht aus der Pastoralmacht eine individualisierende Macht.[72]

Die modernen Gesellschaften wissen darum, daß die Steigerung staatlicher Macht abhängig ist von der Entwicklung der individuellen Leben.[73] Ihre Rationalität, die doch allein den Staat als Zweck der Politik anerkennt, rückt daher der individualisierenden Macht vom Typ des christlichen "Pastorats" immer näher. Eins der wichtigsten ausführenden Organe dieser Form der Machtausübung ist jetzt die Poli-

---

70 Stendhal illustriert in seiner Chronik des 19. Jahrhunderts, *Le rouge et le noir*, eine Verfallsform dieser christlichen Subjektivierung: Julien Sorel, der in ein Kloster kommt, entdeckt hier eine Welt, in der jeder Augenblick, jede noch so kleine Handlung bedeutsam sind, weil in ihnen eine Art und ein Grad christlicher Perfektion zum Ausdruck kommen. Und jede Handlung, jede Regung werden kontrolliert. Sorels Reaktion auf diese detaillierte Überwachung ist Hypokrisie, die er nicht müde wird, zu perfektionieren: "Quelle immense difficulté, (...) que cette hypocrisie de chaque minute! c'est à faire pâlir les travaux d'Hercule. L'Hercule des temps modernes, c'est Sixte-Quint, trompant quinze années de suite, par sa modestie, quarante cardinaux qui l'avaient vu vif et hautain pendant toute sa jeunesse." Stendhal, *Le rouge et le noir*, Paris 1972, S. 187.
71 DE III, S. 549.
72 *La philosophie analytique de la politique*, Vortrag vom 27. April 1978 in Tokio. DE III, S. 534-551.
73 Vgl. *Omnes et Singulatim...*, DE IV, S. 161. (*Für eine Kritik der politischen Vernunft*, S. 66).

zei, der eine paradoxe Verpflichtung auferlegt wird: einerseits ist sie "ce qui permet à l'Etat d'accroître son pouvoir et d'exercer sa puissance dens toute son ampleur. Par ailleurs, la police doit garder les gens heureux - le bonheur étant compris comme la survie, la vie et une vie améliorée."[74] Foucault hat sich intensiv mit der sich herausbildenden Staatsrationalität und ihres "Polizei-Projektes" beschäftigt, um das Zusammenwirken individualisierender und totalitärer Tendenzen im modernen Staat zeigen. Er begreift Individualisierung und Totalisierung als unvermeidliche Wirkungen der politischen Rationalität, die sich in den abendländischen Gesellschaften durchgesetzt hat. "En réussissant à combiner ces deux jeux - le jeu de la cité et du citoyen et le jeu du berger et du troupeau - dans ce que nous appelons les Etats modernes, nos socétés se sont révélées véritablement démoniaques."[75] Auch im gegenwärtigen Problem des Wohlfahrtsstaats spiegelt sich diese Doppelstrategie: "Le fameux 'problème de l'Etat-providence' ne met pas seulement en évidence les besoins ou les nouvelles techniques de gouvernement du monde actuel. Il doit être reconnu pour ce qu'il est: l'une des extrêmement nombreuses réapparitions du délicat ajustement entre le pouvoir politique exercé sur des sujets civils et le pouvoir pastoral qui s'exerce sur des individus vivants."[76] Die Macht in den modernen Gesellschaften ist paradoxerweise um so stärker individualisierend, als sie bürokratisch und staatlich ist. Das Pastorat, das in seiner rein religiösen Form an Macht verloren hat, hat im Staat einen neuen Träger gefunden.[77]

Für Foucault gehört das Problem der einerseits individualisierenden, andererseits totalisierenden Macht in den modernen Staaten zur selben Reihe von Problemen wie die früher von ihm gestellten. Auch hier gehe es um die Beziehungen zwischen Erfahrungen (wie der des Wahnsinns, der Krankheit, der Übertretung von Gesetzen, der Sexualität, der Identität), dem Wissen (der Psychiatrie, der Medizin, der Krimi-

---

74 *Omnes et singulatim...*, DE IV, S. 159. Foucault bezieht sich hier auf J.H. Gottlob von Justi, *Grundsätze der Policey-Wissenschaft*, Göttingen 1756, Einleitung, §§ 2-3. (*Für eine Kritik der politischen Vernunft* S. 58.)
75 *Omnes et singulatim...*, DE IV, S. 147. (*Für eine Kritik...* S. 62.)
76 DE IV S. 144.
77 *La philosophie analytique de la politique*, DE III, S. 534-551, hier 550f.

nologie, der Sexologie und der Psychologie) und der Macht. Seine Frage, auf welche Weise die fundamentalen Erfahrungen des Wahnsinns, des Leidens, des Todes, des Verbrechens, des Begehrens und der Individualität mit dem Wissen und der Macht verbunden sind,[78] wird dahingehend beantwortet, daß die Auseinandersetzung mit diesen Grenzerfahrungen zur Entwicklung neuer Machtpraktiken und Kategorien führt. Es bleibt also unterhalb der Machtdispositive, die Foucault während der siebziger Jahre als konstitutiv für die Formierung der Humanwissenschaften und damit für ihren Begriff des Individuums herausarbeitet, eine Erfahrungsschicht, die die Matrix dieser Machtpraktiken bildet. Aus ihr gehen durch die Machttechniken veränderte Erfahrungen hervor, dennoch bleibt jedoch ein irreduzibler Rest an Grenzerfahrungen, die das Potential der Übertretung bilden.

Das Problem der Individualität bildet dabei weiterhin den Brennpunkt seines Interesses. So stellt Foucault in *"Omnes et singulatim": vers une critique de la raison politique*[79] das Problem der Individualität erneut ins Zentrum: "Telle fut la "Ligne de conduite" dans mon précédent travail: analyser les rapports entre des expériences comme la folie, la mort, le crime ou la sexualité, et diverses technologies du pouvoir. Mon travail porte désormais sur le problème de l'individualité - ou, devrais-je dire, de l'identité en rapport avec le problème du "pouvoir individualisant"."

Und zum möglichen Widerstand gegen die zugleich individualisierende und totalisierende Macht erklärt Foucault: "La rationalité politique s'est développée et imposée au fil de l'histoire des sociétés occidentales. Elle s'est d'abord enracinée dans l'idée de pouvoir pastoral, puis dans celle de raison d'Etat. L'individualisation et la totalisation en sont des effets inévitables. La libération ne peut venir que de l'attaque non pas de l'un ou l'autre de ces effets, mais des racines mêmes de la rationalité politique."[80] Wenn der Staat einerseits seine Mitglieder zu einem Körper vereint, während er andererseits jede einzelne Dimension der privaten Existenz organisiert, und auf diese Wese die atomistisch-liberale Dimension modernen Lebens von der organisato-

---

78 DE IV S. 147f.
79 DE IV S. 134-161, hier S. 136.
80 *Omnes et singulatim...*, DE IV, S. 161.

risch-totalisierenden begleitet wird, kann die Alternative nicht in einem zum Äußersten getriebenen Individualismus bestehen. Es gibt, wie Reiner Schürmann schreibt, keine sicherere Formel zur Garantie sozialer Isomorphie als die, jeden Einzelnen zur Ausprägung seiner Partikularität aufzufordern. Indem er seine einzigartige Persönlichkeit verteidigt, seinen Geschmack, seine Gefühle, seinen Lebensstil und seinen Glauben, macht jeder Einzelne genau das, was die andern tun und trägt so zur Uniformität bei, indem er sie verneint.[81]

---

81 Reiner Schürmann, *Se constituer soi-même comme sujet anarcique*, S. 467.

Kritik und Transgression

Wie wir am Ende des vorhergehenden Abschnitts gesehen haben, stellt Foucault am Ende der siebziger Jahre die spezifischen Grenzerfahrungen, die stets auch Erfahrungen der Individualisierung sind, in die umfassendere Perspektive des Problems der Individualität und der individualisierenden Macht. Diese Verschiebung wird begleitet von Äußerungen, die die Interpretation erlauben, Foucault distanziere sich vom Thema der Erfahrung im Allgemeinen. Ich möchte jedoch zeigen, daß es sich hier um die Ablehnung eines *bestimmten* philosophischen Erfahrungsbegriffs handelt, der als ungeeignet betrachtet wird, aus den individualisierenden und totalisierenden Machtnetzen der Moderne hinauszuführen. Und die Suche nach Möglichkeiten der Übertretung des Individuellen, das so vollständig von der normalisierenden Macht erfaßt ist, wird nun immer wichtiger für Foucault. Im Folgenden werden wir zwei von Foucault aufgezeigte Formen der Übertretung eingehender betrachten; zwei Formen, die einander näher sind, als es uns scheinen mag: eine bestimmte Tradition der Kritik und das von Bataille entwickelte Denken der Transgression. Beide sind, wie ich zu zeigen hoffe, an das Thema der Erfahrung genküpft, welches das Gravitationszentrum des Denkens Foucaults darstellt.

Kritik

In der Frage nach der Herkunft unserer Rationalität sieht Foucault mehr kritisches Potential, das den Normen unserer Individualität zu ihren Boden zu entziehen vermag, als im Bezug auf eine Erfahrung, die an die Themen des Sinns und des Subjekts gebunden bleibt. Er erläutert dies in einem Text, der 1978 als Vorwort zur englischen Übersetzung von Georges Canguilhems *Le normal et le pathologique* erschienen ist[1] und der den Beitrag der Vernunft zum Prozeß der Individualisierung sowie zugleich ihre Einbindung in und Formierung durch diesen Prozeß thematisiert.

Französische Wissenschaftshistoriker wie Canguilhem, Cavaillès, Bachelard und Koyré haben, so Foucault, ausgehend von den Husserl'schen Problemen des Formalismus und der Intuition[2] fundamentale neue Fragestellungen für die Philosophie des Wissens und der Rationalität geliefert. Diese philosophischen Themen seien keineswegs so weit entfernt von politischen Fragen, wie es den Anschein hat: habe sich doch insbesondere während des Zweiten Weltkriegs und der sechziger Jahre gezeigt, daß die Frage nach dem Fundament der Rationalität eng an die Frage nach den aktuellen Bedingungen ihrer Existenz gebunden ist. Die Wissenschaftsgeschichte greife heute das Problem auf, das die Philosophie im 18. Jahrhundert aufgeworfen hat: das rationale Denken nicht hinsichtlich seiner Natur, sondern hinsichtlich seiner Geschichte, seiner Möglichkeiten und Grenzen, seines Orts und seiner Aktualität zu untersuchen - wie dies exemplarisch in der zwischen Mendelssohn und Kant in der *Berlinischen Monatsschrift* geführten Debatte um die Frage "Was ist Aufklärung?" geschieht.

In dieser Frage nach der Aufklärung erkennt Foucault einen entscheidenden Ansatz zur Lösung des politischen "double-bind"[3], der im zugleich individualisierenden und totalisierenden Effekt moderner Machtverhältnisse besteht. Er geht hierauf näher in zwei

---

1 *La vie: l'expérience et la science*, DE III, S. 429-442. Deutsch in: *Der Tod des Menschen im Denken des Lebens*, S. 52-72. Eine leicht überarbeitete Version dieses Textes ist 1985 in der *Revue de métaphysique et de morale* erschienen (90. Jahr, Nr. 1, Januar-März 1985, S. 3-14. DE IV, S. 763-776). Foucault hatte für die Canguilhem gewidmete Nummer dieser Zeitschrift einen neuen Artikel schreiben wollen, seine Krankheit ließ jedoch nicht mehr zu als die Modifikation des Vorworts zu *Le normal et le pathologique*. Dies ist der letzte Text, den Foucault Ende April 1984 in den Druck gibt.

2 Dazu erscheinen 1937 (Foucault gibt irrtümlicherweise 1938 an) die beiden Studien Cavaillès' *Méthode axiomatique et formalisme. Essai sur le problème du fondement des mathématiques* und *Remarques sur la formation de la théorie abstraite des ensembles. Etude historique et critique*.

3 DE IV, S. 222-243, hier 231f. *Das Subjekt und die Macht*, in: Dreyfus/Rabinow 1987, S. 250.

für seinen Kritikansatz maßgeblichen Texten ein: in *Was ist Aufklärung?*[4] und in dem Vortrag *Qu'est-ce que la critique*, den er am 27. Mai 1978 vor der *Société française de Philosophie* hält[5].

Aus der Debatte um die Aufklärung läßt sich ein Verständnis von Kritik gewinnen, welches das Spezifische an der individualisierenden Rationalität genauer zu bestimmen vermag und stets ihre zugleich individualisierende als auch totalisierende Wirkung im Auge behält. Für Kant besteht bekanntlich Aufklärung, der Ausgang aus der selbstverschuldeten Unmündigkeit, darin, die Vernunft um ihrer selbst willen zu gebrauchen. Dieser freie Vernunftgebrauch muß der Fügsamkeit gegenüber den herrschenden Instanzen nicht widersprechen, Kant geht vielmehr davon aus, daß wir uns zu unterwerfen haben, sofern wir "Teil der Maschine" sind, also unsere gesellschaftlichen Funktionen erfüllen - was in Foucaults Termini der Anerkennung gewisser Zwänge als historischer Notwendigkeiten entspräche. Wie aber können wir, während wir unterworfen sind, also unsere Funktion als Individuen innerhalb eines gesellschaftlichen Ganzen erfüllen, frei unsere Vernunft gebrauchen und erkennen, wo Überschreitungen der gegebenen Zwänge möglich sind? Ein solcher Vernunftgebrauch bedarf einer Ethik, die Foucault als "Grenzhaltung" bezeichnet. Sie besteht weder in der einfachen Verwerfung unserer Individualität noch ihrer Behauptung gegenüber dem Zugriff von Staat und Gesellschaft, sondern in einer permanenten Kritik unserer eigenen Existenz, ihrer Aktualität, ihrer Geschichte und ihrer Konstitution,[6] die die Kantische Frage, welche Grenzen die Erkenntnis nicht überschreiten darf, positiv wendet: "(...) dans ce qui nous est donné comme universel, nécessaire, obligatoire, quelle est la part de ce qui est

---

4   *What is Enlightenment?* in: Rabinow, Paul (Hrsg.), *The Foucault Reader*, New York 1984, S. 32-50. *Qu'est-ce que les Lumières*, DE IV, S. 562-584. *Was ist Aufklärung?* in: Erdmann, Forst, Honneth 1990, S. 35-54. Vgl. auch *Qu'est-ce que les Lumières?*, DE IV S. 679-688, zuerst in *magazine littéraire* Nr. 207, Mai 1984, S. 35-39, Auszug aus der Vorlesung vom 5. Januar 1983 am Collège de France.

5   Der Text dieses Vortrags ist im Bulletin Nr. 2 der *Société française de philosophie*, April-Juni 1990 erschienen, aber in den *Dits et écrits* nicht enthalten. Er ist einzusehen im Foucault-Archiv der *Bibliothèque du Saulchoir*, Paris. Die deutsche Übersetzung *Was ist Kritik?* ist 1992 in Berlin erschienen.

6   *Was ist Aufklärung?* S. 48. *Qu'est-ce que les Lumières?*, DE IV, S. 574.

singulier, contingent et dû à des contraintes arbitraires. Il s'agit en somme de transformer la critique exercée dans la forme de la limitation nécessaire en une critique pratique dans la forme du franchissement possible."[7]

Dabei gibt Foucault sein Grundverständnis der Individualisierung als eines von Zwängen bestimmten Prozesses, wie es im vorhergehenden Kapitel dargestellt wurde, nicht auf. Dies unterscheidet ihn fundamental von Habermas, der Individualisierung bzw., wie er schreibt, Individuierung, als einen Prozeß sozialer Anerkennung versteht.[8] Habermas zufolge entwickelt sich das moderne Individuum im Zusammenhang mit der Ausbildung demokratischer Institutionen, indem es sich als zur Partizipation, und somit zur Ausübung von Kritik an sozialen Normen und Wahrheitsansprüchen fähig erkennt. Die Möglichkeit dieser Kritik beruht jedoch auf der Identifikation mit dem Ideal einer niemanden ausschließenden demokratischen Gesellschaft. Daraus folgt, daß erst die Identifikation mit den Identitäten, die uns der Individualisierungsprozeß zuweist, unsere Fähigkeit entstehen läßt, die mit diesen Identitäten verknüpften Zwänge zu kritisieren. In diesem Punkt ist Foucaults Konzept von Kritik mit dem Habermas' und seiner Nachfolger unvereinbar.[9]

Foucaults Konzept von Kritik orientiert sich an einer Vorstellung von Freiheit, die sich, soweit dies möglich ist, vom Bezug auf Individualität und Subjektivität löst - zumindest, sofern diese Konzepte als vereinheitlichend und synthetisch gedacht werden, als sinn- oder identitätstiftend, als Träger ursprünglicher Erfahrung oder als ahistorische Substanzen. Ich werde in den letzten Kapiteln zeigen, wieviel diese Orientierung der Beschäftigung mit Literatur und dem Denken Batailles verdankt. Foucault versteht Kritik als Grenzhaltung, die die Vernunft quer zur eigenen historischen Situation einsetzt, stets an der Frage orientiert, wo es in dieser Geschichte der Zwänge und Grenzen mögliche Überschreitungen gibt. Kritik in diesem Sinn ist eine Form des

---

7 Ebenda.
8 Jürgen Habermas, *Individuierung durch Vergesellschaftung. Zu G. Meads Theorie der Subjektivität*, in: Habermas 1988.
9 Vgl. Allison Weir 1997, S. 51-61. Weir versucht, ausgehend von Habermas einen feministischen Ansatz zur Kritik von Identität zu entwickeln.

Vernunftgebrauchs, die auf die Veränderung unserer wesentlichen, stets sehr konkreten Erfahrungen wie der des Geschlechterverhältnisses, des Wahnsinns, der Krankheit, etc. zielt. Eine Veränderung dieser Erfahrungen und eine Überschreitung des Individuellen kann, so Foucault, über eine genauere Erkenntnis der Verflechtungen von Macht, Wissen, Rationalität und Wahrheit mit der Gestalt des Subjekts und des Individuums stattfinden. Foucault bezeichnet dieses Projekt als "historische Ontologie unserer selbst". Es ist Resultat der Enttäuschung der aufklärerischen Hoffnung, daß technische Fähigkeiten und die Freiheit der Individuen in ihren Beziehungen zueinander gleichzeitig und proportional wachsen würden. Da sich dies als illusorisch erwiesen hat, kommt umso dringender der Philosophie die Aufgabe zu, die Rationalisierung politischer Machtausübung zu kritisieren.[10]

In seinem Vortrag *Qu'est-ce que la critique* verfolgt Foucault die Entstehung einer solchen kritischen Haltung über Kant hinaus zurück und stellt fest, daß eine der Kant'schen Definition von Aufklärung verwandte Form von Kritik sich aus der christlichen Pastorale entwickelt hat - also aus dem Prozeß der Individualisierung selbst. Diese Kritik war von Anfang an mit der Individualisierung verbunden und auf sie bezogen: denn die Idee, daß jedes Individuum sich regieren und zu seinem Heil führen lassen muß durch jemanden, dem es durch Gehorsam verbunden ist, ist eine ursprünglich christliche Idee. Die christliche Regierung der Individuen impliziert einen dreifachen Bezug zur Wahrheit: als Dogma; als bestimmtes, individualisierendes Wissen von den Individuen; und als Wissen von der Technik der Weitergabe und Kontrolle von Kenntnissen (als Pädagogik und Didaktik, wie wir heute sagen würden). Wurde diese individualisierende Regierungskunst, die sich als *techné* und *ars* der Bewußtseinslenkung verstand, noch am Ende des Mittelalters nur in sehr begrenzten spirituellen Kreisen und Klöstern ausgeübt, so verzeichnet Foucault seit dem 15. Jahrhundert eine "explosion de l'art de gouverner les hommes". Diese Entwicklung ist einerseits durch die Lösung des Regierens vom religiösen Rahmen und seine Perfektionierung in der bürgerlichen Gesellschaft bedingt,

---

10 Vgl. *Omnes et singulatim*, DE IV, S. 134f., 161, sowie Foucault in Dreyfus/Rabinow 1987, S. 243-261

andererseits durch die Notwendigkeit, viele einzelne Bereiche der Gesellschaft (die Kinder, die Armen, die Familien, die Armee, die Städte, die Staaten, den eigenen Körper und Geist etc.) angemessen zu regieren. Die daraus resultierende "*gouvernementalisation*", das heißt die Unterwerfung der Individuen durch Machtmechanismen, die für sich eine Wahrheit beanspruchen, zog unmittelbar die Frage nach sich, wie es möglich ist, *nicht* beziehungsweise nicht *so*, nach diesen Prinzipien, mit diesen Zielen, diesen Mitteln regiert zu werden. Die Kritik an der Regierung war zunächst eine vor allem "technische" Kritik, die sich auf die Art und Weise des Regierens in der Form der Zurückweisung, der Begrenzung und der Veränderung bezog, die diese aber auch weiterentwickelte zur Frage nach den Beziehungen zwischen der Macht, der Wahrheit und dem Subjekt, zur Befragung der Wahrheit nach ihren Machteffekten und der Macht nach ihren Wahrheitsdiskursen. Sie entwickelt sich als Kunst der "inservitude volontaire", der "indocilité reflechie" mit der Funktion des "desassujettissement".

Der Begriff des *gouvernement*, dem im Deutschen ungefähr der der "Regierung" im Gegensatz zur "Herrschaft" entspricht, ist ein Schlüsselbegriff für die späteren Arbeiten Foucaults. Er wird seit etwa 1978 zunehmend neben dem Begriff der Macht gebraucht. Denn er bezeichnet sowohl die Regierung einer Bevölkerung (eines Staates) als auch die Regierung seiner selbst und erlaubt so, eine Artikulation zwischen den Wissensformen, den Machtbeziehungen und den Subjektivierungsprozessen als verschiedenen Bereichen zu denken (statt, wie es zuvor der Fall war, die Macht als Matrix der Individualisierungsprozesse und der Konstitution von Wissensfeldern zu verstehen).[11] So können bestimmte Formen der Subjektivität oder der Selbstbeziehung, die sich aus der Kritik der eigenen Identität entwickeln, oder ein bestimmtes Wissen die Rolle von Widerständen gegen bestimmte Regierungspraktiken spielen. Ein Widerstand *gegen* die Macht, so wie Foucault sie in den frühen siebziger Jahren konzipiert, ist nicht möglich, Widerstand kann stets nur *innerhalb* der Machtbeziehungen wirksam werden. Den Formen des *gouvernement* jedoch läßt sich Widerstand entgegensetzen, und ausgehend

---

11 Vgl. Frédéric Gros 1996, S. 83f.

von der Kritik der durch sie instituierten Individualisierung läßt sich ein anderer Bezug zu sich entwickeln.[12]

Mit dem Thema des Regierens ist also für Foucault untrennbar das der Kritik an den Prinzipien und an der Art und Weise des Regierens verbunden. Im kritischen Bezug zu den Prinzipien und Maximen, zu den Lebensformen, Verhaltensweisen und Identitäten, die wir für uns selbst anerkannt und akzeptiert haben, sieht Foucault eine Möglichkeit der Überschreitung individualisierender Zwänge. Denn diese sind nie nur einseitig und unentrinnbar."Le mode de relation propre du pouvoir ne serait donc pas à chercher du côté de la violence et de la lutte, ni du côté du contrat et du lien volontaire (qui ne peuvent en être tout au plus que des instruments); mais du côté de ce mode d'action singulier - ni guerrier ni juridique - qui est le gouvernement. Quand on définit l'exercice du pouvoir comme un mode d'action sur les actions des autres, quand on les caractérise par le "gouvernement" des hommes les uns par les autres - au sens le plus étendu de ce mot - on y inclut un élément important: celui de la liberté."[13]

Foucault knüpft mit seinem Kritikansatz neben der französischen Wissenschaftsgeschichte insbesondere an die in Deutschland von der hegelianischen Linken bis zur Frankfurter Schule (über Feuerbach, Marx, Nietzsche, Weber, Lukács) geübte Kritik an Positivismus, Rationalisierung und Technisierung an, die die Verbindungen zwischen Wissenschaft und Herrschaft aufzeigen will. Denn hier hat das Problem der Aufklärung die Form historischer und philosophischer Reflexion über die Gesellschaft angenommen. In Frankreich trug die Rezeption der *Cartesianischen Meditationen* und der *Krisis* Husserls entscheidend dazu bei, daß hier die Frage nach

---

12 Der Freiheitsspielraum, den dies voraussetzt, wird in *La volonté de savoir* bereits aufgezeigt. Vgl. VS S. 188: (...) "ce n'est point que la vie at été exhaustivement intégrée à des techniques qui la dominent et la gèrent; sans cesse elle leur échappe."; S. 208: "C'est de l'instance du sexe qu'il faut s'affranchir si, par un retournement tactique des divers mécanismes de la sexualité, on veut faire valoir contre les prises du pouvoir, les corps, les plaisirs, les savoirs, dans leur multiplicité et leur possibilité de résistance. Contre le dispositif de sexualité, le point d'appui de la contre-attaque ne doit pas être le sexe-désir, mais les corps et les plaisirs.". SW I, S. 170, 187. (

13 *Le pouvoir, comment s'exerce-t-il*, in DE IV, S. 237.

den Beziehungen zwischen dem okzidentalen Projekt einer universellen Entwicklung der Vernunft, der Positivität der Wissenschaften und der Radikalität der Philosophie gestellt wurde. Das phänomenologische Problem der Sinnkonstitution und insbesondere die Feststellung, daß der Sinn sich allein ausgehend von zwingenden sprachlichen Strukturen konstituiert, wurde zum Anstoß für eine neue Problematisierung der Aufklärung - der allgemeinen Affirmation aufklärerischer Vernunft zum Trotz, die die französische Revolution hinterlassen hatte. Es ist in diesem Zusammenhang allerdings bezeichnend für die Haltung der französischen Universitäten, daß Raymond Aron mit der Verteidigung seiner *thèse* im Jahre 1938 erhebliche Irritation auslöste, weil er sich ausdrücklich zur deutschen Tradition einer Kritik der historischen Vernunft bekannte, wie sie von Dilthey, Rickert, Simmel und schließlich Max Weber vertreten wurde.[14]

Den unterschiedlichen Entwicklungen, die die Diskussion um die Aufklärung in Deutschland und Frankreich genommen hat, ist gemeinsam, daß in beiden Fällen eine Rationalität infragegestellt wird, die sich universell gibt, während sie sich im Kontingenten entwickelt; die ihre Einheit behauptet und deren Vorgehen doch auf partiellen Modifikationen beruht; die ihre Souveränität geltend macht und deren Geschichte doch nicht von den Zwängen getrennt werden kann, die sie unterwerfen. Sowohl die französische Wissenschaftsgeschichte als auch die Kritische Theorie sehen im Autonomieanspruch der Vernunft die Quelle der historischen Dogmatismen und Despotismen.

Dem kritischen Gehalt einer Philosophie und Geschichte unserer Rationalität stellt Foucault schematisch die Philosophie der Erfahrung, des Sinns und des Subjekts gegenüber, die für ihn im Wesentlichen durch die Phänomenologie Sartres und Merleau-Pontys repräsentiert wird. Auch diese beruft sich auf Husserl und insbesondere auf die *Cartesianischen Meditationen*, interpretiert diese jedoch ganz anders: sie trifft sich, nach dem Versuch der Radikalisierung Husserls, mit den Fragestellungen von *Sein und Zeit*, wie es an Sartres Artikel *La transcendance de l'Ego* von 1935 ablesbar ist. Während diese Phänomenologie das "Gelebte" auf den ursprünglichen Sinn jedes Erkenntnisaktes

---

14   Vgl. Wolf Lepenies 1989, S. 80-110.

befragt und dabei das *Cogito* in seiner zentralen Position unangetastet läßt, hat Canguilhem gezeigt, daß Erkenntnis nicht aus der Wahrheit der Welt, sondern aus dem Bezug auf Krankheit, Tod, Monstrosität und Anomalie, aus den Irrtümern des Lebens hervorgeht. Damit hat er im Anschluß an Nietzsche auf die Notwendigkeit verwiesen, das Subjekt neu zu denken.[15]

Foucaults Vernunftkritik schließt einen epistemologischen Ansatz ein: Rationalitätskritik muß die Normen berücksichtigen, nach denen wissenschaftliche Gegenstände, Aussagen und Theorien formiert werden, und den Normierungsprozeß im Blick behalten, in dem das gegenwärtige Wissen sich befindet. Die Frage, wie und auf welcher Grundlage sich die wissenschaftliche Rationalität formiert, bestimmt das Arbeitsfeld dieser Kritik. Doch ist sich Foucault der Unzulänglichkeit eines rein epistemologischen Ansatzes für die Kritik des Individualisierungsprozesses bewußt. Daher ergänzt er ihn durch eine sozial und politisch orientierte Fragestellung, die das Problem der Aufklärung umkehrt: statt der Frage, wie wir einem Zuviel an Machtzwängen mit Vernunft begegnen können, muß es nun heißen: wie führt die Rationalisierung zum Schrecken der Macht? Eine Fragestellung, mit der Foucault ausdrücklich an Max Webers Problematisierung der abendländischen Rationalisierung anknüpft.[16] Was ist von dieser Rationalisierung zu halten, die nicht nur Denken und Wissenschaft im Okzident seit dem 16. Jahrhundert charakterisiert, sondern auch die sozialen Beziehungen, staatlichen Organisationen, ökonomischen Praktiken und das Verhalten der Individuen bestimmt? Diese kritische Frage impliziert Foucault zufolge ein historisch-politisches Engagement, das der oben dargestellten Ethik der "Grenzhaltung" entspricht: es bezieht sich auf einen Erfahrungsbereich, der weder der der "expérience intérieure" ist (so wird die Differenz zu Bataille markiert), noch von den fundamentalen

---

15 "A la limite, la vie - de là son caractère radical - c'est ce qui est capable d'erreur." Wir müssen die Biologie befragen über "cette erreur singulière, mais héréditaire, qui fait que la vie a abouti avec l'homme à un vivant qui ne se trouve jamais tout à fait à sa place, à un vivant qui est voué à "errer" et à "se tromper". DE IV, S. 774, 776.

16 Weber sieht allerdings die negativen Konsequenzen des Rationalisierungsprozesses eher in den Auswüchsen bürokratischer Herrschaft als in den "Schrecken der Macht". Vgl. hierzu Neuenhaus 1993.

Strukturen der wissenschaftlichen Erkenntnis beschrieben wird (so wird der Abstand zur Epistemologie markiert). Es bezieht sich vielmehr auf die Erfahrung der eigenen Geschichte, die stets erst geschaffen werden muß. Es geht darum, so Foucault, die eigene Geschichte am Leitfaden der Frage nach den Beziehungen zwischen Rationalitätsstrukturen, die den wahren Diskurs artikulieren, und den damit verbundenen Mechanismen des "assujettissement" immer wieder neu zu schreiben.

Eine solche historische Rekonstruktion muß sich an Verhaltensweisen und Lebensformen orientieren, nicht an Rechten und Gesetzen. Foucault hält es für einen gefährlichen Fehlschluß, zu glauben, wir könnten die Zwänge okzidentalen Rationalität durch die Einklagung individueller Freiheiten und Rechte mildern - denn eine solche Vorstellung lag ja dem Prozeß der Individualisierung selbst zugrunde.[17] Das hat weitreichende Konsequenzen für die Kämpfe von Minderheiten wie etwa der Homosexuellen, die konsequenterweise nicht auf rechtlicher Ebene vorangetrieben werden können, da die Gesetzgebung in unseren Gesellschaften im Wesentlichen auf dem Begriff des Individuums und Bürgers basiert, der zwar die Gleichheit der Rechte festzuschreiben vorgibt, aber faktisch abweichende Verhaltensweisen und Lebensformen ausgegrenzt.[18]

Transgression

Die Notwendigkeit, die Entstehung des "Normalen", und damit des Individuums, vom "Anormalen" und "Pathologischen" aus zu denken, beschäftigt Foucault bereits seit der Arbeit an der *Histoire de la folie*. Er sieht in dieser Perspektive eine Möglichkeit, die Unbeständigkeit und Kontingenz der durch die moderne Individualisierung gesetzten Grenzen aufzuzeigen. Denn jede Grenzziehung, Teilung und Einschließung schafft

---

17 Vgl. Neuenhaus 1993, S. 74.
18 So Foucault in *The Social Triumph of the Sexual Will. A conversation with Michel Foucault*, Gilles Barbedette, in *Christopher Street* Nr. 4, Mai 1982, S. 36-43. *Le triomphe social du plaisir sexuel: une conversation avec Michel Foucault.* DE IV, S. 308-314.

zugleich einen "Raum der Transgression", der sie relativiert und infragestellt. In seinem Vortrag *Les déviations réligieuses et le savoir médical*, den Foucault 1962 im Rahmen des *Colloque de Royaumont*[19] hält, erklärt Foucault, daß all unsere Begriffe für die verschiedenen Formen der Abweichung (das Illegale, das Kriminelle, das Revolutionäre, das Monströse, das Anormale, etc.) auf einen "Raum der Transgression" verweisen, und daß dies ein spezifisch moderner Sachverhalt ist. Die Medizin des 16. Jahrhunderts beispielsweise kam ohne den Ausschluß des Abweichenden, ohne die Teilung zwischen dem Normalen und dem Pathologischen aus, sie ließ das Auftreten transgressiver Kräfte des Körpers und der Imagination zu und erklärte Phantasmen, die heute pathologisiert werden, zu *realen* Orten der Transgression.

Das Bataille'sche Thema der Transgression greift Foucault in seinen Schriften zur Literatur immer wieder auf. Die beiden so oft als voneinander isoliert oder miteinander inkompatibel dargestellten Stränge im Denken Foucaults, seine Analyse individualisierender Macht einerseits, seine Reflexionen über Sprache und Literatur andererseits, sind aufs engste miteinander verflochten. Sie treffen sich im Thema der Grenz-Erfahrung. So erklärt Foucault 1967 in einem Gespräch mit Paolo Caruso: "Pendant une longue période, il y a eu en moi une espèce de conflit mal résolu entre la passion pour Blanchot, Bataille et d'autre part, l'intérêt que je nourrissais pour certaines études positives, comme celles de Dumézil et de Lévi-Strauss, par exemple. Mais, au fond, ces deux orientations, dont l'unique dénominateur commun était peut-être constitué par le problème religieux, ont contribué dans und égale mesure à me conduire au thème de la disparition du sujet. Quant à Bataille et à Blanchot, je crois que l'expérience de l'érotisme du premier et celle du langage pour le second, comprises comme expériences de la dissolution, de la disparition, du reniement du sujet (...) m'ont suggéré, en simplifiant un peu les choses, le thème que j'ai transposé dans la réflexion sur les analyses structurales ou "fonctionnelles" comme celles de Dumézil ou de Lèvi-Strauss. En d'autres termes, je considère que la structure, la possibilité même de tenir un

---

19   1968 publiziert unter dem Titel *Les déviations religieuses et le savoir médical*, in Le Goff (J:), Hg., *Hérésies et sociétés dans l'Europe préindustrielle. XIe-XVIIIe siècle*, Paris 1968, S. 19-29. DE I S. 624-635.

discours rigoureux sur la structure conduisent à un discours négatif sur le sujet, bref, à un discours analogue à celui de Bataille et Blanchot."[20]

Foucaults Akzentuierung der Rationalitätskritik indiziert also keine Abwendung vom Thema der Erfahrung, das nun gänzlich dem Subjektivismus und der Innerlichkeit zugeschrieben würde. Das bedeutet weiter, daß über die Einführung der Kategorie des Subjekts zu Beginn der achtziger Jahre keine Wiederaneignung des Erfahrungsbegriffs stattfindet, wie es Mikobi behauptet.[21] Unterhalb der Macht- und Rationalitätskritik der siebziger Jahre zeichnet sich vielmehr eine Kontinuität des Motivs der Erfahrung ab. Dabei wird Erfahrung in einer Weise verstanden, die weit mehr zur Auflösung der Kategorien des Individuellen und Subjektiven als zu ihrer (Re)Konsolidierung beiträgt. Die Frage nach der Konstitution von Erfahrung ist im Zusammenhang der Frage nach der Konstitution des Subjekts, seiner Rationalität, seinen Grenzen und den Möglichkeiten seiner Veränderung zu lesen. Sie birgt also ein sowohl kritisches als auch transgressives Potential für Foucault.

Betrachten wir genauer, wie die Erfahrung im Vorwort zu *L'usage des plaisirs* eingeführt wird. Foucault beschreibt das ursprüngliche Vorhaben seiner Geschichte der "Sexualität", so wie sie in den siebziger Jahren in *La volonté de savoir,* also im Kontext der Machtanalyse, begonnen wurde, folgendermaßen: "Il s'agissait (...) de voir comment, dans les sociétés occidentales modernes, une "expérience" s'était constituée, telle que les individus ont eu à se reconnaître comme sujets d'une "sexualité", qui ouvre sur des domaines de connaissance très divers et qui s'articule sur un système de règles et de contraintes. Le projet était donc d'une histoire de la sexualité comme expérience, - si on entend par expérience la corrélation, dans une culture, entre domaines de savoir, types de normativité et formes de subjectivité."[22] Die *Erfahrung* der Sexualität wird also an die Stelle einer wesenhaften und konstanten Vorstellung von Sexualität gesetzt, damit wird ihre Historizität und ihr Eingebundensein in ein bestimmtes Wissen, bestimmte

---

20   *"Qui êtes-vous, professeur Foucault?",* DE I, S. 601-620, hier S. 614f.
21   Tongo Mikobi 1990, S. 194.
22   *Histoire de la sexualité* Band II: *L'usage des plaisirs.* Paris 1984, S. 10. Vgl. die leicht abweichende Fassung in DE IV, S. 539-561, hier 539f.

Normen und bestimmte Formen der Subjektivität markiert. Erfahrung ist damit, was sich von Wissen, Macht und Subjekt in einem bestimmten Moment der Geschichte einem bestimmten Bereich der Existenz aufprägt. Bekanntlich hat Foucault dieses Projekt zu Beginn der achtziger Jahre entscheidend modifiziert, da ihm die Bindung dieser Erfahrung der Sexualität an ein begehrendes Subjekt problematisch erschien. Er sah sich veranlaßt zu einer in die Antike zurückgehenden genealogischen Arbeit über die Hermeneutik des Begehrens, das heißt darüber, wie die Individuen dazu gelangt sind, sich selbst als Subjekte des Begehrens zu verstehen und darin die Wahrheit ihres Seins zu suchen. Was er jedoch beibehält, ist die Frage nach der historischen Konstitution des Seins als Erfahrung, das heißt als etwas, das gedacht werden kann und muß. Das Projekt Foucaults, sofern es sich zusammenfassen läßt, ist als Analyse von Erfahrungen (des Wahnsinns, des Verbrechens, der Sexualität etc.) lesbar, in denen sich Wahrheit, Macht und Individualisierung bzw. Subjektivierung treffen.[23]

Der die konzeptuellen Veränderungen Foucaults überdauernde Erfahrungsbegriff bildet eine Konstante seines kritischen Instrumentariums, die aufs engste mit seiner Rationalitäts- und Machtkritik verknüpft ist. Dieser Erfahrungsbegriff hat, das ist unübersehbar, seit den ersten Schriften Foucaults fundamentale Veränderungen durchlaufen. Er ist jetzt von der Konnotation subjektiven Sinns befreit und dient vielmehr dazu, das Subjekt einer historischen Kritik zu unterziehen, die es nicht als Grund, sondern als Resultat einer historischen Entwicklung hervortreten läßt. So wird die Identität, die es sich konstruiert hat, fragwürdig, und die Frage nach der Konstitution von Erfahrung richtet sich zugleich an den Prozeß der Individualisierung.

Foucault erklärt rückblickend die Konstitution einer Erfahrung seiner selbst zum durchgängigen Motiv seiner Arbeit: als er die Art studiert habe, wie die Wahnsinnigen regiert werden, habe er versucht, die Konstitution der Erfahrung, die der Wahnsinnige von sich selbst hat, mit dem Zusammenhang der Geisteskrankheit, der psychiatrischen Praxis und der Institution des Asyls zu verknüpfen. In seinem Buch über Sexualität habe er zeigen wollen, wie das Regieren seiner selbst in die Praxis der Regierung anderer

---

23 Vgl. Frédéric Gros 1996, S. 92f.

integriert ist. In beiden Fällen ging es darum, herauszufinden, wie eine aus den Beziehungen zu sich selbst und zu Anderen hervorgehende Erfahrung konstituiert wird.[24]

Es scheint jedoch, als gehe Foucault in seinen letzten Büchern, indem er die Frage nach der Erfahrung in den Zusammenhang der Selbstkonstitution des Subjekts stellt, von einer Analyse der Individualisierung zur Analyse der Subjektivierung über.[25] Nicht mehr die Konstitution von Individuen (Kranken, Wahnsinnigen, etc.) durch Machtpraktiken und innerhalb von Wissensformationen stünde also im Mittelpunkt, sondern die Frage, wie das Subjekt *sich selbst* konstituiert (als wahnsinniges, gesundes, etc.). Diese Interpretation setzt eine scharfe Trennung zwischen den Konzepten der Individualisierung und des Individuums einerseits, der Subjektivierung und des Subjekts andererseits voraus, in der Weise, daß wir unter "Individuen" die durch verschiedene Weisen des *assujettissement*, sei es durch die Humanwissenschaften oder durch die Machttechniken, die in den Asylen, Hospitälern und Gefängnissen institutionalisiert sind, objektivierten und beherrschten Einzelnen begreifen, und im Unterschied dazu als Subjekte jene bezeichnen, die sich durch bestimmte Formen der Reflexivität oder Selbstbeziehung auszeichnen und durch diese Reflexivität in Beziehung zum wahren Diskurs und zu bestimmten Rationalitätsformen treten. Doch eine solch scharfe Trennung zwischen dem Individuum und dem ethisch konstituierten Subjekt läßt sich nicht aufrechterhalten, denn die Selbstkonstitution des Subjekts als widerständiger Akt vermag nicht, aus dem Prozeß des *assujettisement* herauszutreten und bleibt stets an ein epochenspezifisches Machtdispositiv gebunden. Wir müssen also von einem Kontinuum mit graduellen Abstufungen zwischen Individualisierung im Sinne von Objektivierung und Subjektivierung als Selbstkonstitution ausgehen. Letztlich gehen die Begriffe des Subjekts und des Individuums bei Foucault ineinander über, und ihre Spannweite reicht vom "sujet soumis à l'autre par le contrôle et la dépendance" über das "sujet attaché à sa propre identité par la conscience ou la connaissance de soi" bis zum sich von sich selbst

---

24 Vgl.. *Le souci de la vérité*, Gespräch mit François Ewald in: *magazine littéraire* 207, Mai 1984, S. 18 et 21. DE IV, S. 646-649.
25 So versteht es u.a. Mikobi, Vgl. Mikobi S. 193.

lösenden Subjekt.[26] Dabei impliziert letzteres eine kritische Distanz zum durchlaufenen Prozeß des *assujettissement*, und die Möglichkeit seiner Veränderung. Reiner Schürmann hat diese Position als die des praktischen Subjekts bei Foucault beschrieben, denn Foucault schreibt ja durchaus der Frage "Was soll ich tun?" angesichts des Prozesses der Individualisierung herausragende Bedeutung zu. Sie unterscheidet sich jedoch bei ihm in zwei Hinsichten von der kantischen Frage: zum Einen kann das handelnde "Ich" keine autonome moralische Instanz bezeichnen, sondern bleibt stets den Zwängen eines epochalen Machtdispositivs unterworfen. Zum Andern kann sich aus demselben Grund keine ethische Verpflichtung konstruieren lassen, die ja eine nicht gegebene Autonomie voraussetzen würde.[27]

Auf das Minimum an Freiheit, das die Kritik oder die Überschreitung der im Individualisierungsprozeß konstituierten Individualität voraussetzt, geht Foucault in einem seiner letzten veröffentlichten Gespräche ein. Er spricht hier von einer politischen Praxis der Freiheit, die in jeder Beziehung des Subjekts zu sich und anderen wirksam ist. Foucault erklärt das wahnsinnige, kranke, delinquente oder sexuelle Subjekt, das er in den früheren Arbeiten thematisiert hatte, insofern zum "passiven Subjekt", als es durch Zwangspraktiken konstituiert worden ist. Er betont jetzt aber - im Unterschied zu den früheren Arbeiten - daß zum Beispiel das wahnsinnige Subjekt kein unfreies Subjekt sei: der Geisteskranke konstituiert sich als wahnsinniges Subjekt "Auge in Auge mit dem, der ihn als wahnsinnig erklärt." Die Praktiken, mittels derer sich das Subjekt - aktiv - konstituiert, werden von ihm jedoch nicht selbst erfunden, sondern sind aufgezwungene kulturelle und gesellschaftliche Schemata.[28]

---

26   DE IV, S. 227.
27   Reiner Schürmann 1986, S. 453.
28   *L'éthique du souci de soi comme pratique de la liberté*, DE IV, S. 708-729, hier S. 719: "S'il est vrai, par exemple, que la constitution du sujet fou peut être en effet considérée comme la conséquence d'un systéme de coercition - c'est le sujet passif -, vous savez très bien que le sujet fou n'est pas un sujet non libre et que, précisément, le malade mental se constitue comme sujet fou par rapport et en face de celui qui le déclare fou. (...) D'autre part, et inversement, je dirais que si, maintenant, je m'intéresse en effet à la manière dont le sujet se constitue d'une façon active, par les pratiques de soi, ces pratiques ne sont pas néanmoins quelque chose que l'individu invente lui-même. Ce sont des schémas qu'il trouve dans sa culture et qui lui sont

Wenn Foucault schließlich die Möglichkeit politischer Strategien zur Veränderung der Machtverhältnisse an das Verhältnis des Subjekts zu sich selbst und zu Anderen knüpft, so nicht aufgrund einer Restauration, die das Subjekt als König wieder einsetzt, sondern aufgrund einer Erweiterung seiner Analyse der Wissensformationen und Machtsysteme, in die er jetzt das Selbst als Entstehungsort möglichen Widerstands einbezieht. Dies geschieht mit äußerster Skepsis: Foucault liest die Versuche Montaignes, Stirners, Baudelaires, der Anarchisten, Schopenhauers und Nietzsches, eine Ethik, Ästhetik oder politische Praxis auf die Rückwendung des Selbst zu sich zu gründen, als eine Reihe "in sich selbst festgefahrener und erstarrter Anstrengungen", die gegenüber einer sowohl individualisierenden als auch totalisierenden, als Körperdisziplin und als Bevölkerungstechnologie wirksamen Macht zum Scheitern verurteilt scheinen. Er vermutet in Anbetracht dieser Versuche die Unmöglichkeit, "heutzutage eine Ethik des Selbst zu konstituieren, wenngleich das vielleicht auch eine dringende, grundlegende, politisch unerläßliche Aufgabe darstellt - wenn es schließlich wahr ist, daß es keinen anderen vorrangigen und nutzbaren Widerstand gegen die politische Macht gibt als den, der im Selbstbezug auf sich liegt."[29]

Foucaults Analyse der Macht wird also durch den Selbstbezug als Analyse eines strategischen und transformierbaren Feldes, in dem Widerstand möglich ist, vervollständigt. Der Gedanke der Selbstzuwendung, der für sich allein leer bleibt, sollte nicht als Aufwertung des Individuellen gelesen werden, sondern als Voraussetzung einer in gewisser Weise anarchistischen Machtpraxis, die nicht nur durch Individualisierung und Totalisierung bestimmt ist. "Le problème à la fois politique, éthique, social et philosophique qui se pose à nous aujourd'hui n'est pas d'essayer de libérer l'individu de

---

      proposés, suggérés, imposés par sa culture, sa société et son groupe social." Deutsch in *Freiheit und Selbstsorge* S. 9-29, hier S. 18 f.

29 Nach *Freiheit und Selbstsorge*, S. 54. Der hier wiedergegebene Text stammt aus Helmut Beckers Nachschrift und Übersetzung von Foucaults Vorlesung zur *Hermeneutique du sujet* am Collège de France 1982. Es handelt sich um eine lückenhafte und selektive Mitschrift. Die Zusammenfassung der Vorlesung *L'hermeneutique du sujet* ist im *Annuaire du Collège de France, 82. Jahr*, Histoire des systèmes de pensée, Jahr 1981-1982, 1982, auf den Seiten 395-406 und in DE IV, S. 353-365 nachzulesen. Sie enthält die zitierte Passage nicht.

l'Etat et de ses institutions, mais de nous libérer *nous* de l'Etat et du type d'individualisation qui s'y rattache".[30] An keiner Stelle beruft sich Foucault jedoch auf die Idee eines transzendentalen Subjekts, das Bedingung der Möglichkeit einer Erfahrung ist, er versteht vielmehr die Erfahrung als "rationalisation d'un processus, lui-même provisoire, qui aboutit à un sujet, ou plutôt des sujets. J'appellerai subjectivation le processus par lequel on obtient la constitution d'un sujet, plus exactement d'une subjectivité, qui n'est évidemment que l'une des possibilités données d'organisation d'une conscience de soi ".[31]

Die Individualisierung ist nicht ein nur "außen" ansetzender Prozeß wie die soziale Herrschaft oder die ökonomische Ausbeutung. Sie schließt neue, "innere" Formen der Subjektivierung ein, die gleichwohl heteronom bleiben. So die Bestimmung einer (individuellen oder subjektiven) Identität, die einer akzeptierten und als Autosubjektivierung verstärkten Objektivierung seiner selbst gleichkommt. Umgekehrt gibt es bei Foucault ebenfalls eine annähernd autonome, aber "außen" ansetzende Subjektivierung. So sind etwa die kritische Haltung Kants oder der Vernunftgebrauch Descartes erst durch bestimmte Institutionen und Dispositive möglich geworden. Kein Selbst konstituiert sich außerhalb einer Welt, als kontextunabhängige Innerlichkeit. Es kann sich aber die Möglichkeiten aneignen, die ihm die Freiheitsspielräume seiner Epoche eröffnen.

Wenn wir daher anerkennen, daß Foucault, wenn er von Selbstkonstitution und Subjektivierung spricht, keinerlei Wende zur Innerlichkeit vollzieht, und daß diese Subjektivierung stets eingeschrieben bleibt in soziale Kräftefelder, also vom Prozeß der Indvidualisierung nicht zu trennen ist, erscheinen auch Grenzerfahrung und Transgression in einem neuen Licht. Sie werden gelöst von ihren eigentümlich mystischen und esoterischen Konnotationen lesbar als Erfahrungen der Veränderung, der Transformation, die nie aus gegebenen Grenzen hinaus in ein neues, von Zwängen befreites Außen führen, sondern die innerhalb eines historischen Dispositivs gegebenen

---

30   *Pourquoi étudier le pouvoir: la question du sujet*, in: Dreyfus/Rabinow 1984, S. 308.
31   Michel Foucault im Gespräch mit G. Barbedette und A. Scala am 29. Mai 1984. DE IV, S. 696-707, hier S. 706. Deutsch in: Erdmann/Honneth S. 133-145, S. 144.

Freiheitsspielräume ausloten, verschieben und gegebenenfalls auch schaffen. In diesem Sinne spricht Gilles Deleuze vom "dedans comme opération du dehors": "dans toute œuvre, Foucault semble poursuivi par ce thème d'un dedans qui serait le pli du dehors comme si le navire était un plissement de la mer".[32] Die Erfahrung der Transgression bezieht sich weder auf ein Innen noch auf ein Außen, sondern hält sich an der Grenze, die diese Räume erst entstehen läßt. Dies gilt auch für die Transgression von Gesetzen. Foucault schreibt 1975[33] über die Gefangenen: "On dit aisément - soit pour les psychiatriser, soit pour les héroïser - qu'ils sont des "marginaux". Mais les marges où ils circulent ne sont pas marquées par les frontières de l'exclusion; elles sont les espaces discrets et assourdis qui permettent au profil le plus honorable de s'étendre, à la loi la plus austère de s'appliquer. Ce qu'un certain lyrisme appelle les "marges" de la société, et qu'on imagine comme un "dehors", ce sont les écarts internes, les petites distances interstitielles qui permettent le fonctionnement."

In dem Maße, in dem der späte Foucault auf die Lösung von der eigenen Identität und die Veränderung seiner selbst als Praxis der Freiheit und Widerstand gegen die Zwänge zur Individualisierung Wert legt, behält für ihn auch das Thema der Erfahrung Wichtigkeit, denn eine Erfahrung ist für ihn etwas, aus dem wir verändert hervorgehen.[34] Er erklärt jetzt, daß für ihn stets persönliche Erfahrungen am Ausgang philosophischer Problemstellungen gestanden haben, und daß dies ihn mit Autoren wie Bataille, Blanchot, Nietzsche, Klossowski verbinde. "Erfahrung" stehe bei diesen Denkern für den Versuch, an einen Punkt des Lebens zu gelangen, der dem Unlebbaren so nah wie möglich sei, der mit einem Maximum an Intensität und Unmöglichkeit aufgeladen sei. Die Erfahrung Batailles, Nietzsches, Blanchots habe zur Funktion, das Subjekt sich selbst zu entreißen, zu bewirken, daß es nicht mehr es selbst ist, daß es sich auf seine Auflösung zubewegt. Die Erfahrung ist hier eine Bewegung der Desubjektivierung. Insbesondere Bataille hat für Foucault die Infragestellung der Kategorie des

---

32 *Foucault*, S. 104.
33 *Préface*, in Jackson, B. *Leurs prisons. Autobiographies de prisonniers américains*, Paris 1975, S. I-VI. DE II S. 687-691, hier S. 688.
34 DE IV, S. 49.

Subjekts, seines Primats und seines fundamentalen Charakters bedeutet. In der Erfahrung Batailles löst sich das im Subjekt auf, was es mit sich identisch macht, seine Beziehung zur Dauer, die es konstituiert, seine Beziehung zu sich selbst.

Damit trifft sich die Erfahrung, wie Foucault sie bei Denkern wie Bataille findet, exakt mit dem, was Foucault von Kant zurückbehält und als gegenwärtige Funktion der Kritik versteht: in der permanenten Anstrengung, sich von sich selbst zu lösen, sich der Fixierung auf eine Identität zu sperren und so der Individualisierung (und der Totalisierung) zu entgehen. Er versteht dies als eine Erfahrung unserer Modernität, die uns erlaubt, uns von dieser Modernität zu verabschieden. Und die Politik ist für Foucault eine (unter anderen) Weisen, eine Erfahrung im Sinne Batailles und Nietzsches zu machen. Die Erfahrung ist also den Kämpfen, die Foucaults Texte in den siebziger Jahren thematisieren, nicht fern, sondern innig verbunden.

Zur Wissenschaftsgeschichte und ihrer kritischen Tradition, dem anderen Feld, das Foucault beschäftigt, hält sich Bataille zwar in gewissem Abstand, aber es gibt auch hier Berührungspunkte. So etwa zwischen dem Bestreben Canguilhems, zu zeigen, daß sich der Mensch als lebendiges Individuum mit der Konstitution der Wissenschaften vom Leben selbst infragestellt, und der Infragestellung des Subjekts bei Bataille und Nietzsche.

Mit dem Tod Gottes ist auch der Garant der menschlichen Identität verschwunden.[35] Der Tod Gottes gibt, wie Foucault in seinem *Préface à la transgression* erklärt, einer inneren und souveränen Erfahrung Raum. Diese Erfahrung aber ist endlich und untrennbar von der Grenze, die sie stets aufs Neue überschreitet.[36] "La mort de Dieu ne nous restitue pas à un monde limité et positif, mais à un monde qui se dénoue dans l'expérience de la limite, se fait et se défait dans l'excès qui la transgresse."[37] Das gezeigt und so eine Form der Überschreitung unserer Individualität gefunden zu haben, die nicht mehr metaphysisch ist, erkennt Foucault als den Verdienst Batailles an. Die Transgression Batailles weist eine entscheidende Parallele zur zuvor dargestellten Form

---

35 Vgl. Deleuze: *Foucault*, S. 138.
36 DE I, S. 235.
37 DE I, S. 236.

der Kritik auf, die Foucault entwickelt: sie ist immmer schon an unser historisches So-gewordensein gebunden, sie bricht nicht aus der Form unserer Individualität aus, sondern überschreitet ihre Grenze immer wieder neu, eine Grenze, ohne die sie selbst nicht möglich wäre. Wie die Kritik, setzt sich die Transgression nichts entgegen. "La transgression n'oppose rien à rien (...) Parce que, justement, elle n'est pas violence dans un monde partagé (dans un monde éthique) ni triomphe sur des limites qu'elle efface (dans un monde dialectique ou révolutionnaire), elle prend, au cœur de la limite, la mesure démésurée de la distance qui s'ouvre en celle-ci et dessine le trait fulgurant qui la fait être."[38] Und schließlich setzt Foucault selbst die Transgression, die affirmativ ist, ohne positiv (oder negativ) zu sein, in Bezug zur Kritik: "Peut-être la philosophie contemporaine a-t-elle inaugurée, en découvrant la possibilité d'une affirmation non positive, un décalage dont on trouverait le seul équivalent dans la distinction faite par Kant du *nihil negativum* et du *nihil privativum* - distinction dont on sait bien qu'elle a ouvert le cheminement de la pensée critique."[39] Bataille habe mit der Transgression eine Erfahrung ausschöpfen wollen, die die Macht hat, alles infragezustellen und dort, wo sie sich befindet, das "Sein ohne Aufschub" anzuzeigen - wohl wissend, daß damit nichts Positives bezeichnet wird. Und Foucault fragt: "Le jeu instatané de la limite et de la transgression serait-il de nos jours l'épreuve essentielle d'une pensée de l'"origine" à laquelle Nietzsche nous a voués dès le début de son œuvre - une pensée qui serait, absolument et dans le même mouvement, une Critique et une Ontologie, une pensée qui penserait la finitude et l'être?"[40] Es ist kaum zu überhören, daß Foucault im Projekt einer "kritischen Ontologie unserer selbst", das er in *Was ist Aufklärung* vorschlägt, auf diese Überlegungen zur Transgression zurückgreift, die bereits zwanzig Jahre zurückliegen.

Die Strategie Foucaults wird nach dem bisher Gesagten beschreibbar als eine Strategie der Selbstkonstitution durch die Arbeit des Sich-von-sich-selbst-lösens. Um noch einmal zu unterstreichen, wie diese Selbstkonstitution *nicht* zu verstehen ist, wollen

---

38 DE I, S. 238.
39 DE I, S. 238. Foucault bezieht sich hier auf Kants *Versuch den Begriff der negativen Grössen in die Weltweisheit einzuführen*, Königsberg 1763.
40 DE I, S. 239.

wir sie von der Existentialontologie Heideggers abgrenzen. Heidegger zufolge ist ja das Dasein dadurch charakterisiert, daß es ihm in seinem Sein um sein Sein selbst geht, das heißt durch die Sorgestruktur. Wirklich es selbst aber wäre dieses Dasein nur, wenn es sich aus seinem In-der-Welt-sein auf sich selbst zurückziehen könnte - was es wesensmäßig nie kann. Das Dasein ist daher immer schon von sich selbst abgefallen und der Welt verfallen, es könnte allein im Tod es selbst sein. Ein solches selbst ist in seiner Isolierung sinnlos. Hannah Ahrendt schreibt dazu: "Heidegger hat diese hybride Leidenschaft, ein Selbst sein zu wollen, sich selbst widerlegt; denn nie zuvor wurde so klar wie in seiner Philosophie, daß dies vermutlich das Einzige ist, was der Mensch nicht sein kann."[41] Heideggers Selbst charakterisiert sich wesentlich durch seine radikale Trennung von allen, die seinesgleichen sind. Allein der "Vorlauf zum Tode" kann sich ihm nähern, denn hier realisiert der Mensch das absolute *principium individuationis*. Foucaults Kritik der Individualisierung beruft sich im Unterschied dazu auf einen Bezug zu sich selbst, der sich nur in der Auseinandersetzung mit den Spielen der Macht und der Wahrheit realisiert und in dem so etwas wie Freiheit aufscheint.

---

41 Hannah Arendt: *Was ist Existenz-Philosophie?*, in: Jaspers, Krauss, Weber, Dolf Sternberger (Hrsg.) 1948. Auch in *die tageszeitung*, Berlin, 27.9.89, S. 12f.

Sprache der Identität, Sprache der Transgression

Nicht allein bestimmte Praktiken des Regierens und der Machtausübung haben seit Beginn der Moderne individualisierend gewirkt, sondern auch eine neue Weise des Verständnisses von und des Umgangs mit der Sprache. Ich möchte daher nun darauf eingehen, welche Rolle Foucault der Sprache in Bezug auf den Prozeß der Individualisierung zuschreibt. Dazu sollen zunächst einige historische Umstände und theoretische Voraussetzungen geklärt werden, die der Sprache und dem Diskurs identitätsstiftende oder individualisierende Funktionen verleihen. Innerhalb welcher Sprachauffassung konnte ein Diskursmodell entstehen, das ganz dem Individuum und seiner Identität verhaftet ist? In einem zweiten Abschnitt wird Foucaults Kritik an den individualisierenden Diskursen dahingehend überprüft, ob und inwieweit sie sich auf die Annahme eines "Außen" gründet, das der Individualisierung unzugänglich bliebe. Kann es eine solche "Sprache des Außen" geben? Derrida hat diese Frage negativ beantwortet, und die Debatte zwischen Foucault und Derrida, die ausgehend von Descartes *Meditationes* den Ausschluß der Sprache des Wahnsinns aus der für uns gültigen Vernunft zum Gegenstand nimmt, soll hier kritisch rekonstruiert werden.

Repräsentierende Sprache

Die Aporien dessen, was ich hier als "individualisierenden Diskurs" bezeichne, beschäftigen Foucault auch und bereits dann, als er scheinbar weitab von diesem Thema wissenschaftshistorisch arbeitet, um seine Archäologie der Humanwissenschaften zu schreiben. Wenn es in *Les mots et les choses* nicht um individualisierende Diskurse, sondern um das Erscheinen des Menschen und der Wissenschaften vom Menschen geht, so ist dies nicht ohne Zusammenhang mit dem, was auf anderer Ebene Konstitution des Individuums und des individualisierenden Diskurses heißt. Es handelt sich hier vielmehr um die epistemologische Ebene, auf der die Möglichkeitsbedingungen der individualisierenden Diskurse definiert werden. Denn erst die Entstehung der Humanwissenschaften mit ihren Modellen und Methoden macht das Entstehen und Funktionieren solcher Diskurse möglich. Entsprechend sind Objektivierung und *assujettissement* der Individuen durch die modernen Machttechniken erst innerhalb der epochalen Konstellation möglich geworden, in der der Mensch als die der Aufklärung eigene *figure épistémique* mit ihrem Rationalitätsanspruch und das transzendentale Subjekt als dem Menschen immanentes Prinzip der Selbstkonstitution und Instanz der dieser Epoche eigenen Herrschaftsausübung aufgetreten sind.

Foucault behauptet in *Les mots et les choses* die Inkompatibilität von Mensch und Sprache. Welche Konsequenzen hat dies für den individualisierenden Diskurs, und wie müssen dessen sprachphilophischen Grundlagen gedacht werden?

Foucault zeigt, wie in unserer neueren Geschichte entweder der Mensch oder die Sprache als organisierendes Moment des Wissens existiert haben: Für das klassische Wissen ist die dem Diskurs eigene Macht, die Ordnung der Dinge zu repräsentieren, ausschlaggebend. Der Mensch existiert für dieses Wissen nicht, die Beziehung zwischen der Ordnung der Dinge und der ihrer Repräsentationen ist transparent. Diese Transparenz trübt sich am Ende des 17. Jahrhunderts, und der Diskurs verliert seine organisierende Kraft. Es konstituieren sich einzelne Wissensfelder, die sich auf Sprachen, Leben und Arbeit beziehen, und ihnen gegenüber, in der Lücke, die der Diskurs gelassen hat, zeichnet sich die Figur des Menschen ab - sowohl dessen, der lebt, spricht und arbeitet, als auch dessen, der das Leben, die Sprache und die Arbeit kennt, und dessen, der als lebender, sprechender und arbeitender erkannt werden kann. In den Humanwissenschaften, die sich Anfang des 19. Jahrhunderts etablieren, konstituiert sich "der Mensch" gleichzeitig als erkennendes Wesen und als Gegenstand der Erkenntnis, als transzendentales Erkenntnissubjekt und als Individuum. Auf epistemologischer Ebene[1] läßt

---

1   Foucault berücksichtigt durchaus die Veränderung sozialer Normen als Triebkräfte in diesem Prozeß, so versteht er die veränderten Anforderungen, die die Industriegesellschaft an die Individuen stellt, als Voraussetzung für die Entwicklung der wissenschaftli-

sich die Konstitution des Menschen als Objekt und Subjekt des Wissens auf die Umstrukturierung zurückführen, die der Repräsentation ihre zentrale Stellung als Grundlage allen Wissens nimmt und die allgemeine Theorie der Repräsentation verschwinden läßt. So stellt sich die Frage nach dem Sein des Menschen als Begründung aller Positivitäten, während ihn die Wissenschaften gleichzeitig als identisches Individuum konzipieren müssen, das durch ein generelles Regelsystem erfaßbar ist.

Foucault bindet das Erscheinen des Menschen an die Schwächung der sprachlichen Ordnung, die ihre Fähigkeit zur Repräsentation verliert. Diese Veränderung geschieht, wie alle epistemischen Transformationen, die Foucault hier beschreibt, als unvermittelter Bruch. Die Ordnungen des Denkens werden als diskontinuierlich gedacht, und damit wird die Idee eines Fortschritts der Vernunft verworfen - oder, wie Frédéric Gros schreibt: "La Raison se trouvait prise de hoquets monstrueux".[2]

Wo sich die Humanwissenschaften innerhalb der neuen Episteme mit der Sprache beschäftigen, beziehen sie sich auf "(...) cet être qui, de l'intérieur du langage par lequel il est entouré, se représente, en parlant, le sens des mots ou des propositions qu'il énonce, et se donne finalement la représentation du langage lui-même. (...) on pourra parler de science humaine dès qu'on cherchera à définir la manière dont les individus ou les groupes se représentent les mots, utilisent leur forme et leur sens, composent des discours réels, montrent et cachent en eux ce qu'ils pensent, disent, à leur insu peut-être, plus ou moins qu'ils ne veulent, laissent en tout cas, de ces pensées, une masse de traces verbales qu'il faut déchiffrer et restituer autant que possible à leur vivacité représentative."[3] Daraus folgt, daß das den Humanwissenschaften selbst eigene Modell der Sprache eine repräsentierbare Sprache, eine vom Menschen beherrschte, ihm transparente Sprache darstellen muß. Die Schwierigkeit und Ambiguität einer solchen Sprachwissenschaft

---

    chen Psychologie oder die sozialen Erschütterungen der Französischen Revolution als Voraussetzung der Entwicklung wissenschaftlicher Soziologie. Unterhalb dieser konkreten Anlässe jedoch geht es ihm um die Ermöglichung der Humanwissenschaften auf epistemologischer Ebene. OD S. 414; MC S. 356.

2   Frédéric Gros 1996, S. 40.
3   MC S. 364, OD S. 423.

besteht darin, daß sie sich auf Zeichensysteme bezieht, um zu zeigen, wie diese für und durch den Menschen funktionieren.

Die Wissenschaft von der Sprache wird, wie die übrigen Wissenschaften, in der Dimension der Repräsentation wieder aufgenommen, aber auch die Repräsentation wird jetzt dem Menschen untergeordnet. Die Koppelung der Begriffe Bedeutung und System soll dies garantieren: "Le rôle (...) du concept de signification, c'est de montrer comment quelque chose comme un langage, même s'il ne s'agit pas d'un discours explicite, et même s'il n'est pas déployé pour une conscience, peut en général être donné à la représentation; le rôle du concept complémentaire de système, c'est de montrer comment la signification n'est jamais première et contemporaine d'elle-même, mais toujours seconde et comme dérivée par rapport à un système qui la précède, qui en constitue l'origine positive, et qui se donne, peu à peu, par fragments et profils à travers elle; par rapport à la conscience d'une signification, le système est bien toujours inconscient puisqu'il était déjà là avant elle, puisque c'est en lui qu'elle se loge et à partir de lui qu'elle s'effectue; mais parce qu'il est toujours promis à une conscience future qui peut-être ne le totalisera jamais. Autrement dit, le couple signification-sytème, c'est ce qui assure à la fois la représentabilité du langage (comme texte ou structure analysés par la philologie et la linguistique) et la présence proche mais reculée de l'origine (telle qu'elle est manifestée comme mode d'être de l'homme par l'analytique de la finitude)."[4] Die heutigen Humanwissenschaften erkennen zwar eine unbewußte Dimension der Sprache an, jedoch nur, sofern auch diese prinzipiell repräsentierbar ist.[5] Die mehr und mehr vom Unbewußten markierte Bedeutung stellt den Primat der Repräsentation nicht infrage. Problematisch ist dabei aber, daß die Repräsentation in dieser Episteme nurmehr ein Phänomen empirischer Ordnung zu sein scheint, das sich im Menschen ereignet und das man als solches analysieren könnte. "La représentation (...) est, du côté de cet individu empirique qu'est l'homme, le phénomène - moins encore peut-être, l'apparence - d'un ordre qui appartient maintenant

---

4 MC S. 373, OD S. 433f.
5 MC S. 374, OD S. 435.

aux choses mêmes et à leur loi intérieure. Dans la représentation, les êtres ne manifestent plus leur identité, mais le rapport extérieur qu'ils établissent á l'être humain."[6] Der Mensch hat jetzt die Kraft, sich Repräsentationen zu geben. "Mais la représentation n'est pas simplement un objet pour les sciences humaines; elle est (...) le champ même des sciences humaines et dans toute leur étendue; elle est le socle général de cette forme de savoir, ce à partir de quoi il est possible."[7] Die Humanwissenschaften ruhen, wie das klassische Wissen, in der Repräsentation. Aber sie setzen nicht etwa die klassische Episteme fort, "car toute la configuration du savoir s'est modifiée, et elles ne sont nées que dans la mesure où est apparu, avec l'homme, un être qui n'existait pas auparavant dans le champ de l'*épistémè*."[8]

Wenn die Humanwissenschaften sich, wie Foucault erklärt, durch den Versuch auszeichnen, unbewußte Normen, Regeln und "ensembles signifiants" zu definieren, die dem Bewußtsein die Bedingungen seiner Formen und Inhalte enthüllen,[9] so basieren die individualisierenden Diskurse der Psychologie, Rechtswissenschaft, Medizin etc. also auf einem Modell der Repräsentation, das um die Dimension der Enthüllung unbewußter Normen, Regeln und Bedeutungen als Grundlage der bewußten Formen und Inhalte erweitert ist. Die Kompetenz zur Entzifferung des Unbewußten, das sie mit der Figur des Menschen erst geschaffen haben, ist ein entscheidender Faktor der Selbstlegitimation dieser Wissenschaften.

An der Wende zum zwanzigsten Jahrhundert jedoch stellen die Linguistik, die Psychoanalyse, die Ethnologie und die Philosophie erneut die Frage nach dem Sinn und den Zeichen, das Problem des Seins der Sprache, ins Zentrum des Wissens. Foucault liest dies als Vorzeichen des nahen Verschwindens des Menschen, der nicht mehr Zentrum der Welt sein kann, wenn die Ordnung der Zeichen regiert. Dieselbe Bewegung, mit der die Humanwissenschaften die Sprache aus dem Diskurs der Repräsentation gelöst und zum Gegenstand des Wissens gemacht haben, läßt jetzt die Figur, auf die sich das Er-

---

6   MC S. 324, OD S. 378.
7   MC S. 375, OD S. 435.
8   MC S. 375, OD S. 436.
9   MC S. 376, OD S. 437.

kennen der sprachlichen Formen in den Humanwissenschaften stets bezog - den Menschen - verschwinden zugunsten des Seins der Sprache selbst, ihres Systems und ihrer Diskursivität. Das ist so zu verstehen, daß nun der Mensch radikal mit seiner Endlichkeit konfrontiert wird, die eingebettet ist in das System der Zeichen und diese nicht mehr auf sich zu beziehen vermag. "L'homme mourait des signes qui sont nés en lui, c'est ce que, le premier, Nietzsche a voulu dire."[10] Derselbe Wille, der kranke, wahnsinnige, kriminelle etc. Individuen hervorgebracht hat, läßt diese letztlich wieder verschwinden und macht den individualisierenden Diskurs einerseits, bestimmte Erfahrungen der Krankheit, des Wahnsinns, des Verbrechens etc. andererseits erkennbar. Denn: "Tant que les sciences se réfèrent à la conscience de l'homme, tant qu'elles se réfèrent à lui comme sujet, elles restent psychologisantes et incertaines. Elles ne peuvent devenir des sciences qu'à condition de cesser de rester soumises à la psychologie."[11]

Daß Foucault hier vom *System* der Sprache und der Zeichen spricht, hat Anlaß zu gravierenden Mißverständnissen gegeben. In seiner an die Redaktion der Zeitschrift *Esprit* gerichteten *Réponse à une question* erklärt Foucault, daß er sich auf eine Vielzahl von Systemen bezieht. "Je suis pluraliste: le problème que je me suis posé, c'est celui de l'individualisation des discours. Il y a pour individualiser les discours des critères qui sont connus et sûrs (ou à peu près): le système linguistique auquel ils appartiennent, l'identité du sujet qui les a articulés."[12]

Halten wir also fest, daß Foucault zufolge die individualisierenden Diskurse ihre epistemologische Grundlage in den um 1900 etablierten Humanwissenschaften finden, welche sich auf ein Repräsentationsmodell der Sprache beziehen, das nicht mehr Transparenz voraussetzt, sondern sowohl dem Menschen bewußte als auch unbewußte Bedeutungen kennt. Damit wird das Modell der Repräsentation um die Notwendigkeit einer Hermeneutik erweitert. Der Diskurs der Humanwissenschaften wird bedroht durch die (nicht zuletzt durch sie selbst vorangetriebene) Frage nach dem Sein der Sprache und das Aufscheinen einer neuen, von der Ordnung der Zeichen beherrschten Episteme.

---

10 Foucault im Gespräch mit Raymond Bellour über *Les Mots et les Choses*, DE I, S. 502.
11 DE I, S. 660.
12 DE I, S. 674.

Foucaults Vortrag *Qu'est-ce qu'un auteur?* von 1969 ist dem Begriff des Autors als Prinzip der Individualisierung von Diskursen gewidmet, denn dieser Begriff "constitue le moment fort de l'individualisation dans l'histoire des idées, des connaissances, des littératures, dans l'histoire de la philosophie aussi, et celle des sciences."[13] In seiner im folgenden Jahr gehaltenen Inauguralvorlesung am Collège de France, *L'ordre du discours* erläutert er das Motiv dieser Individualisierung: die Existenz des Diskurses, heißt es hier, in seiner materiellen Wirklichkeit als gesprochenes oder geschriebenes Wort, birgt Gefahr und Unruhe: "inquiétude á soupçonner des luttes, des victoires, des blessures, des dominations, des servitudes, à travers tant de mots dont l'usage depuis si longtemps a réduit les aspérités."[14] Dieser Unruhe begegnet die Gesellschaft mit einer Reihe von Kontrollprozeduren, die in externen Praktiken der Ausschließung wie Verbot und Teilung sowie in internen Begrenzungen wie Kommentar und Autorprinzip bestehen; darüberhinaus in der sozialen Aneignung der Diskurse und der Regelung ihrer Inhalte (insbesondere durch das Erziehungssystem[15]) und in philosophischen Voraussetzungen wie der des Stiftersubjekts, der ursprünglichen Erfahrung und der universellen Vermittlung.

Der Verweis auf den Autor ist ein "Prinzip der Gruppierung von Diskursen, als Einheit und Ursprung ihrer Bedeutungen, als Mittelpunkt ihres Zusammenhalts".[16] Es begrenzt die Zufälligkeit des Diskurses "par le jeu d'une *identité* qui a la forme de l'*individualité* et du *moi*".[17] Das Individuum, dem die Autorfunktion zugeschrieben wird, kommt als Projektionsfläche der Praktiken ins Spiel, denen man Diskurse unterzieht. Der Autor wird konstruiert, indem man im Individuum eine "tiefe" Instanz, eine "schöpferische" Macht, ein "Projekt", einen ursprünglichen Ort des Schreibens sucht. Bekanntlich

---

13 DE I, S. 789-821, hier 792.
14 *L'ordre du discours*, Paris 1971, S. 10. Odisk 7.
15 Vgl. Hierzu DE II, S. 185-187, 224f., 786-788.
16 "L'auteur, non pas entendu, bien sûr, comme l'individu parlant qui a prononcé ou écrit un texte, mais l'auteur comme principe de groupement du discours, comme unité et origine de leurs significations, comme foyer de leur cohérence." Odisc S. 28, Odisk S. 19.
17 Odisc S. 31, Odisk S. 21.

verweisen aber die Verwendung der ersten Person Singular und des Pronomens "ich" im Text selbst nie genau auf den Schreibenden, sondern auf ein *alter ego*, dessen Distanz zum Schriftsteller variabel ist.[18] Der Autor ist weder der reale Schriftsteller noch der fiktive Sprecher, die Autorfunktion wirkt in der Trennung selbst, in dieser Teilung und dieser Distanz. Das ist nicht nur eine Eigenart des romanesken oder poetischen Diskurses: alle Diskurse, die mit der Autorfunktion versehen sind, tragen diese Pluralität des Ego. Dennoch kommt die Autorfunktion besonders in Bezug auf literarische Texte zur Anwendung. Wir werden im folgenden Kapitel sehen, daß der Zeitraum, in dem Foucault diese diskursanalytischen Texte verfaßt, in etwa der ist, in dem sich sein Umgang mit Literatur und literarischer Sprache, die ihm bis dahin als Element eines "Denkens des Außen" galten, zu einer Analyse der Literatur innerhalb gesellschaftlicher und historischer Machtprozesse entwickelt. In diese Richtung geht seine Feststellung, daß die Autorfunktion gegenwärtig den Akt der Transgression in der Literatur übernehme. Seit gegen Ende des 18. Jahrhunderts Texte dem Eigentumsrecht unterworfen wurden, sei die Möglichkeit der Transgression, die ursprünglich einem zwischen Sakralem und Profanem, Erlaubtem und Verbotenem, Religion und Blasphemie sich bewegenden Diskurs eigen war, zu einer Art Imperativ der Literatur geworden. Als kompensiere der Autor seinen Status innerhalb des Eigentumsrechts, das unsere Gesellschaft charakterisiert, indem er systematisch die Transgression praktiziert und so die der *écriture* innewohnende Gefahr wieder zu evozieren sucht. Wird aber der Akt der Transgression einem Prinzip der Diskursreglementierung zugewiesen, so findet keine Transgression mehr statt.

Weil die traditionellen Weisen der Identifikation von Diskursen, seien sie historisch-transzendental oder empirisch-psychologisch, der Materialität der Diskurse, ihrer Diskontinuität, Vielfalt und Ereignishaftigkeit nicht gerecht werden und somit keine befrie-

---

18 Jorge Luis Borges hat die Verdopplung des "Ich" im Akt des Schreibens immer wieder zum Gegenstand seiner Erzählungen und Gedichte gemacht, in prägnanter Kürze in der Erzählung *Borges und ich*, die mit dem Satz beginnt: "Dem anderen, Borges, passiert immer alles" und endet mit "Ich weiß nicht einmal, wer von uns beiden diese Seite schreibt" (Borges 1990, S. 221f.).

digende Grundlage für eine Diskursanalyse liefern, schlägt Foucault folgende Kriterien vor: die Formationsregeln eines Diskurses, die Bedingungen seiner Transformation und seine Beziehungen zu anderen Diskursen.[19] Die Formationsregeln eines Diskurses werden innerhalb des Wissens angewandt, ohne daß sie ihm logisch übergeordnet wären (es handelt sich nicht um eine transzendentale Ebene), und sie wirken direkt auf die sozialen Praktiken.[20] Eine von diesen Kriterien geleitete Diskursanalyse soll die anthropozentrische Verzerrung der Texte vermeiden. Sie soll die Grundlage einer Kritik des Subjekts bilden, die von der Frage geleitet ist, unter welchen Bedingungen und Formen ein Subjekt in der Ordnung des Diskurses erscheinen kann. Damit will Foucault auch eine Alternative zu Derridas Konzepten der *écriture* vorschlagen, das er hier kritisiert, ohne den Namen Derridas zu nennen. Foucault spricht allgemeiner von der zeitgenössischen *écriture*, die den Begriff des Autors als fundierendes Subjekt von Texten fallengelassen und sich Becketts Satz "*Qu'importe qui parle, quelqu'un a dit, qu'importe qui parle*" zueigen gemacht hat. Diese *écriture* versteht sich als Zeichenspiel, das weniger durch Bedeutungen als durch die Natur der Signifikanten geregelt ist, das seine Regelhaftigkeit jedoch stets zu überschreiten versucht. So berührt sie ein Außen der diskursiven Ordnungen, sie öffnet einen Raum, in dem das schreibende Subjekt unaufhörlich verschwindet.[21] Dieses Konzept trifft sich zwar mit Foucaults Absicht, den Autor zu eliminieren, es wird von ihm jedoch als unbrauchbar verworfen, weil es der *écriture* einen ähnlichen Status zu geben droht, wie ihn zuvor das (Autor-)Subjekt innehatte. Die *écriture* als allgemeine, sowohl räumliche als auch zeitliche Bedingung jedes Textes erhält,

---

19 DE I, S. 674ff.

20 Zur Debatte über die sozialen und politischen Implikationen der Diskursanalyse Foucaults vgl. Frédéric Gros 1996, S. 50-54.

21 "[L'écriture] est un jeu de signes ordonné moins à son contenu signifié qu'à la nature même du signifiant; mais aussi que cette régularité de l'écriture est toujours expérimentée du côté de ses limites; elle est toujours en train de transgresser et d'inverser cette régularité qu'elle accepte et dont elle joue; l'écriture se déploie comme un jeu qui va infailliblement au-delà de ses règles, et passe ainsi au dehors. Dans l'écriture, il n'y va pas de la manifestation ou de l'exaltation du geste d'écrire; il ne s'agit pas de l'épinglage d'un sujet dans un langage; il est question de l'ouverture d'un espace ou le sujet écrivant ne cesse de disparaître." DE I S. 793.

so Foucault, eine quasi transzendentale Position, so daß der Verdacht aufkommt, sie repräsentiere das religiöse Prinzip des verborgenen Sinns (mit der Notwendigkeit der Interpretation) und das kritische Prinzip der impliziten Bedeutungen (mit der Notwendigkeit des Kommentars).[22] So gebraucht, lasse der Begriff der *écriture* das Spiel der Repräsentationen fortbestehen, die ein bestimmtes Bild des Autors geprägt haben.[23] Die Dekonstruktion, so läßt sich Foucaults Vorwurf zusammenfassen, löscht zwar den Anspruch der Präsenz des Autors und den Anspruch, Literatur repräsentiere Welt oder Subjektivität, sichert damit aber lediglich die Unsterblichkeit der Literatur.

Foucault wird Derrida in dieser impliziten Kritik nicht gerecht, denn dieser schreibt der Sprache keine transzendentalen Eigenschaften zu, sondern erklärt die Sprache gerade zu dem Ort, an dem das transzendentale Unternehmen scheitert.[24] Aber er markiert eine entscheidende Differenz zu Derrida, indem er sich zur Anahme der unhintergehbar sozialen und institutionellen Natur von Sprache bekennt. Ausgehend von dieser Annahme konzentriert sich Foucaults Diskursanalyse nicht auf den Signifikanten, sondern auf den strategischen Umgang mit Sprache und Gegenständen. Und damit erfaßt sie auch die gesellschaftliche Dimension der Formierung von Diskursen und der Weisen ihrer Individualisierung. "(...) il y a dans une civilisation comme la nôtre un certain nombre de discours qui sont pourvus de la fonction "auteur" tandis que d'autres en sont dépourvus. (...) La fonction auteur est donc caractéristique du mode d'existence, de circulation et de fonctionnement de certains discours à l'intérieur d'une société."[25]

Welche Motivation steckt aber hinter dem Bestreben, Diskurse beziehungsweise diejenigen, die sie schreiben, zu individualisieren? Warum sucht man, mit oder ohne Rückgriff auf die Autorfunktion, hinter jedem Text ein Subjekt? Für Foucault ist der Diskurs

---

22 DE I, S. 795.
23 Diese Differenz zu Derrida ist bereits 1962 in Foucaults Essay über Rousseau deutlich: im Unterschied zu Derrida führt Foucault die Spannungen und Widersprüche Rousseaus nicht auf eine sprachliche Grundstruktur zurück, ebensowenig stellt er das Werk Rousseaus in ein größere Formation, wie Derrida es mit dem Begriff des "Logozentrismus" tut. DE I, S. 172-188.
24 Vgl. hierzu Simon During 1992, S. 121f.
25 DE I, S. 758.

Ort von Kämpfen und von Begehren, und er droht unablässig, die Grenzen zwischen Vernunft und Wahnsinn, zwischen Wahrem und Falschem zu verschieben oder zu perforieren. Dagegen soll der Diskurs diszipliniert und in seiner sozialen Funktion begrenzt werden. Aber es gibt noch eine andere, dem Sprechen eigene Gefahr, die in der jedem Akt des Sprechens und Schreibens eigenen Gewalt begründet ist. Auf diese Gewalt geht Foucault in *Nietzsche, Freud, Marx*[26] ein. Diese Autoren haben, so Foucault, den Zeichen eine neue Dimension gegeben, die nichts mehr mit Innerlichkeit zu tun hat. Die Zeichen verketten sich jetzt unendlich miteinander, weil sie in einem leeren und offenen Raum existieren. Daher wird auch die Interpretation zur unendlichen Aufgabe (was sie schon im 16. Jahrhundert war, damals jedoch regelten die Gesetze der Ähnlichkeit den Verweisungszusammenhang der Zeichen). Nietzsche und Freud haben die Erfahrung gemacht, daß man sich, je weiter man in der Interpretation geht, immer mehr einem absolut gefährlichen Bereich nähert, in dem die Interpretation als Interpretation verschwindet und vielleicht das Verschwinden des Interpreten nach sich zieht. Was die Interpretation letztlich unmöglich macht, ist, so vermutet Foucault, eine Erfahrung des Wahnsinns. Wenn aber die Interpretation sich niemals vollenden kann, dann deshalb, weil es nichts zu interpretieren gibt. Denn alles ist bereits Interpretation, kein Zeichen ist nur *interpretandum*, ohne bereits *interpretans* zu sein. Jede Interpretation eignet sich gewaltsam eine bereits vorhandene Interpretation an, und vielleicht, so vermutet Foucault, ist dieses Primat der Interpretation gegenüber den Zeichen das Entscheidendste an der modernen Hermeneutik.[27] Das aber hat zur Konsequenz, daß der Interpret zum Prinzip der Interpretation wird, deren unendlicher Fortlauf nur durch die Frage: "wer spricht?" zum Stillstand gebracht werden kann. Damit ist ein weiteres Mal die Frage der Aneignung, die Gewalt der Interpretation aufgezeigt, die jedem Diskurs immanent ist und der Praktiken der Diskurskontrolle wie die der Festlegung auf einen Autor oder der Rückführung auf ein transzendentales Subjekt zu begegnen suchen. Die Frage "wer spricht?" gilt

---

26 DE I, S. 564-579.
27 DE I, S. 572.

jedoch nicht dem Autor, sondern dem Willen und dem Begehren, die in der Sprache am Werk sind.

Im Gegensatz zur Interpretation bei Nietzsche und Freud ist die Hermeneutik Schleiermachers als unendliche Aufgabe des Verstehens konzipiert. Mit Schleiermacher wird das Verstehen zum hermeneutischen Akt *par excellence*, der die Operationen der Grammatik umkehrt, um zum Sprecher zurückzukommen. Das Individuum soll so diesseits von dem erreicht werden, was es sprachlich zum Ausdruck bringt - und doch ist es nur dank seiner Rede erreichbar, durch die es sich ausdrückt und singularisiert. Ihre Fundierung findet diese Hermeneutik erstens in der Vorstellung, daß jeder einzelne Geist in seiner Singularität eine Individualisation des universellen Lebens repräsentiert. Das universelle Leben ist in der Sprache präsent, von der aus das Denken der Einzelnen sich singularisiert.[28] Schleiermacher will durch die Sprache Individualität erfassen: wenn ich mich als "ich" *bezeichne*, setze ich mich zugleich als Subjekt und als Individuum: als Subjekt im allgemeinen, im Unterschied zu allem, was kein Ich hat, und als Individuum im Unterschied zu allen Anderen, die wie ich die Struktur der Subjektivität besitzen. Die zweite, damit verbundene Voraussetzung dieser Hermeneutik ist, daß Sprache außersprachliche Wahrheit repräsentiert bzw. auf Außersprachliches verweist. So kann Interpretation sich als Aufgabe der Rückverwandlung von Sprache in das Abgebildete, als Entdecken von Sinn und Bedeutung hinter sprachlicher Darstellung und als Aufdeckung der transzendentalen Bedeutung, die aller Signifikation vorausgeht, verstehen. Nietzsche hat gezeigt, in welchem Maße ein solches Vorgehen simplifiziert: ausgehend von der Frage "Ist die Sprache der adäquate Ausdruck aller Realitäten?" beschreibt er den Weg der Sprachgenese von der sinnlichen Wahrnehmung zur lautlichen Artikulation. "Ein Nervenreiz, zuerst übertragen in ein Bild! Erste Metapher. Das Bild wird nachgeformt von einem Laut! Zweite Metapher. Und jedesmal vollständiges Überspringen der Sphären, mitten hinein in eine ganz andere und neue".[29]

---

28   Vgl. Jean Starobinski, *Avant-propos*, in: Friedrich D.E. Schleiermacher: *Herméneutique*, Genf 1987.
29   Friedrich Nietzsche, *Werke*, Band III, S. 311f.

Wenn, wie Nietzsche annimmt, die Entsprechung von Sprache und Realität nicht gegeben und Sprache stets metaphorisch ist,[30] kann die Verweisungsfunktion der Sprache nur unter Zwang funktionieren. Sprache repräsentiert, weil sie repräsentieren muß, und die Interpretation übt eine Herrschaftsfunktion aus, indem sie entscheidet, was die Sprache wirklich abbildet. Sie ist "eine Form des Willens zur Macht"[31].

Eine Hermeneutik, die auf die Annahmen zu entschlüsselnder Individualität und sprachlicher Referenz auf außersprachliche Realität gegründet ist, hat innerhalb der Humanwissenschaften Fuß gefaßt und eine paradoxe Wirkung erzeugt: statt das Nichtartikulierte zu sagen und sprechen zu lassen, wo Sprachlosigkeit herrschte, stellt sie Sprachlosigkeit her.[32] Sie wendet Kontroll- und Ausschlussmechanismen wie zum Beispiel die Kategorien Autorschaft und Individuum an, um sprachlose Individuen zu produzieren. In dem Moment, als Disziplinen wie die Medizin, die Pychopathologie, die Rechtswissenschaft, die Pädagogik hermeneutisch werden, beginnen sie auch, sich um das Individuum zu kümmern. Der Begriff des Individuums erlebt eine Konjunktur,[33] was darauf schließen läßt, daß diese Disziplinen das Objekt "Individuum" nicht nur entdeckt, sondern auch mitproduziert haben. Gemeinsam ist diesen doch so verschiedenen Disziplinen, daß sie bemüht sind, den Einzelnen als unteilbare Einheit, eben als In-dividuum, zu verstehen; dieses können sie, ihrer Aufgabe gemäß, registrieren, klassifizieren, kategorisieren, identifizieren und regulieren. Die Interpretationen der historischen, juristischen, psychologischen und zu weiten Teilen auch der literarischen Diskurse versuchen, durch Reduktion der mit dem Text gegebenen Polysemie Identität zu produzieren. So etwa im Fall von Kaspar Hauser, der sich nicht als konstitutives Subjekt seiner Rede begreift und von sich selbst in der dritten Person spricht. Indem er aber schließlich seine Autobiographie schreibt, bringt er den Identitätsnachweis, der von ihm erwartet wird.

---

30 Erinnert sei hier an Nietzsches vielzitierten Satz, daß Wahrheiten nichts weiter sind als "Illusionen, von denen man vergessen hat, daß sie welche sind, Metaphern, die abgenutzt und sinnlich kraftlos geworden sind." *Werke* III, S. 314.
31 Nietzsche, a.a.O., S. 487.
32 Vgl. Gerd Gemünden 1990.
33 Vgl. hierzu Frank, Haverkamp (Hrsg.) *Individualität. Poetik und Hermeneutik* Band XIII, 1988; Thomas C. Heller, Morton Sosna, David E. Wellverry (Hrsg.); Kittler 1985.

Foucault hat das Bemühen der Disziplinen, Identität zu produzieren, am Beispiel des Diskurses Pierre Rivières untersucht.[34] Ich bin auf den Fall Rivières, des Landarbeitersohnes, der seine Mutter und Geschwister getötet hat, bereits im Kapitel über die "Spielarten der Individualisierung" eingegangen. Der Bericht, den Rivière auf Verlangen des Magistrats im Gefängnis über sein Leben und seine Tat verfaßt, verdient jedoch hier erneut Aufmerksamkeit. Denn daß sowohl Medizin als auch Justiz versuchen, Rivière als individuellen Fall zu konstituieren, und beide dabei auf die individuelle und Familiengeschichte zurückgreifen, die anhand von Rivières *mémoire* und von Zeugenaussagen rekonstruiert werden, ist symptomatisch für eine Wende in der psychopathologischen Medizin. Diese sucht nicht mehr nur Anzeichen pathologischen Verhaltens beim Kranken selbst festzustellen, sondern beginnt, eine Soziologie der Geisteskrankheit zu betreiben, die die individuelle Krankengeschichte, langzeitige klinische Beobachtungen und die Biographie des Patienten zu ihrem Gegenstand macht.[35] Die Medizin wird hermeneutisch, sie beobachtet, befragt und ermittelt, stets unter dem mißtrauischen Vorbehalt, daß das untersuchte Individuum seinen Wahnsinn simulieren könnte. Ausgehend vom Autor des *mémoire* soll auf dessen Wahnsinn oder auf seinen kriminellen Charakter geschlossen werden, das Ergebnis ist von strategischer Bedeutung im Konflikt zweier hermeneutischer Disziplinen. Während die Justiz Indizien für die Rationalität Rivières sucht, fahndet die Medizin nach Anzeichen des Deliriums, doch ungeachtet ihrer Konflikte arbeiten beide an einer Hermeneutik des Individuums. Ihr Ziel ist es, den Täter, nicht die Tat, zu verstehen, und dazu muß der Täter zunächst zum Autor werden. Sie stehen nun vor der Schwierigkeit, die allgemeinen Regelsysteme, derer sich eine wissenschaftliche Hermeneutik wohl bedienen muß, mit dem besonderen Einzelnen, den sie zu erfassen suchen, in Einklang zu bringen. Ihr Lösungsversuch besteht in der Einrichtung einer *Kunstlehre* des Verstehens und Interpretierens, aber es gelingt ihnen nicht wirklich, die Besonderheit und Einzigartigkeit des Individuums, das sie zugleich beobachten und

---

34 *Moi, Pierre Rivière, ayant égorgé ma mère, ma soeur et mon frère... Un cas de parricide au XIXe siècle*, Hrsg. Michel Foucault, Paris 1973.

35 Vgl. Alexandre Fontana, *Les intermittences de la raison*, in: Michel Foucault (Hrsg.) 1973, S. 333-350, hier S. 344.

interpretieren, zu erfassen. So bereitet Rivières *mémoire* ihren Interpretationsversuchen erhebliche Probleme: es erzählt eine Reihe widersprüchlicher Geschichten, aus denen sich kein mit sich selbst identisches, sondern allenfalls ein heterogenes, vielschichtiges und komplexes Subjekt erschließen läßt. Rivière konfrontiert die Disziplinen mit einem Diskurs und einer Tat, an denen ihre Individualisierungsstrategien letztlich scheitern. Rivière, der seinen Text als Teil seiner Tat konzipiert hat, bestimmt dessen Ort selbst.

Foucault thematisiert in seiner Rivière-Studie das Wechselspiel von Individualisierung und Subversion auf der Ebene von Diskursen. Er knüpft damit an die in seiner Arbeit über "gefährliche Individuen" und in der *Histoire de la folie* gestellten Fragen an.[36] Im Unterschied zur *Histoire de la folie,* die darin der Hermeneutik sehr nahe war, versucht er jedoch hier nicht mehr, das Unausgesprochene zur Sprache zu bringen, sondern will, gemäß dem in der *Naissance de la clinique* definierten Programm, den Sinn von Aussagen durch ihre Differenz zu anderen Aussagen erschließen. Dabei unterstreicht er die Untrennbarkeit von Tat und Text, ihr komplexes Verhältnis zueinander. Der Diskurs fungiert hier als Waffe, er berichtet nicht nur über eine Tat, sondern ist Tat. Zugleich ist er aber auf Geheiß der Disziplinen Justiz und Medizin zustandegekommen. Dies sind Möglichkeitsbedingungen eines Diskurses, die sich diskursanalytisch untersuchen lassen, ohne auf Interpretation und Kommentar, auf ein kantisches Bewußsein und - auf den Begriff des Individuums zu rekurrieren.

Die von Foucault herausgegegebene Dokumentation geht noch auf weitere historische Möglichkeitsbedingungen des Diskurses Rivières ein: so auf die Existenz zeitgenössischer Erzählungen, die eine Art populäres Gedächtnis der Verbrechen bildeten und in Form von fliegenden Blättern zirkulierten. All diese Diskurse, wie auch die *Lettres de cachet* und die Literatur seit dem Ende des 17. Jahrhunderts, fungieren als Medium, das die Details des Alltags vergrößert, die Proportionen ändert und die Sandkörner der Geschichte zutage treten läßt. Sie lassen das, was sonst der Erzählung nicht wert war, die Schwelle der Schrift überschreiten und auf gedrucktem Papier erscheinen, wo es ein

---

36   Dort hieß es in Bezug auf die um 1800 eintretende Veränderung im Umgang mit dem Wahnsinn: "La folie s'indvidualise, étrangement jumelle du crime." HF 1961, S. 32.

für allemal fixiert wird. So wird eine Geschichte unterhalb der staatlichen Macht geschrieben, die gegen das Gesetz aufbegehrt. Diese Erzählungen können sich der Interpretation durch die individualisierenden Diskurse nicht entziehen, aber sie können ihnen andere Stimmen hinzufügen. "Gewöhnliche" Schilderungen von Morden stehen neben Revolutionen, Eroberungen, den Taten Napoleons, so daß die Grenze zwischen Legalem und Illegalem infragezustehen scheint. Und dennoch sind die Flugblätter des 19. Jahrhunderts nicht Ausdruck des Populären im Gegensatz zu den staatlichen Machtinstanzen, dazu sind ihre Erzählungen zu konformistisch und moralisierend. Sie unterscheiden sorgfältig zwischen der ruhmvollen Geste des Soldaten und der schändlichen des Mörders. Trotzdem, so Foucault, rühmen diese Erzählungen die eine und die andere Seite des Mordes. Ihr allgemeiner Erfolg zeige den Willen, zu wissen, wie die Menschen sich gegen die Macht erheben, das Gesetz übertreten, sich durch den Tod dem Tod stellen konnten. Die Zweideutigkeit dieser Erzählungen markiert, so Foucault, die Effekte des Kampfes, der sich nach den Revolution und imperialen Kriegen um zwei Rechte entfachte, die vielleicht weniger heterogen sind, als es zuerst scheint: das Recht zu töten und töten zu lassen; das Recht zu sprechen und zu erzählen.[37] Und in diesen Kampf schreibt sich Rivières Mord-Erzählung ein.[38] Rivière hat die Fiktion der Flugblätter, in denen das Verbrechen in der ersten Person erzählt wird und von jedem nachgesungen werden kann, tatsächlich erfüllt: er spricht nicht nur, als sei er der Mörder, sondern er ist es auch.

---

37 Nach dem Aufruhr der Landbewohner von 1789 ("La Grande Peur") und der Revolution erfolgt eine juristische Reform, die allgemein hochgeschätzt wird: sie führt die Gleichheit der Rechte und den allgemeinen Status des *citoyen* ein. Damit werden die Landbewohner vertragsfähig - und abhängig vom Vertrag, der die Landansprüche regelt. Denn dieser Vertrag ist auch die Kontrollinstanz der neuen liberalen Gesellschaft, die dafür sorgt, daß letztlich die alten Ungleichheiten fortbestehen - nur diesmal mit "freier" Zustimmung. Wer, wie Rivière, als einfacher Landbewohner an diese Ordnung die Frage nach richtig und falsch, recht und unrecht stellen will, dem wird das Recht zu sprechen verweigert. Das hat schließlich zur Folge, daß sich, um die Zeit von Pierre Rivières Geburt, tatsächlich die grausamen Verbrechen auf dem Land häufen - als bezeichnende, sprechende Symptome einer Misere. (Vgl. Jeanne Pierre Peter, Jeanne Favret in *Moi, Pierre Rivière...*, S. 293-319).

38 Michel Foucault, *Les meurtres qu'on raconte*. In: *Moi, Pierre Rivière...*, S. 321-333, hier S. 329.

Und diesen Ort eines Subjekts, das zugleich Sprecher und Mörder ist, hat er selbst gewählt. Die Ambiguität seines Diskurses, der in gewisser Hinsicht dem Zugriff individualisierender Interpretation entkommt und ihm in anderer Hinsicht doch verfällt, läßt ihn seinen Richtern monströs erscheinen.

Foucault zeigt am Fall Pierre Rivières sowohl die politisch-strategischen Implikationen des Ortes des Sprechenden und der Wahl des Diskurstyps als auch das hermeneutische Vorgehen der medizinischen und juridischen Instanzen auf, deren Fixierung einer individuellen Identität und Suche nach dem Autor auf den Prämissen einer ganz bestimmten Sprachtheorie beruhen. Einer Theorie, die ein transzendentales Subjekt und eine repräsentierende Sprache voraussetzt.

Foucault und Derrida: der Streit um das Außen des vernünftigen Diskurses

Wir haben gesehen, daß Foucault bereits in einer Reihe von Texten, die vor Beginn der siebziger Jahre entstanden sind, alles Sprechen und Schreiben, jeden Diskurs im Innern eines herrschenden Dispositivs situiert, in der Konfiguration, die das Ensemble der Aussagen determiniert. Das Werk beugt sich der Unterwerfung der *parole* unter die Normalisierungsstrategien, es akzeptiert den Ort, den man ihm zuweist, es hat einen Autor, ist kohärent, hat einen Inhalt, eine Funktion oder einen Adressaten. Demnach kann es keine Sprache geben, die einen privilegierten Zugang zum Wahnsinn oder zu einem anderen, den Individualisierungsstrategien entzogenen "Außen" hätte. Es gilt: das Werk ist die Abwesenheit von Wahnsinn, wie umgekehrt: *La folie l'absence de l'œuvre*. Diskurs ist Rationalisierung der *parole*, die keine Transgression erlaubt - analog zum Funktionieren der sozialen Dispositive. So wird in *L'ordre du discours* die *écriture* der Literaten als bloße Variante des *assujettissement* dargestellt.

Das Verhältnis der literarischen Sprache zu den individualisierenden Diskursen ist jedoch bei Foucault nicht eindeutig bestimmt. Es besteht eine frappierende Differenz zwischen den Aussagen über Sprache im Allgemeinen und den Aussagen über einzelne Autoren wie Sade, Flaubert, Nerval, Mallarmé, Artaud, Bataille, Roussel und Blanchot aus den Jahren zwischen 1960 und 1966. Auf letztere werde ich im nächsten Kapitel eingehen und versuchen, das Verhältnis beider besser zu bestimmen. Zunächst jedoch soll gezeigt werden, was es bedeutet, wenn Foucault die literarische Sprache als eine Sprache der Transgression bezeichnet.

Dazu müssen wir auf die *Histoire de la folie* zurückkommen, in der Foucault die These vertreten hatte, daß weder wissenschaftliche noch moralische Konzepte der Geisteskrankheit angemessen verstanden werden können, wenn sie nicht in Beziehung gesetzt werden zur Etablierung der säkularen Vernunft als höchster Instanz der natürlichen Ordnung. Die Etablierung dieser gottähnlichen subjektiven Vernunft, an der Descartes entscheidenden Anteil hatte, führte zur Transformation des Wahnsinns von einer ontologischen zu einer physisch-moralischen Verfassung, verneinte seine Existenz als Transgression oder bloße Differenz und geschah in der Bewegung seines Ausschlusses. Foucault situiert diese Veränderung im siebzehnten Jahrhundert, und indem er sie zu einem historischen Ereignis erklärt, hält er die Möglichkeit offen, daß die Dinge in einer anderen historischen Konstellation auch anders hätten sein können. Dieses "anders", diese historisch zum Schweigen verdammte Alternative durchzieht die *Histoire de la folie*.

Derrida verfolgt in seiner Kritik an diesen Annahmen Foucaults[39] eine doppelte Strategie: einerseits will er zeigen, daß Foucault sich in seiner Descartes-Lektüre irrt: Descartes schließt den Wahnsinn nicht aus, und dieser kann daher Gegenstand philosophischer Reflexion sein. Zum Anderen soll gezeigt werden, daß es von der Antike bis zur Gegenwart nur eine Form der Vernunft gibt. Was immer also im 17. Jahrhundert geschehen sein mag, kann nicht der Beginn einer neuen Vernunftform gewesen sein, die die Unvernunft ausschließt.

Foucault beschreibt in seiner Antwort auf Derrida den Gegenstand der Debatte folgendermaßen: es geht darum, ob es etwas dem philosophischen Diskurs Äußeres oder

---

39 *Cogito et l'histoire de la folie*, in *L'écriture et la différence*, Paris 1967, S. 51-97 (im folgenden: ED). Derrida bezieht sich auf die Seiten 54-57 der *Histoire de la folie*.

Vorgängiges geben kann[40] - eine Frage, von deren Beantwortung abhängig ist, ob wir sagen können, daß mit der Etablierung moderner Vernunft ein Ausschluß stattgefunden hat. Für uns ist diese Debatte von Interesse, weil die Möglichkeit der literarischen Transgression, um die es im folgenden Kapitel gehen wird, eng mit der Frage verbunden ist, ob es ein Außen jenseits der Grenze des rationalen Diskurses und des vernünftigen Subjekts, von dem ja der philosophische Diskurs abhängt, gibt.

Derrida argumentiert gegen Foucaults These vom Aussschluß des Wahnsinns aus den Denkmöglichkeiten des vernünftigen Subjekts durch Descartes, daß der Wahnsinn in der cartesianischen Argumentation lediglich beiseitegelassen wird, weil das Beispiel des Traums besser geeignet ist, die Zweifelhaftigkeit unserer Sinneswahrnehmungen zu illustrieren. Er will zeigen, daß die drei von Descartes eingeführten Stadien des Zweifels (der Zweifel an den Sinneswahrnehmungen; die Möglichkeit, daß alles ein Traum sei; und die Annahme des listigen Geistes) so aufeinander folgen, daß jedes Stadium radikaler als das vorhergehende ist, und negiert, daß dabei der Wahnsinn als eine aufgrund der Natur des Unternehmens auszuschließende Möglichkeit behandelt wird. Er liest die erste Meditation als Dialog zwischen dem Philosophen Descartes und einem angenommenen naiven Gesprächspartner, der den "gesunden Menschenverstand" repräsentiert. Dem Vorschlag des Philosophen, an allen Sinneswahrnehmungen zu zweifeln, da die Sinne uns irreführen können, entgegnet der imaginäre Nicht-Philosoph, daß gewiß an einigen Dingen nicht gezweifelt werden könne, wie etwa daran, daß er am Feuer sitze und seine Hände Papier berührten. Zudem wäre er, wenn er im Zweifel so weit ginge, beispielsweise anzunehmen, er sei aus Glas, während er dies doch offensichtlich nicht sei, den Wahnsinnigen gleich (*sed amentes sunt isti*).[41] Descartes muß nun seinen naiven Partner überzeugen, daß sogar an der scheinbaren Gewißheit unserer unmittelbaren Umgebung gezweifelt werden kann. Er schlägt dazu die Annahme vor, daß beide träumen. Dies ist

---

40 *Mon corps, ce papier, ce feu*, in *Histoire de la folie*, Paris 1972, Appendix II, S. 583-603; DE II S. 245-268, hier 247. Eine erste Version dieses Textes, deren Ton in Bezug auf Derrida deutlich schärfer ist, ist unter dem Titel *Réponse á Derrida* in der japanischen Zeitschrift *Paideia* erschienen (*Paideia* Nr. 11: Michel Foucault, 1. Februar 1972, S. 131-147). DE II S. 281-295.

41 ED S. 77f.

nur scheinbar eine weniger radikale Annahme als die des Wahnsinns: für Derrida ist sie radikaler, denn im Unterschied zum Wahnsinnigen ist für den Träumenden *alles*, was er sieht, illusorisch. Der Philosoph überzeugt nun seinen Gesprächspartner, daß auch, wenn beide träumen, bestimmte Dinge gewiß bleiben, wie die Grundprinzipien der Geometrie und Arithmetik. Um auch diese infragezustellen, nimmt Descartes den "totalen Wahnsinn" eines listigen Geistes an, der ihm fälschlicherweise eingibt, es gebe eine Sonne und er habe einen Körper. Für Derrida ist damit das absolut Andere, das das Denken untergräbt, in die Überlegung eingeführt. Dennoch gelangt Descartes aber zur Gewißheit des *"cogito ergo sum"*. Das bedeutet Derrida zufolge, daß die Vernunft es gar nicht nötig hat, den Wahnsinn auszuschließen, denn dieser ist nur ein Fall des Denkens, innerhalb des Denkens.

Foucault antwortet, innerhalb des Dialogs werde die Annahme des Wahnsinns brüsk zurückgewiesen, ohne daß es eine argumentative Kontinuität im Wechsel zum Thema des Traums gebe. Der Wahnsinn werde ausgeschlossen, weil das Subjekt sich nicht gleichzeitig in die Position des Wahnsinnigen versetzen und meditieren kann. Er wird also durch das zweifelnde Subjekt ausgeschlossen, um sich als zweifelndes Subjekt qualifizieren zu können. Er wird jedoch zugelassen als Gegenstand der Reflexion und des Wissens.[42] Das Beispiel des Wahnsinns erlaubt zwar, sich als ein umfassend zweifelndes Subjekt zu konstituieren, aber nicht, als vernünftig meditierendes Subjekt qualifiziert zu bleiben, das durch den Zweifel zu einer möglichen Wahrheit gelangt. Das Beispiel ist zu stark, das Subjekt kann nicht mehr meditieren, wenn es die Möglichkeit des Wahnsinns denkt. Hier hält Foucault an seiner Argumentation aus der *Histoire de la folie* fest: auch dort bewahrt das denkende und daher wesentlich nicht-wahnsinnige Subjekt das Denken vor dem Wahnsinn.

---

42 "(...) la folie est exclue par le sujet qui doute pour pouvoir se qualifier comme sujet doutant. Mais elle n'est point exclue comme objet de réflexion et de savoir.." DE II, 255. Nur dem Subjekt, das sich als universell zweifelndes Subjekt konstituieren will, ist es unmöglich, einen generellen Zweifel durchzuführen (S.258f.). Denn: "(...) la méditation implique un sujet mobile et modifiable par l'effet même des événements discursifs qui se produisent." (S. 257).

Foucaults Argumentation für den Ausschluß des Wahnsinns durch Descartes mit der Feststellung "Allein das sind Wahnsinnige, und ich würde ebenso verrückt erscheinen, wenn ich auf mich anwenden würde, was von ihnen gilt", hängt weder nur an dem logischen Argument, daß ein Philosoph nicht denken kann, wenn er wahnsinnig ist, noch allein an dem praktischen Argument, daß die Imitation Wahnsinniger mich nicht davon überzeugen wird, daß ich wahnsinnig bin (während der Gedanke, daß ich träume, mich tatsächlich überzeugen kann, daß ich schlafe), sie stützt sich auch auf den Wortgebrauch Descartes, der drei lateinische Begriffe benutzt, wenn er von den Wahnsinnigen spricht: *insanus, amens* und *demens*. *Insanus* ist ein deskriptiver Begriff, er bezeichnet jemanden, der unter Illusionen und Phantasmen leidet. Die Begriffe *amens* und *demens* dagegen sind disqualifizierende juristische Termini. Die Bezeichneten sind unfähig, klar zu sehen, also genau das zu tun, was Descartes sich vorgenommen hat. Sie haben also nicht die Fähigkeit, nach der Wahrheit zu suchen, über die Descartes verfügt.

Daß aber der Wahnsinn jede Suche nach der Wahrheit disqualifiziere, daß es nicht "vernünftig" sei, ihn herbeizurufen, um den nötigen Zweifel zu bewirken, daß man ihn nicht, auch nicht für einen kurzen Augenblick, simulieren kann (denn dann würde die Bezeichnung *demens* auf das zweifelnde Subjekt zutreffen): das ist der entscheidende Punkt, in dem Descartes sich von all denen trennt, für die der Wahnsinn auf irgendeine Weise Aufschluß über unsere Vernunft geben kann.

Der Wahnsinn, so Foucault, ist also für Descartes kein unzureichendes, sondern ein exzessives und unmögliches Beispiel. Und selbst im Fortgang der Meditation bis zum bösen und listigen Geist, der uns über alles, was wir für wahr halten, täuscht, bleibt die Qualifikation des meditierenden Subjekts als "nicht-wahnsinnig" geltend.

Derrida kann jedoch diesen Ausschluß des Wahnsinns nicht zugeben, da er den philosophischen Diskurs als ein "Anderes" gegenüber dem wahnsinnigen Diskurs qualifizieren und zwischen beiden eine Beziehung der Äußerlichkeit herstellen würde. Vor einer solchen Teilung will Derrrida den philosophischen Diskurs bewahren, und um ihn als jede endliche und bestimmte Totalität überschreitend denken zu können, muß er den cartesianischen Ausschluß ausschließen. Daher muß er zeigen, daß die Macht des Zweifels, die dem Wahnsinn eigen ist, *a fortiori* auch dem Traum zukommt, er muß den

Ausschluß des Wahnsinns einer "anderen Stimme" (dem naiven Gesprächspartner) zuschreiben und ihm jeden philosophischen Status absprechen, indem er seine Naivität denunziert.[43] Schließlich macht Derrida die Überlegung, daß es eine listigen Geist gebe, der mich täuscht, und ihre Außerkraftsetzung durch das *cogito* zum eigentlichen Ort der Konfrontation mit dem Wahnsinn im Text Descartes. Für Foucault stellt jedoch der listige Geist vielmehr einen Gegensatz des Wahnsinns dar, denn während ich im Wahnsinn etwa glaube, ein rotes Gewand bedecke meine Nacktheit, erlaubt mir die Annahme des listigen Geistes beispielsweise, nicht zu glauben, daß mein Körper existiert. Ich nehme also an, daß ich fälschlicherweise etwas glaube (nämlich eine Körper zu haben, den Himmel zu sehen etc.), und stelle diese Hypothese im Vollbesitz meiner Vernunft an. Ich beherrsche meine Fiktion. Der Wahnsinnige dagegen ist nicht in der Lage, das, was er glaubt, als falsch zu erkennen. Der listige Geist und der Wahnsinn widersprechen einander hinsichtlich der Position des Subjekts im Verhältnis zur Täuschung. Der listige Geist übernimmt die Macht des Wahnsinns erst, nachdem die Meditation das Risiko, wahnsinnig zu sein, ausgeschlossen hat.

Foucault zufolge bringt die Natur der cartesianischen Reflexion, die "Meditation", eine Reihe von Modifikationen des meditierenden Subjekts mit sich. Denn im Laufe einer solchen Meditation enstehen neue Aussagen, es finden diskursive Ereignisse statt. Daher impliziert die Meditation ein bewegliches und veränderbares Subjekt (ein Gedanke, der der Entwicklung der Konzeption vom Schreiben als Akt und Erfahrung parallel läuft). Andererseits haben die Meditationen demonstrativen Charakter, ihre Überlegungen bilden zugleich ein System, das jeder Leser durchlaufen muß, um die Wahrheit zu erfahren, und eine Übung, die er ausführen muß und die ihn verändern wird, um die Wahrheit sagen zu können. Wenn Derrida die diskursiven Praktiken auf textuelle Spuren reduzieren will und die Ereignisse zu löschen sucht, um nur Markierungen für die Lektüre zu behalten, so wendet er, wie Foucault polemisch erklärt, eine kleine, historisch bestimmte Pädagogik an (nicht einmal eine Metaphysik). Eine Pädagogik, die lehrt, daß es nichts außerhalb des Textes gebe, daß aber in ihm die Reserve des Ursprungs regiere, daß sich

---

43 DE II, S. 263f.

in ihm, in seinen Leerstellen, "der Sinn des Seins" sage. Eine Pädagogik, die umgekehrt der Stimme der Meister eine grenzenlose Souveränität verleiht und ihr erlaubt, den Text unendlich zu wiederholen.[44]

Foucaults Schlußfolgerung, daß Derrida diskursive Praktiken auf bloße textuelle Spuren reduziert, impliziert den Vorwurf, daß die Dekonstruktion bestimmte Arten der Untersuchung wie etwa die Archivarbeit, die einen großen Teil der Arbeit Foucaults ausmacht, ausschließt.[45] Indem sie der Exegese absolute Priorität verleiht und die Interpretation auf Text und Leser beschränkt, verschließt sie sich dem Machtspiel, an dem Texte teilhaben.[46] So beraubt Derrida sein Denken allen politischen Gewichts, das es potentiell durchaus besitzt. Wo Derrida ausgehend von der Behauptung, es gebe kein Außen des Textes,[47] diesen endlos dekonstruieren will, so daß das Netz seiner "Spuren" in seinem Gefangensein innerhalb des "Logozentrismus" besser deutlich wird, vertritt Foucault die Auffassung, daß ein Text als Teil eines größeren Zusammenhangs diskursiver Praktiken gelesen werden muß, daß seine Beziehung zu den ihn umgebenden historischen und sozialen Ereignissen, seine Einbindung in Macht- und Wissensstrukturen für

---

44   DE II, S. 267.
45   In seiner *Réponse à Derrida* (s.o.) schreibt Foucault: "(...) Derrida suppose que, s'il montre dans mon texte une erreur à propos de Descartes, d'une part, il aura montré la loi qui régit inconsciemment tout ce que je peux dire sur les règlements de police au XVIIe siècle, le chômage à l'époque classique, la réforme de Pinel et les asiles psychiatriques du XIXe; et, d'autre part, s'agissant d'un péché non moins qu'un lapsus, il n'aura pas à montrer quel est l'effet précis de cette erreur dans le champ de mon étude (comment elle se répercute sur l'analyse que je fais des institutions ou des théories médicales): un seul péché suffit à compromettre toute une vie..." DE II, S. 283.
46   Vgl. hierzu Roy Boyne 1990, S. 53-87; David Wood, *Differance and the Problem of Strategy*, in: Robert Bernasconi, David Wood (Hrsg.) 1985, S. 94.
47   Derrida schreibt in *Cogito et l'Histoire de la folie*: "*Tout* notre langage européen, le langage de tout ce qui a participé, de près ou de loin, à l'aventure de la raison occidentale, est l'immense délégation du projet que Foucault définit sous l'espèce de la capture ou de l'objectivation de la folie. *Rien* dans ce langage et *personne* parmi ceux qui le parlent ne peut échapper à la culpabilité historique - s'il y en a une et si elle est historique en un sens classique - dont Foucault semble vouloir faire le procès." In: ED S. 58. Vgl. zur allumfassenden Textualität auch Jacques Derrida: *Grammatologie*, Frankfurt/Main 1983, S. 274 (*"Ein Text-Äußeres gibt es nicht."*), sowie ED S. 411, und Peter Engelmann 1987, S. 107f.

seine Lektüre entscheidend sind. Er wirft Derrida vor, durch seine Position die Überlegenheit der Philosophie sichern zu wollen, indem er sie vor der Determinierung durch soziale und historische Kräfte schützt.

Offen bleibt jedoch die Frage, was wir über den Wahnsinn sagen können, gesetzt, er sei das Andere der Vernunft, das von ihr ausgeschlossen ist. Hier scheint Foucault Derridas Kritik an seiner Absicht, den Wahnsinn selbst zu erkennen, ihn zu untersuchen, ohne den Ausschluß zu wiederholen, zu akzeptieren. Foucault hatte diese Absicht im ursprünglichen Vorwort der *Histoire de la folie* geäußert, und er ersetzt dieses Vorwort schließlich durch eine Kritik der Idee des Vorworts, das den Leser darüber instruiert, wie er ein Buch zu lesen habe. Wir können dies als implizit zustimmende Antwort auf Derridas Kritik lesen.

Abgesehen von der *Histoire de la folie* sind die wohl entschiedensten Versuche Foucaults, das Problem der Überschreitung der Grenzen herrschender Vernunft zu durchdenken (und damit gegen Derrida zu denken) seine Überlegungen zu Batailles Idee der Transgression. Im *Preface à la transgression* wird allerdings nicht Derridas Kritik bezüglich der Historizität und der Vernunft widerlegt, sondern auf der Grundlage einer gewissen Sensibilität versucht, die Grenze unserer Vernunft neu zu denken. Foucault beschreibt die moderne Erfahrung der Sexualität, die nicht mehr den reichen Ausdruck findet, den sie in der christlichen Mystik und Spiritualität fand, als sie den Raum der Sünde einnahm, sondern die auf nichts anderes mehr als auf sich selbst verweist und nur an schwache Grenzen stößt. Denn seit der Akzeptanz des Todes Gottes ist jede Verbotsübertretung lediglich Grund momentaner Alteration in der Ordnung dieser Welt, Ungehorsam, der durch menschliche Gesetze definiert wird. Dennoch verkörpert sie, so Foucault, die einzige noch mögliche Form der Profanation in einer Welt, in der die Idee des Heiligen keine positive Bedeutung mehr hat. Sie verweist uns unablässig auf die Herrschaft der Grenze, indem sie diese überschreitet und ihre ganze Energie auf die Transgression richtet. Denn der Tod Gottes bannt uns nicht in eine begrenzte und positivistische Welt, sondern setzt uns der Erfahrung der Grenze aus, die in dem Exzess, der sie überschreitet, unaufhörlich hergestellt und ausgelöscht wird. Eine solche Idee der Transgression hängt nicht von einem Begriff der Transzendenz ab. In dieser Hinsicht wird hier der Wunsch der *Histoire de la folie*, zu wissen, was der Wahnsinn weiß, überarbeitet und anerkannt, daß wir keinen anderen Raum als den unseren einnehmen können. Aber Foucault hält daran fest, daß die Grenzen dieses inneren Raums, der ein gesellschaftlicher Raum ist, überschritten werden können, und daß auch, wenn diese Übertretungen immer wieder inkorporiert werden, der Gedanke an weitere Überschreitungen bleibt.

Foucault denkt die Transgression als Erfahrung der Grenze, die ihren ganzen Raum in der Linie findet, die sie überschreitet. Transgression und Grenze sind keine Gegensätze, sondern sie sind ineinander gedreht wie eine Spirale: "La transgression n'est donc pas à la limite comme le noir est au blanc, le défendu au permis, l'extérieur à l'intérieur, l'exclu à l'espace protégé de la demeure. Elle lui est liée plutôt selon un rapport en vrille dont aucune effraction simple ne peut venir à bout."[48] Eine solche Konzeption der Grenze erlaubt, die Existenz nicht geschlossen zu sehen, mit einer absoluten Differenz zwischen einem Innen und einem Außen. Sie macht die Operation des Ausschlusses damit unmöglich. Das "Außen", das "Andere" muß nicht in metaphysischen Termini gedacht werden, sondern als beruhend auf politischen und strategischen Entscheidungen, die dem Charakter der Grenze nicht Rechnung tragen.

Da die "Spiralform" der Grenze keinen äußeren Bereich markiert, kann es, und insofern impliziert dieser Gedanke eine Übereinstimmung mit Derrida, keine Geschichte außerhalb der Vernunft geben. Tatsächlich gibt es darüber, wie die Bewegung der Überschreitung zu denken sei, eine überraschend weitgehende Übereinstimmung zwischen Foucault und Derrida. Dieser, befragt, ob es eine Überschreitung der Metaphysik geben könne, erklärt: "(...) selbst bei Aggression oder Transgression unterhalten wir uns noch mit Hilfe eines Codes, der in nicht auflösbarer Weise mit der Metaphysik verbunden ist; daher führt jeder übertretende Schritt, der uns die Abgrenzung faßbar macht, wieder mitten in sie zurück. Aber durch die Vorgänge auf beiden Seiten der Grenze verändert sich der innere Bereich, und es vollzieht sich eine Übertretung, die nirgends als vollende-

---

48   DE I, S. 237.

te Tatsache präsent ist. Man richtet sich nie im Überschreiten ein und man wohnt nie außerhalb. Die Übertretung setzt voraus, daß die Grenze immer wirksam sei."[49]

Foucault sieht eine bestimmte Literatur als als Schauplatz eines Denkens, das auf den (versuchten) Ausschluß des Wahnsinns verzichtet und sich beständig an der Grenze von Vernunft und Wahnsinn bewegt. Ich werde darauf im folgenden Kapitel eingehen. Neben diesem Ansatz, Grenze und Transgression zu denken, gibt es jedoch bei Foucault den (phänomenologisch geprägten) Wunsch, über unsere Vernunft hinauszugehen und die Erfahrung des Wahnsinns selbst zu konfrontieren. Derrida macht dagegen zu Recht geltend, daß man den Wahnsinn nicht durch das Instrument wieder erreichen kann, das ihn zuvor verbannt hat: die Sprache der Vernunft. Er wirft Foucault vor, daß er diese Schwierigkeit erkenne und durch verschiedene Ansätze zu umgehen versuche: einmal assoziiere er den Wahnsinn mit dem Schweigen, dann sei er eine Sprache, die durch und zu sich selbst spricht, und dann scheint er als eine Art reiner Negativität. Wenn jedoch der Wahnsinn ein bedeutungsvolles Schweigen ist, so können wir seine Bedeutung nicht erkennen. Sie müßte uns kommuniziert werden, und dies könnte nur in der Sprache der Vernunft geschehen. Wenn aber diese Sprache, wie Foucault meint, den Wahnsinn zum Schweigen gebracht hat und unterdrückt, kann sie uns über sein Schweigen nichts mitteilen. Ebensowenig könnte der Wahnsinn von uns verstanden werden, wäre er eine Sprache, die nur zu sich selbst spräche. Die Negativität schließlich ist für Derrida ein Effekt der Sprache. Da die Sprache das Medium der Vernunft ist, kann der Begriff der Negativität uns nicht in das Herz des Wahnsinns führen. Wenngleich Derrida Foucault vorwirft, daß er schreibe, als wüßte er, was Wahnsinn bedeutet, schließt er doch eher mit Foucault, daß das Wesen des Wahnsinns darin besteht, daß es nicht gesagt werden kann.

Ist es demzufolge unmöglich, eine Geschichte des Wahnsinns zu schreiben? Derrida bejaht dies, da die Sprache, in der eine solche Geschichte geschrieben werden müßte, von der Vernunft abhängt. Diese aber ist keine kontingente Ordnung, keine historisch determinierte Struktur, die auch anders sein könnte. Daher bewegt sich jeder Versuch,

---

49 Jacques Derrida in *Positionen*, S. 47. Zuerst in: *Lettres françaises* 1211, 6.-12- Dezember 1967.

gegen die Vernunft zu arbeiten, innerhalb der Vernunft, die nicht überschritten werden kann. Aus der Sicht Derridas läuft der Versuch, die Geschichte einer Entscheidung, einer Teilung zu schreiben, Gefahr, eine der Teilung vorausgehende Einheit ursprünglicher Präsenz zu unterstellen. Er schreibt: "A vouloir écrire l'histoire de la décision, du partage, de la différence, on court le risque de constituer la division en événement ou en structure survenant à l'unité d'une présence originaire, et de confirmer ainsi la métaphysique dans son opération fondamentale."[50] Foucault hat demzufolge lediglich eine weitere Version des Mythos ursprünglicher Präsenz geliefert. Derrida muß zwar zugeben, daß wir gerade deshalb auf die Vernunft vertrauen können, weil sie die Unvernunft ausgeschlossen hat - dieser Ausschluß hat aber immer schon stattgefunden.

Die Schlußfolgerung, daß Protest und Widerstand nur in Form "innen" operierender Strategien möglich sind, wird vom Foucault der siebziger Jahre geteilt - nicht aber die Voraussetzung, es gebe eine von historischen Entscheidungen unabhängige Vernunft.

---

50   ED S. 65.

Schreiben als Grenzerfahrung: die Unmöglichkeit der Literatur

Die Frage, was Literatur sei, läßt sich anhand der Texte und Äußerungen Foucaults nur schwerlich beantworten, denn seine Literaturdefinitionen haben stets provisorischen Charakter und werden von ihm selbst immer wieder der Kritik unterzogen und revidiert. Ich möchte daher versuchen, einige der Motive herauszuarbeiten, die Foucault stets mit der Literatur verbindet: die Motive der Leere, des Wahnsinns, des Todes und der Überschreitung. Sie erscheinen im Text Foucaults nicht oder zumindest nicht allein als Themen, über die die Literatur spricht, sondern sind aufs engste mit ihrer Existenz und Entstehung verbunden. Foucault will weniger eine Literaturtheorie entwickeln als mithilfe der Literatur versuchen, diese Motive besser denken zu können. Sein "literarisches Denken" entwickelt dabei ausgehend vom Sprachmaterial eigene Formen und läßt so die Möglichkeitsbedingungen und Grenzen erscheinen, die die Ordnung der Sprache definieren.[1]

Wahnsinn, Tod, Leere und Überschreitung sind Formen der Auflösung der Vernunft, auf die die Figur des Individuums oder Subjekts und ihre Identität gegründet ist. Daher stelle ich nun in Bezug auf diese Motive erneut die Frage nach der Möglichkeit, ein Außen in Bezug auf die Grenzen unserer wachen Vernunft zu denken; eine Frage, die im Zentrum der Auseinandersetzung mit Derrida steht.[2] Die Schriften Foucaults zur Literatur müssen als Bestandteile dieser Debatte gelesen werden.

Darüberhinaus möchte ich auf die Frage eingehen, ob Foucaults Machtanalyse einen Bruch mit dem Konzept des Schreibens als Grenzerfahrung impliziert oder ob es hier eine Kontinuität gibt.

---

1   Vgl. Pierre Macherey 1990, S. 187.
2   Siehe Kapitel V. 2.

Der Anfang: Traum und Überschreitung

Wenn Foucault 1954 in seiner Einleitung zu Ludwig Binswangers *Traum und Existenz*[3] vom Thema des Traums in Literatur und Philosophie spricht, so interessiert ihn nicht dessen romantische Lesart als Schlüssel zu Seele und geheimem Begehren. Was Foucault am Motiv des Traums interessiert, ist vielmehr die Frage, die den Kern seiner Auseinandersetzung mit Sprache und Literatur, aber auch mit Macht und Disziplin, Individualität und Subjektivierung bildet: die Frage nach der Möglichkeit eines Außen gegenüber den Grenzen unserer wachen Vernunft und nach der Möglichkeit einer Bewegung der Überschreitung dieser Grenzen. Daher bezieht sich Foucault auf das heraklitische Prinzip, demzufolge der wache Mensch in einer Welt des Wissens und der Erkenntnis lebt, der schlafende sich dagegen der ihm eigenen Welt zuwendet, unter dem Gesichtspunkt der Überschreitung. Die eigene Welt, der *idios kosmos* des Träumenden konstituiert sich nicht durch die Abwesenheit von Wahrnehmungsinhalten, sondern durch ihre Ausarbeitung in einem isolierten Universum. Die subjektive Erfahrung stellt sich hier, so Foucault, ihrer ursprünglichen Einsamkeit. Die Verbindung dieses *idios kosmos* mit dem Gedanken der Überschreitung erscheint paradox, doch ist die Konstitution einer mir eigenen Welt im Traum tatsächlich eine Überschreitung der Grenze der wachen Welt, in der ich meine Identität stets in Abhängigkeit von meiner Umwelt bestimme und von dieser abgrenze. Die Individualität des Wachzustands wird ausgehend von den Prinzipien der Universalität und Rationalität konstruiert, während die Einsamkeit des Traums sich von diesen Prinzipien löst und auf eine irreduzible Singularität hinbewegt. In diesem Zusammenhang ist der Satz bemerkenswert, den Foucault zwölf Jahre später über Breton schreibt: für Breton sei der Traum ein "unzerbrechlicher Kern von Nacht im Herzen des Tages", während er für die deutschen Romantiker eine vom

---

3 Ich gehe oben, im zweiten Kapitel, im Zusammenhang mit Foucaults frühem Begriff von Individualität und Subjektivität auf diesen Text ein. Wenn ich hier auf ihn zurückkomme, so deshalb, weil er bereits die zentralen Problemstellungen enthält, die Foucault im Laufe seiner Arbeit entwickeln und mithilfe anderer Vorgehensweisen neu stellen wird.

Licht des Wachens erhellte Nacht sei. Bretons Verdienst sei es, Wissen und literarisches Schreiben in dem Anliegen verbunden zu haben, den Menschen an seine Grenze zu bringen.[4]

Im Traum wie in der Überschreitung werden die klassischen Dichotomien von Immanenz und Transzendenz, Subjektivität und Objektivität ungültig, und insofern mag es gerechtfertigt sein, hier bereits von einer Bewegung der "Überschreitung" zu sprechen. Foucault ist hier schon dem Zwischen-Raum nahe, den er später als Schauplatz der Annäherung von Literatur und Wahnsinn bechreiben wird. Zwar ist dieser erste Versuch, die Überschreitung zu denken, noch von den Themen der Transzendenz, der Freiheit und des Ursprungs geprägt, von denen sich Foucault später distanzieren wird. Foucault spricht hier dem Traum eine Transzendenz zu, die mit der Objektivität breche, welche das wache Bewußtsein fasziniert, und dem Subjekt seine radikale Freiheit zurückgebe. So enthülle der Traum auf paradoxe Weise die freie Bewegung der Existenz auf die Welt hin, den ursprünglichen Punkt, von dem aus die Freiheit Welt wird, und damit den Ursprung der Existenz selbst. Die tragische Figur des Falls von ursprünglicher Freiheit in den Determinismus der wachen Welt kehrt in der *Histoire de la folie* als Ausschluß des Wahnsinns wieder. Aber die problematische Unterstellung von Transzendenz und ursprünglicher Freiheit sollte uns nicht übersehen lassen, daß hier eine erste Auseinandersetzung mit dem Thema der Grenz-Erfahrung stattfindet, die den späteren Texten zur Literatur bereits nahekommt.[5] Die gravierendste Änderung, die die den späteren Texten stattfindet, besteht in der nun weniger thematisch als am Gebrauch der Sprache orientierten Untersuchung.

---

4 *C'était un nageur entre deux mots*, Gespräch mit C. Bonnefoy, DE I, S. 554-557.
5 Vgl. hierzu auch Judith Revel: "(...) Ce primat de l'expérience-limite, c'est-à-dire cette expérience de la limite qui remonte en-deçà des formes objectives du monde pour imposer sa propre vérité, la liberté de son propre mouvement, est la racine de la thématique qu l'on trouvera, plus tard, sous la forme d'un discours de la transgression littéraire." Revel 1991, S. 42.

An der Grenze: Literatur und Wahnsinn

Im *Préface à la Transgression* schreibt Foucault, daß sich bei Bataille die "verdorrten Wurzeln" und die "verheißungsvolle Asche" einer Sprache finden lassen, in der die Transgression ihren Raum fände und ihr erleuchtetes Sein, daß aber fast alles an einer solchen Sprache erst noch zu erfinden sei.[6] In einer solchen Sprache würden sich Philosophie, Literatur und Wahnsinn berühren, ohne einander auszuschließen. So würde der Philosophie, die sich seit Sokrates stets um den Gewinn einheitlicher Subjektivität im Sprechen bemüht hat, die Möglichkeit der Transgression eröffnet.

Verfolgen wir also das Thema der schwierigen Nähe von Literatur und Wahnsinn in den Texten Foucaults, um die Möglichkeit der Überschreitung des Individuellen näher zu bestimmen. In der *Histoire de la folie* zieht Foucault Cervantes und Shakespeare als Zeugen einer präklassischen, weil tragischen Erfahrung des Wahnsinns im klassischen Zeitalter heran. Für sie ist der Wahnsinn unwiderruflich, er führt für ihre Charaktere geradewegs zum Tod. Aber weder der Tod der Charaktere noch das Ende der Erzählung beenden die Konfusion zwischen Schein und Realität, die der Wahnsinn erzeugt. Diese Unmöglichkeit, die Grenze zwischen Realität und Schein zu fixieren, verweist jedoch auf eine moderne Form des Wahnsinns. Bei Shakespeare und Cervantes kann Wahnsinn zur Maske werden - man kann, wie Hamlet, den Wahnsinn simulieren. Damit beginnt eine weltliche Ökonomie des Wahnsinns, der nicht länger Strafe oder Schicksal ist, sondern mit dem Problem des Scheins und der Hypokrisie verknüpft wird.[7] Und es gibt keine Instanz mehr, die über Wahrheit und Schein entscheiden kann: selbst Gott kann nicht beurteilen, ob Hamlet oder Don Quijote wahnsinnig sind. Insofern praktiziert diese Literatur einen anticartesianischen Umgang mit dem Wahnsinn.

---

6 DE I, S. 236.
7 Vgl. Simon During: *Foucault and Literature*, London 1992, S. 34-37.

Im selben Sinne benutzt Foucault das Beispiel von Diderots *Jaques le fataliste*: Bei Diderot bekommt das Delirium einen neuen Sinn, es ist nicht länger das Andere der Vernunft, nicht ein Element des Wahnsinns, sondern es verkörpert die Verbindung, die Fusion von Realität und Subjektivität. Unvernunft findet ihren Weg zurück in die Vernunft, die sie ausgeschlossen hatte. Denn einerseits beginnen Träume oder der Wahnsinn selbst etwas für die Vernunft zu bedeuten, so daß diese durch den Gebrauch ihres "Gegenteils" kontaminiert wird, andererseits ist für Diderot das Sein selbst, das Spiel der Vermittlungen zwischen Subjekt und Welt, delirant. Am Ende des 18. Jahrhunderts bezieht sich eine ganze Literatur unter dem Zeichen des Deliriums auf die Möglichkeiten des bloßen Scheins und der absoluten Fülle. Doch die "Erfahrung der *déraison*" wird Foucault zufolge erst mit dem Schreiben von Artaud und Roussel Gestalt und Sprache finden.

Die Sprache der Psychologie dagegen ist, wie es hier noch heißt, ein Monolog der Vernunft, der auf dem Schweigen des Wahnsinns beruht. Es ist also nicht der Wahnsinn, der eine Literatur hervorbringt, welche seiner Erfahrung Sprache verleiht: der Wahnsinn schweigt gegenüber der Vernunft.[8] Wie ist dann aber die "Präsenz des Wahnsinns in der Literatur"[9] zu verstehen, die Foucault unablässig beschäftigt und die ihm von Autoren wie Roussel, Blanchot, Artaud indiziert wird?

Zunächst ist diese Frage von ihrem psychologischen Gehalt zu befreien. Der Wahnsinn in der Literatur ist nie der Wahnsinn des Autors, und die Frage, ob ein Autor wie beispielsweise Rousseau delirant war, ist als "Frage für Psychologen" für die Literaturanalyse irrelevant. Foucault will sich auf das Werk beschränken, und dieses ist, wie er bereits in der *Histoire de la folie* betont, *per definitionem* Nicht-Wahnsinn.[10] In der Einleitung zu *Rousseau, juge de Jean-Jacques* erklärt Foucault nun zum erstenmal explizit, daß das Werk durch seinen Ort in der Sprache

---

8   DE I, S. 160, 162.
9   Vgl. *La folie n'existe que dans une société*. Gespräch mit J.-P. Weber, DE I, S. 168.
10 ...so wie der Wahnsinn die Abwesenheit des Werks impliziert. Vgl. *Histoire de la folie* S. 555-557, DE I, S. 162f., 412-421. Blanchot greift diesen Satz in *L'entretien infini* auf.

auf den Wahnsinn bezogen ist.[11] Denn das Werk steht in doppelter Beziehung zur Sprache: zum Einen schreibt die Sprache ihm seinen Raum, seine Struktur und überhaupt erst seine Existenz als sprachliches Werk vor, und zum anderen gibt es die dem Werk innere Sprache, von der ausgehend das Werk spricht. Und letztere, von Foucault als "franchissement premier, pure transgression"[12] bezeichnet, entzieht sich der Klassifikation durch die Kategorien des Normalen und des Pathologischen, der Vernunft und des Wahnsinns.[13]

In seinem Hölderlin-Essay nennt Foucault die Sprache des *Hyperion* eine Sprache, die sich an der Grenze zum Wahnsinn bewegt, und damit an der Grenze zu dem, was keine Sprache sagen kann.[14] Doch auch hier werde die beinah erreichte Öffnung der Sprache gegenüber dem Wahnsinn mit Bildern unmittelbarer Präsenz wieder verschlossen.[15] Was wir vom Wahnsinn in der Literatur lesen können, ist allein seine Grenze. Die "Präsenz des Wahnsinns" in der Literatur ist nicht seine sprachliche Beschwörung, sondern sie ist die Grenze der Sprache, von der aus das Werk möglich wird.[16] So stellt Foucault auch für Nerval fest, daß ihm das Schreiben

---

11 *Introduction*, in: Rousseau, J.-J.: *Rousseau, juge de Jean-Jacques. Dialogues*. Paris 1962, S. VII-XXIV. DE I, S. 187f. Vgl. During S. 69-72.
12 DE I, S. 188.
13 Foucaults Rousseau-Essay verdankt Vieles Jean Starobinskis *Jean-Jaques Rousseau: La transparence et l'obstacle* (1957) und den Rousseau-Essays in Starobinskis *L'œil vivant* (1961). In einem entscheidenden Punkt geht Foucault jedoch über Starobinski hinaus: wo dieser das Fühlen Rousseaus als ein für diesen selbst lesbares natürliches Zeichen behandelt, sieht Foucault Rousseaus Willen nach der Abwesenheit von Zeichen und Bezeichnung. Rousseau will Wörter äußern, die nicht interpretierbar sind, sondern nur sind - was unmöglich ist.
14 *Le "non" du père*, Critique Nr. 178, März 1962, S. 195-209. DE I, S. 192.
15 "Le langage s'avance maintenant contre cet espace qui en s'ouvrant l'appelait et le rendait possible; il tente de le clore en le couvrant des belles images de la présence immédiate. L'œuvre alors devient mesure de ce qu'elle n'est pas en ce double sens qu'elle en parcourt toute la surface et qu'elle le limite en s'opposant à lui. Elle s'instaure comme bonheur d'expression et folie conjurée." DE I, S. 198.
16 "Il est nécessaire que tout discours qui cherche à atteindre l'œuvre en son fond soit, même implicitement, interrogation sur les rapports de la folie et de l'oeuvre: non seulement parce que les thèmes du lyrisme et ceux de la psychose se ressemblent, non seulement parce que les structures de l'expérience sont ici et là isomorphes, mais plus profondément parce que l'oeuvre tout ensemble pose et franchit la limite qui la fonde, la menace et l'achève." DE I, S. 198.

nur von der Grenze her möglich war, von der gemeinsamen Grenze der Literatur und des Wahnsinns.[17]

Hier führt Foucault also explizit das Thema der Grenze und der Überschreitung ein, das, wie wir gesehen haben, bereits in der Einleitung zu *Le rêve et l'existence* erkennbar ist. Und er macht deutlich, daß auch die Literatur nicht transgressiv sein kann in dem Sinne, daß sie die Sprache des Wahnsinns spräche (ebensowenig wie dies der Geschichte des Wahnsinns gelingen kann). Allein die Grenze kann ausgesagt werden, und dieser Grenzbereich wird von nun an entscheidend für alle Versuche, die diskursive und rationale Ordnung zu unterlaufen.

Die Präsenz des Wahnsinns in der Sprache wäre dann so zu verstehen, wie Foucault in *La prose d'Actéon*[18] die Präsenz Gottes darstellt: er verbindet hier die Sprache Klossowskis mit der cartesianischen Erfahrung des "malin génie". Sie hält sich in einer Welt, in der ein böser Geist herrscht, der seinen Gott nicht gefunden hat, oder der sich ebensogut als Gott ausgeben könnte, oder der vielleicht Gott selbst wäre. Durch diese Unsicherheit herrscht hier letztlich die strikte Abwesenheit sowohl Gottes als auch des Satans. Und gerade dadurch eröffnet sie den paradoxen Raum einer Präsenz, die real nur in dem Maße ist, in dem sich Gott aus der Welt entfernt und nur eine Spur, eine Leere zurückgelassen hat. In diesem Sinne ist auch der Wahnsinn in der Sprache der Literatur präsent.

Leere Sprache

In seinem Buch über Raymond Roussel beschreibt, ja feiert Foucault in zuweilen esoterischem Stil das Gelingen eines Schreibens, das Transgression und Verschwinden praktiziert. Roussel hat verfügt, daß *Comment j'ai écrit certains de mes livres*, worin er einige seiner Schreibtechniken erklärt, erst nach seinem Tod erscheinen

---

17 *L'obligation d'écrire*, DE I, S. 437.
18 DE I, S. 326-337.

dürfe. Dieses Buch, als "Schlüssel" seiner anderen Texte deklariert, verdoppelt den Diskurs Roussels unwiderruflich. Foucault zeigt sich fasziniert von der Weise, wie Roussel seinen eigenen Tod mit der "geheimen und posthumen" Erklärung seiner Schreibtechniken versieht[19], und so in der Geste der Erhellung die Lektüre seiner übrigen Bücher mit einer Verunsicherung konfrontiert, die nicht mehr zu beschwichtigen ist. Denn diese Erklärung erzeugt erst Unsicherheit darüber, wieviel sie verborgen läßt. Da-rüberhinaus jedoch wird die Unsicherheit angesichts der Texte Roussels durch eine entscheidende Eigenschaft unserer Sprache selbst hervorgerufen: durch die Tatsache, daß es weniger Wörter gibt, die bezeichnen, als Dinge, die zu bezeichnen sind, also durch die Polysemie.[20] Mit ihr spielt Roussel auf meisterhafte Weise, wenn er beispielsweise einen Text zwischen folgende Sätze spannt: "Les lettres du blanc sur les bandes du billard" und "Les lettres du blanc sur les bandes du vieux pillard", wobei er den ersten Satz "Die Buchstaben aus Weiß auf dem Randstreifen des alten Billardtischs" und den zweiten "Die Briefe des Weißen über die Banden des alten Plünderers" bedeuten läßt. Indem er die Wörter in jeweils unterschiedlichen Bedeutungen verwendet, treffen sich in einem Wort die entferntesten Figuren und verdoppelt sich zugleich die Sprache.

Diese "wunderbare Eigenschaft der Sprache, reich an ihrer Armut zu sein"[21], die bereits von den Grammatikern des 18. Jahrhunderts bewundert wurde, stellt sich Roussel als ein weißer Raum in der Sprache dar, als eine gefährliche Leere, die sich im Innern des Worts auftut. Er erfährt diese Leere der Sprache als absolute Leere des Seins, die die Imagination herausfordert. Die Herausforderung besteht nicht darin, die Realität durch eine andere Welt zu verdoppeln, sondern in den spontanen Verdopplungen der Sprache einen Raum zu öffnen, der mit nie gesagten Dingen gefüllt werden kann.[22] Mit diesem Konzept wird Roussels Schreiben für Foucault zum Modell einer normüberschreitenden Sprache: nicht, weil sie Monströses sagt,

---

19 *Raymond Roussel*, S. 8 (im folgenden: RR).
20 RR S. 22.
21 RR S. 23.
22 RR S. 25.

sondern weil es eine scheinbar einfache, alltägliche Sprache ist, die unmögliche, undenkbare Bilder entwirft. Roussel setzt die Norm seiner Sprache selbst, indem er eine *parole*, die scheinbar dem anerkannten *code* entspricht, einem anderen *code* unterstellt, dessen Schlüssel in dieser *parole* selbst gegeben wird. Wie Borges' chinesische Enzyklopädie, die Foucault zu Beginn von *Les mots et les choses* zitiert, sagt diese Sprache, was sich nicht denken läßt.

Die Leere, die sich für Roussel im Innern der Wörter öffnet, ist nicht nur eine Eigenschaft der sprachlichen Zeichen, sondern eine tiefere Ambiguität: sie zeigt, daß das Wort wie eine Maske verdeckt, was es verdoppelt, und davon durch einen winzigen Abstand getrennt ist. So wird die Verdopplung zum Ausgangspunkt jedes Werks.[23] Wir könnten mit Roussel sagen, daß diese Verdopplung und diese Leere nicht nur der Sprache eigen sind, sondern zugleich unsere Existenz markieren. Aber damit ist noch nicht getroffen, worauf es Foucault hier ankommt: daß die Sprache und sie allein das System unserer Existenz bildet. "Il n'y a pas de système commun à l'existence et au langage; pour une raison simple, c'est que le langage, et lui seul, forme le système de l'existence."[24] Die Sprache und die Leere, die sie in sich trägt, strukturieren unser Sein und unsere Erfahrung. Die Grundlosigkeit des Seins in der Welt wird über die Sprache begreifbar - hier wird einerseits, wie During bemerkt hat, das Erbe der phänomenologischen Literaturkritik sichtbar,[25] andererseits wird damit dem Ausdruck von Individualität durch Sprache der Boden entzogen. Eine solche Sprache repräsentiert nichts, sie sagt nichts als sich selbst. "Comme si l'unique soleil - celui qui avait fait corps autrefois avec le langage - ne pouvait être retrouvé que dans le partage de soi-même, dans la répétition d'autrui, en ce mince espace d'entre le masque et le visage où naquit justement le langage de la Doublure, quand le soleil était encore là".[26]

---

23 RR S. 28.
24 RR S. 203.
25 Simon During 1992, S. 69-72.
26 RR S. 202.

Die Behauptung der Sprache als alleiniges System unserer Existenz wird von Foucault in späteren Jahren nicht aufrechterhalten. Wie wir im vorigen Kapitel gesehen haben, wirft Foucault Derrida zu Beginn der siebziger Jahre die Reduktion diskursiver Praktiken auf textuelle Spuren vor und betont die Einbindung von Texten in historische Praktiken. Aber der Gedanke einer Sprache, die aus und zu einer Leere spricht, könnte eine Möglichkeit eröffnen, etwas über den Wahnsinn zu sagen, das nicht seinen Ausschluß durch die Vernunft wiederholt. Daß dies so schwerfällt, liegt daran, daß eine Sprache, die leer ist und nur sich selbst bezeichnet, uns gefährlich erscheint. Sie erlaubt kein Verstehen, keine Kommunikation. Daher spricht Foucault am Schluß von *Raymond Roussel* von der Furcht vor dem Signifikanten, die das Leiden Roussels ausmacht und die zugleich unsere gegenwärtige Erfahrung der Sprache bestimme.

Der Gedanke, daß die Leere im Inneren der Sprache unsere Existenz bestimmt, beherrscht auch Foucaults im gleichen Jahr wie das Buch über Roussel erschienene Hommage an Georges Bataille, *Préface à la transgression*[27]. Hier wird diese Leere mit der Erfahrung der Abwesenheit Gottes verknüpft. Foucault versucht, auf eher emphatische als argumentative Weise, diese Erfahrung im Denken Batailles nachzuvollziehen. Seit Nietzsches Feststellung vom Tod Gottes, so heißt es hier, findet unser Sprechen in der Leere statt, die dieser Tod hinterläßt. Es bezieht sich von nun an stets auf eine Abwesenheit, die es erst ermöglicht und zugleich auszulöschen droht. Transgression ist die Wiederholung der Tötung eines Gottes, der nicht existiert. So rekonstruiert sie das Heilige in seiner leeren Form und konstituiert eine souveräne Erfahrung der Grenze, die unser "Innerstes" teilt. Es findet keine Überschreitung in ein "Außen" statt, denn dieses ist uns mit dem Tod Gottes genommen. Weil aber die Grenze der Transgression nicht "innen" von "außen" trennt, kann die Erfahrung der Transgression nicht individuell, nicht vom Bewußtsein eines "Ich" begleitet sein.

---

27   In: *Critique* Nr. 195-196, 1963 , S. 751-763. DE I, S. 233-250.

Die Grenze der Transgression ist stets auch die Grenze zum Wahnsinn. Foucault stellt die Sprache der Überschreitung in den Zusammenhang der Krise des dialektischen Denkens, die die Brechung der Souveränität des denkenden Subjekts zur Folge hat. Bataille hat diese Brechung immer wieder durch explizite Distanz zum sprechenden und schreibenden "Ich" markiert.[28] Seine Sprache bewegt sich, so Foucault, im Verschwinden dessen, der spricht, vorwärts "wie in einem Labyrinth" - um seinem Verlust bis zu dieser Grenze, dieser Öffnung zu folgen, die Kommunikation ist und aus der das philosophische Subjekt verloren, entäußert, seiner selbst entleert hervorgeht. So ist Batailles wesentliche und für seine Sprache charakteristische Erfahrung die der Zusammengehörigkeit von Kommunikation und Tod. Denn "Kommunikation" heißt für Bataille nicht die Übermittlung von Sinn zwischen Sendern und Empfängern, sondern die souveräne Auflösung aller Subjekt- und Objektbeziehungen. Sie findet jenseits der Nützlichkeit, "au-delà de l'utilité" statt.

Die Erfahrung der Leere, auf die sich unsere Sprache gründet und die ihr mit dem Wahnsinn gemeinsam ist, macht sich Foucault zufolge am Ende des 18. Jahrhunderts geltend: zur Zeit, als Hölderlin von der Abkehr der Götter spricht, die Philosophie die von Kant ausgelöste Krise zu bewältigen sucht, die Französische Revolution die soziale Ordnung erschüttert und der Tod Gottes zur allgemeinen Erfahrung wird. "Le langage alors a pris une stature souveraine; il surgit comme venu d'ailleurs, de là où personne ne parle; mais il n'est œuvre que si, remontant son propre discours, il parle dans la direction de cette absence. En ce sens, toute œuvre est entreprise d'exhaustion du langage; l'eschatologie est devenue de nos jours une structure de l'expérience littéraire; celle-ci, par droit de naissance, est ultime."[29] In diesem Moment bekommt es das vertikale, auf sich selbst bezogene Schreiben jedoch auch mit den sozialen Praktiken zu tun, die den Wahnsinn betreffen: der Ein-

---

28 Diese Distanz ist u.a. ablesbar an zeitlichen Absetzungen ("J'écrivais ceci", "revenant en arrière, si je refais ce chemin"), Zerstreuung der Publikation (Zeitung, Tagebücher, Gedichte, Erzählungen, Meditationen, diskursive Abhandlungen, anonyme Texte) sowie an den Anmerkungen und Vorwörtern zu eigenen Texten.
29 DE I, S. 202.

bruch des Wahnsinns in die Literatur hat deren Ausschluß aus dem sozialen Gefüge zur Folge.

Den Wahnsinn und die Grenze zu denken und ihnen eine neue Sprache zu geben - das ist das Anliegen, in dem sich Foucault mit der Gruppe *Tel Quel*[30] verbunden sieht. In seinem Beitrag zur Debatte über eine "neue Literatur", die 1963 von *Tel Quel* organisiert wird, hebt er Bataille und Blanchot und mit ihnen die Autoren von *Tel Quel*, für die sie beispielgebend waren, von den Surrealisten ab, mit denen sie doch die Themen des Wahnsinns, des Traums, der Verdopplung und der Wiederholung teilen. Während jedoch die Surrealisten diese Erfahrungen psychologisierten und in ihnen Unbewußtes zu erkennen glaubten, sucht *Tel Quel*, wie zuvor Bataille, diese Grenzerfahrungen zu *denken*. Ein solches Denken muß sich darauf einlassen, ein anderes zu werden als es ist. Sprache und Denken sind hier die untrennbaren Elemente, *in* denen Erfahrung stattfindet, während für die Surrealisten die Sprache eher Zugang zu oder reflektierende Oberfläche für psychische Erfahrungen war.

Foucaults Vorstellung einer nicht-individualisierenden, subjektlosen Sprache entspringt einer antipsychologischen Haltung, die seiner Abkehr von der Phänomenologie geschuldet ist. In diesem Sinne spricht er von einer Sprache der Distanz

---

30   *Tel Quel* sind die Autoren, die sich um die gleichnamige, 1960 u.a. von Philippe Sollers und Jean-Edern Hallier gegründete Zeitschrift gruppieren. Zu ihnen zählen Jean-Pierre Faye, Julia Kristeva, Marcelin Pleynet, Jean Thibaudeau und Jean-Louis Baudry. In der Zeitschrift publizieren neben Foucault u.a. Francis Ponge, Roland Barthes, Jacques Derrida, Gérard Genette und Umberto Eco. Das zunächst von *Tel Quel* vertretene Literaturkonzept scheint jedes Engagement aus der Literatur auszuschließen und proklamiert, sie solle sich fortan nur noch um sich selbst, ihre Fatalität und ihre besonderen Regeln kümmern. (*Déclaration*, in: *Tel Quel* Nr. 1, März 1960). In den folgenden Jahren entwickelt sich die Zeitschrift zum Forum des *Nouveau Roman;* nach dem Bruch mit dessen Hauptvertreter Alain Robbe-Grillet öffnet sie sich ab 1964 gegenüber den theoretischen Strömungen des Strukturalismus, der Psychoanalyse Lacans, des Marxismus Althussers und des Denkens Foucaults. Insbesondere Linguistik und strukturale Literaranalyse prägen die von *Tel Quel* unternommene Reflexion. Damit ist die apolitische Haltung der Anfänge einem subversiven Literaturverständnis gewichen, das in Philippe Forests Definition der "écriture textuelle" als "geste critique dont la violence s'exerce à l'intérieur du langage mais retentit dans l'ensemble du champ social" zusammengefaßt wird. (Philippe Forest 1995. Vgl. auch *L'Infini* Nr. 49-50, 1995: "*De Tel Quel à l'Infini*".)

und des Aspekts,³¹ die eine äußerliche, perspektivische Sprache sein und der Psychologie unzugänglich bleiben soll: keine Sprache der Subjektivität, sondern eine Sprache, die der Erfahrung Raum gibt. Sie wäre weder wahr noch falsch, weder eine Sprache des Wachens noch des Traums, weder des Wahnsinns noch der Vernunft, sie würde sich jeder Qualifikation sperren. Die Dispersion der Sprache, das heißt die Tatsache, daß wir niemals am Ursprung, sondern immer aus einer Entfernung sprechen, liegt dem Abstand der Distanz und den Beziehungen des Aspekts zugrunde - nicht die Wahrnehmung, die Dinge, das Subjekt oder die "Welt".

Erfahrung ist also sprachlich und der Subjektivität entgegengesetzt. Foucault berücksichtigt hier noch nicht die Umstände der Entstehung von Diskursen, die auch eine sprachliche Erfahrung bestimmen würden. Aber die Sprachlichkeit der Erfahrung bringt eine Mittelbarkeit mit sich, die einer subjektiv-psychologisch verstandenen Erfahrung abgeht. In *Débat sur la poésie*³² erklärt Foucault, das Problem der Erfahrung, das er sich beginnend mit der historischen Analyse der Teilung von Vernunft und Wahnsinn in der *Histoire de la folie* gestellt habe, berühre sich mit dem Problem der poetischen Erfahrung, um das es *Tel Quel* gehe. Als Foucault mit der *Histoire de la folie* die Geschichte der kulturell gezogenen Grenze, der instituierten Teilung zwischen Vernunft und Wahnsinn schreiben wollte, konnte er über die beständige Infragestellung dieser Teilungen durch bestimmte "Elemente der Transgression"³³ nicht hinweggehen. Es gibt, so erklärt er jetzt, in jeder Kultur bestimmte Bereiche, in denen das Spiel der Grenze, der *contestation* und der Überschreitung besonders lebhaft, gewaltsam und eklatant ist. Seit dem 19. Jahrhundert scheint für unsere Kultur die Sprache der Ort der Transgression zu sein. Foucault bindet hier wie zuvor im *Préface à la Transgression* und in *Le "non" du père* das Souveränwerden der Sprache an die Erfahrung des Todes Gottes und erklärt die Sprache zum

---

31   *Distance, aspect, origine*, DE I, S. 272-285, hier S. 282.
32   Teil der im September 1963 in Cérisy-la-Salle von Tel Quel organisierten Debatte *Une littérature nouvelle?*. Zuerst in *Tel Quel* Nr. 17, 1964, S. 69-82. DE I, S. 390-406, hier 395f.
33   DE I, S. 398.

Medium, in dem die Grenzziehung zum Wahnsinn stattfindet.[34] Und wie Foucault, so definiert hier Marcelin Pleynet für *Tel Quel* den Begriff der Erfahrung mithilfe der *contestation*, der Grenze, der Wiederkehr und der Überschreitung, mit Begriffen Batailles und Blanchots also.

Foucaults Reaktion auf die kurz zuvor geäußerte Kritik Derridas besteht also zunächst in einer Überarbeitung seiner Problemstellung, die jetzt die Grenze in die Sprache hineinnimmt. Dabei wird es jedoch nicht bleiben.

Während Foucault diese Texte schreibt, arbeitet er bereits an seinem "Buch über die Zeichen", das *Les mots et les choses* heißen wird. Seine Auseinandersetzung mit den, unter anderem strukturalistischen, Zeichentheorien, schlägt sich auch in dem 1964 erschienenen Essay *La folie, l'absence de l'oeuvre* nieder.[35] Zugleich geht in diesen Text die Arbeit über Roussel ein: Foucault schreibt hier, daß gegen Ende des 19. Jahrhunderts, genauer: seit Mallarmé, das literarische Werk eine *parole* geworden ist, die das Prinzip ihrer Entschlüsselung in sich selbst einschreibt oder unterhalb ihrer Worte die Bedeutungen der *langue*, der sie doch angehört, souverän zu ändern vermag. Diese Literatur verweist auf nichts mehr außerhalb ihrer selbst, und mit dieser Entleerung begibt sie sich in jene seltsame Nachbarschaft zum Wahnsinn, die nicht in einer gemeinsamen psychischen Disposition begründet ist, sondern darin, daß der Wahnsinn die leere Form bezeichnet, aus der das Werk kommt. Er ist eine Sprache, die in ihrer Selbstbezogenheit verstummt und daher nie ein Werk hervorbringen wird, aber beständig auf die Abwesenheit des Werks verweist.[36] Zugleich wird seit Roussel und Artaud Sprache erst vom Wahnsinn her Literatur. Denn ihr Sein ist seitdem von Auto-Implikation, vom Double und von der ihm inneren Leere gezeichnet. Diese Annäherung zwischen Literatur und Wahnsinn als zwei Formen leerer Autoreferenz kennzeichnet Foucault zufolge unsere Gegenwart.

---

34 "Le problème raison-déraison - en tout cas, la violence du problème raison-déraison -, nous le trouvons maintenant à l'intérieur du langage (...)" DE I, S. 398.
35 DE I, S. 412-420. Der Essay wird 1972 als Anhang in die *Histoire de la folie* aufgenommen.
36 DE I, S. 419.

Daher werde, wie er im Interview mit Alain Badiou[37] erklärt, die Literatur heute so stark vom Thema des Wahnsinns angezogen; sie erkennt, daß es sich dort ebenfalls um eine Sprache handelt, um eine Botschaft, die ihren eigenen Schlüssel enthält. Und daher müßten Semiologie und Exegese gemeinsam auf Literatur und Wahnsinn angewandt werden. Das Ergebnis könnte die Entzifferung einiger allgemeiner Strukturen sein, die die Figur des Individuums infragestellen würden.

Schreiben als Transgression?

1964, im Jahr nach dem Erscheinen des *Raymond Roussel* und des *Préface à la transgression* hält Foucault im belgischen Saint-Louis eine Vorlesung mit dem Titel *Langage et littérature*[38]. Der Vortrag liest sich wie ein Versuch, die Besonderheiten des Umgangs mit der Sprache, die Foucault bei Autoren wie Roussel und Bataille herausgestellt hat, in Literaturtheorie zu übersetzen. Foucault bestimmt auch hier das Sein der Literatur als Leere, als "blancheur essentielle". Aus dieser Leere entsteht um 1800 die Frage der Literatur nach sich selbst, die sie als ursprünglich gebrochen und von sich selbst getrennt erkennbar macht. Die so auf sich selbst bezogene Literatur ist eine Distanz im Innern der Sprache, die unaufhörlich durchlaufen und niemals wirklich überwunden wird.

Eine zentrale Figur literarischer Selbstbezüglichkeit ist die Wiederholung des bereits Geschriebenen im Spiel von *parole* und *code*. In dieses Spiel der Wiederholungen schreibt sich auch die Literaturkritik, wie sie Barthes und Starobinski betreiben, ein. Ausgehend von diesem Konzept der Literaturkritik entwickelt Foucault ein vierstufiges Analyseschema, das die Selbstbezogenheit der Literatur in einen sozialen Zusammenhang stellt: das literarische Werk ist als Zeichensystem Teil der Zeichen, die innerhalb einer Gesellschaft zirkulieren (ökonomische, monetäre, religiöse,

---

37   *Philosophie et psychologie*, DE I, S. 438-448.
38   Diese Vorlesung ist nicht in die *Dits et Ecrits* aufgenommen worden, sie ist einzusehen im Foucault-Archiv der *Bibliothèque du Saulchoir*, Paris.

soziale Zeichen etc.). Wir können für einen bestimmten historischen Moment die einer Gesellschaft eigenen Regeln der Zirkulation von Zeichen bestimmen. Auf diese Weise verbinden sich Literatur- und Gesellschaftskritik. Zweite Analyse-ebene wäre die werkinterne Analyse, die untersucht, welches Zeichensystem innerhalb des Werks funktioniert. Foucault plädiert hier für eine semiologische Literaturanalyse, die von der Linguistik Saussures ausgehen würde.[39] Die dritte Schicht, die zu untersuchen wäre, wäre die der *écriture* im Sinne Barthes', das heißt der Zeichen, durch die der Schreibakt sich außerhalb des Bereichs der unmittelbaren Kommunikation ritualisiert.[40] Und erst die vierte, am stärksten eingegrenzte Untersuchungsebene würde sich auf die Zeichen der Autoimplikation beziehen. Die Literatur, die diese vier Schichten durchquert, ist eine Form, die sich selbst bezeichnet, und dabei doch nichts anderes als die Rekonfiguration von Zeichen, die in einer Kultur, in einer Gesellschaft gegeben sind.

Foucault skizziert in *Langage et littérature* ein doppeltes Verhältnis zwischen Literatur und Transgression: einerseits ist ein Werk nur in dem Moment tatsächlich Literatur, in dem es beginnt, im Moment des Zögerns vor dem weißen Papier. Die Überschreitung dagegen findet dort statt, wo die Literatur im eigentlichen Sinn aufhört - indem sie sich "realisiert": ein Wort, das geschrieben ist, ist schon nicht mehr Literatur, ist vielmehr Überschreitung der Leere, aus der die Literatur kommt. Die geschriebenen, realen Wörter überschreiten die Literatur, weil sie ein nacktes Außen gegenüber der Selbstinfragestellung konstituieren, die das Sein der Literatur ausmacht. Andererseits wird die literarische Sprache *parole transgressive*, indem sie den sprachlichen *code* suspendiert. Sie höhlt die sprachlichen Normen aus, und sie

---

39 Erstaunlich unklar und widersprüchlich bleiben Foucaults Positionen zu Semiologie und Hermeneutik, die er als unversöhnliche Gegner darstellt (vgl. *Nietzsche, Freud, Marx*), deren jeweilige Partei er aber in verschiedenen Texten ergreift (zugunsten der Hermeneutik in *Nietzsche, Freud, Marx*; zugunsten der Semiologie in *Langage et Litterature*.

40 Foucault verwendet hier zwar das Konzept der *écriture*, ordnet es aber der sozio-historischen und der semiologischen Analyse unter. Als leitendes Konzept der Literaturanalyse kritisiert er es, wie wir im vorigen Kapitel gesehen haben, in *Qu'est-ce qu'un auteur?*.

ist dazu fähig, weil sie aus einer Leere spricht, die keine Normen kennt. Im Akt der Überschreitung, den das Schreiben darstellt, wird so die scheinbar normale Sprache jeder konventionellen Bedeutung beraubt. Ein solcher Sprachgebrauch ist esoterisch, weil er, während die Sprachregeln respektiert werden, etwas fabriziert, was unmöglich zu denken ist. An ihm scheitern die Strategien der Vereinnahmung durch Macht und Wissen.[41]

Sade ist Foucaults bevorzugtes Beispiel für die "*parole de transgression*": seine Sprache, die sich stets an der Grenze des Verbots bewegt, will alle vor ihm geschriebene Literatur profanieren und letztlich auslöschen. Sein Werk ist ein gigantisches *pastiche*, in dem es keinen Satz gibt, der nicht auf etwas vor ihm Gesagtes bezogen ist, seien es die Werke der Philosophen der Aufklärung, Rousseaus oder der Schriftsteller des 18. Jahrhunderts. Neben Sade charakterisieren für Foucault zwei weitere Figuren die moderne Literatur: die unablässige Wiederholung des Menschen, der aus dem Grabe steigt, in Chateaubriands *Mémoires d'outre-tombe*, und das Simulakrum des Werks Prousts - denn dieses Werk, für das Proust sein Leben gibt, kommt letztlich niemals zustande, und was wir lesen, ist nur seine Vorgeschichte. Aus solchen Werken und Existenzen entsteht für Foucault die "moderne Erfahrung der Literatur", eine Erfahrung, die untrennbar ist von Transgression und Tod. Es gibt, so Foucault, in dieser Literatur nur zwei wirkliche, sprechende "sujets": Ödipus für die Transgression und Orpheus für den Tod. Und es gibt nur zwei Figuren, von denen gesprochen wird und an die sich die Rede zugleich richtet: die Figur der profanierten Jocaste und der verlorenen und wiedergefundenen Eurydike.

Die Frage der Literatur nach sich selbst ist nicht auf die geheimnisvolle und letztlich unbeschreibbare Individualität gerichtet, der die Literaturkritik seit der Romantik nachspürt. Foucault markiert deutlich die Distanz zwischen der Leere, die sein Begriff literarischer Sprache beinhaltet, und dem "Unaussprechlichen" (l'ineffable), das in der Rede über Literatur zirkuliert. Die Lösung von einer Sprachauffassung,

---

41 Vgl. Judith Revel 1994, S. 87.

die der Souveränität des Menschen untergeordnet ist und in der er sich als Individuum repräsentiert, muß keineswegs zur Mystifizierung eines unbestimmt Unsagbaren, eines Geheimnisses am Grunde der Sprache führen. Für Foucault ist die Literatur im Gegenteil aus einem "Nicht-Unsagbaren" gemacht ("fait d'un non-ineffable"), nämlich aus dem, was im strengen und ursprünglichen Sinn Fabel (fable) heißt. Diese Fabel aber wird von einer Sprache gesagt, die Abwesenheit, Verdopplung und Simulakrum ist. Das Geheimnis und das Unaussprechliche dagegen, die die Literaturkritik jahrhundertelang gesucht hat, sind für Foucault "prestiges de l'individualité", hinter denen diese Kritik ihre Inkonsistenz verborgen hat. Solche Literaturtheorie steht in der Tradition der romantischen Hermeneutik, der die Interpretation eine unendliche Aufgabe und das Individuum deren letzte Instanz ist. Wie Foucault sich dieser Tradition hier entgegenstellt, so stellt er im Buch über Roussel dessen Sprache einer "parole initiatique" gegenüber, die auf der Gewißheit ruhen würde, das es ein schweigendes Geheimnis gibt. Ein solches Geheimnis ließe sich hermeneutisch enträtseln. Die Sprache Roussels dagegen, die ganz Oberfläche ist, macht es unmöglich, zu entscheiden, ob es ein Geheimnis gibt. Statt auf ein solches anzuspielen, verdoppelt und verändert diese Sprache die sichtbarsten Formen, und jedes Wort wird durch die Unsicherheit, ob es auf ein zweites verweist oder auf gar nichts, zugleich belebt und entleert.[42]

Der Literaturbegriff, den Foucault hier entwickelt, bestimmt von einer ursprünglichen Teilung und der Frage nach dem eigenen Sein, markiert deutlich einen Gegenpol zu den Prinzipien der Individualisierung, der Bindung an Identitäten und der Repräsentierbarkeit für den Menschen, die die Diskurse der Moderne nach seiner Auffassung bestimmen. Er bildet damit einen Ausgangspunkt für die Kritik an diesen Prinzipien, die Foucault in den späteren Jahren formulieren wird.

Aber für Foucault bleibt die Betonung literarischer Selbstbezüglichkeit episodisch, und der Gedanke, die Sprache sei die alleinige Struktur der Existenz, wird

---

42   RR, S. 19f.

bald aufgegeben. In seinem Essay über Maurice Blanchot, *La pensée du dehors*[43], vollzieht Foucaults Bestimmung der Literatur eine deutliche Absetzung von den Darstellungen einer auf sich selbst bezogene Sprache, die um die Frage nach dem eigenen Sein kreist, wie wir sie aus den vorhergehenden Texten kennen.[44] Doch geht es hier auch um die Beseitigung eines hartnäckigen Mißverständnisses: um die Verwechslung von Autoreferenz und Verinnerlichung. Daher betont Foucault, die Literatur sei Übergang nach "Außen": die literarische Sprache entgeht der Seinsweise des Diskurses, also der Herrschaft der Repräsentation, sie entfernt sich von sich selbst so weit wie möglich, gerät "außer sich" und enthüllt so ihr eigenes Sein. Sie besteht eher in Distanz und Zerstreuung als in der Zurückwendung der Zeichen auf sich selbst. "Le "sujet" de la littérature (ce qui parle en elle et ce dont elle parle), ce ne serait pas tellement le langage en sa positivité que le vide ou il trouve son espace quand il s'énonce dans la nudité du "je parle"."[45] Wieder stellt Foucault das "ich spreche" gegen das "ich denke": während dieses zur unzweifelhaften Gewißheit des "Ich" und seiner Existenz geführt habe, verdrängt und zerstreut jenes diese Existenz, löscht sie aus und läßt nur ihre leere Stelle erscheinen. Die Erfahrung des Außen, zu der die Sprache führt, ist die Erfahrung des Verschwindens des sprechenden Subjekts. In diesem Punkt ändert Foucault seine These vom gemeinsamen, leeren Zentrum von Sprache und Wahnsinn nicht. Und wie vor dem Denken des Wahnsinns, so ist die abendländische Reflexion vor dem Denken des Seins der Sprache lange zurückgewichen: als habe sie die Gefahr geahnt, in die die Evidenz des "Ich bin" durch die nackte Erfahrung der Sprache gerate. Die Literatur ist mit dem Selbstbewußtsein in seiner Identität inkompatibel.[46]

Was Foucault hier "Denken des Außen" nennt, ist das Denken der Grenze, der gebrochenen Subjektivität, der Transgression, wie er es bei Sade, Hölderlin, Nietzsche, Mallarmé, bei Artaud, Klossowski, Bataille und Blanchot findet. Doch diese

---

43 DE I, S. 518-539.
44 Vgl. *La folie, l'absence de l'oeuvre, Langage et littérature,* s.o.
45 DE I, S. 520.
46 Vgl. DE I, S. 520f.

Autoren zeugen auch von der extremen Schwierigkeit, diesem Denken eine Sprache zu geben. Sowohl der reflexive Diskurs als auch die Sprache der Fiktion riskieren, die Erfahrung des Außen in die Dimension der Innerlichkeit und des Bewußtseins zurückzuführen und sie so zur Beschreibung des Gelebten als Erfahrung des Körpers, des Raums, der Grenzen des Willens oder als unauslöschliche Präsenz eines Anderen verblassen zu lassen. Die reflexive Sprache muß sich daher auf ein Äußerstes zubewegen, an dem sich sich selbst fortwährend bestreitet. An dieser Grenze ist sie mit der Leere konfrontiert, in der sie sich auslöschen wird (nicht mit der Positivität, die ihr widerspräche). Sie muß ihre Auflösung in einem Schweigen akzeptieren, das nicht Geheimnis ist, sondern die reine Äußerlichkeit der Wörter.[47] Und für Foucault ist es Blanchot, der dies mit der reflexiven Sprache unternommen hat.

Blanchots Figur des Gefährten schafft zwischen dem sprechenden Ich und seinem Double einen neutralen Raum, in dem die Sprache die stets scheiternde Form eines Außen ist, das niemals positiv wird und keine Wahrheit erkennbar macht.[48] Eine solche Sprache drückt nicht Individualität aus, sie trägt vielmehr stets den Tod des Autors in sich. Foucault vergleicht sie mit dem Lächeln ohne Katze in Lewis Carrolls *Alice in Wonderland:* "Well! I've often seen a cat without a grin," thought Alice; "but a grin without a cat! It's the most curious thing I ever saw in all my life!"[49]

Foucault stellt hier die Literatur als eine Sprache dar, die dem Regime des Diskurses und der Notwendigkeit der Repräsentation entkommt. Gehen deshalb Interpretationen wie die Judith Revels fehl, die (sich auf den Schluß der Einleitung zu

---

47 DE I, S. 523.
48 "Au moment où l'intériorité est attirée hors de soi, un dehors creuse le lieu même où l'intériorité a l'habitude de trouver son repli et la possibilité de son repli: une forme surgit - moins qu'une forme, une sorte d'anonymat informe et têtu - qui dépossède le sujet de son identité simple, l'évide et le partage en deux figures jumelles mais non superposables, le dépossède de son droit immédiat à dire Je et élève contre son discours une parole qui est indissociablement écho et dénégation." DE I, S. 534.
49 In: *Interview avec Michel Foucault*, DE I S. 651-662, hier S. 660f.. *The Complete Works of Lewis Carroll*, London 1988, S. 67.

Rousseau, juge de Jean-Jaques beziehend) zur Ansicht Foucaults erklären, daß jedes literarische Werk sich stets im Innern des herrschenden Diskurses situiere, innerhalb der Konfiguration, die das Ensemble der Aussagen einer Epoche bestimme? Daß es sich als Werk der Unterwerfung der *parole* unter die Prozeduren der Normalisierung beuge?[50] Wenngleich Foucault in Texten wie *Qu'est-ce qu'un auteur?* und *L'ordre du discours* diese Auffassung vertritt, zeigt doch *La pensée du dehors*, daß seine Position nicht so eindeutig ist. Dieser Essay betont jedoch zugleich, daß die Erfahrung des Außen stets eine Erfahrung des Scheiterns ist, die sich an der Grenze bewegt.

Für die Sprache der Literatur hat Foucault am Beispiel Roussels und auf theoretischer Ebene einige Merkmale herausgearbeitet, die diese Sprache zu einer "Sprache des Außen" im Verhältnis zum individualisierenden Dispositiv der Moderne machen. In dem 1970 erschienenen Text *Sept propos sur le septième ange*[51] untersucht er, diesmal anhand eines deliranten Diskurses, der Wissenschaftlichkeit beansprucht, ein Spiel mit der Sprache und den Ähnlichkeiten zwischen den Wörtern, einen Verzicht auf Repräsentation und Mimesis, ein Sich-halten an der Materialität der Wörter und eine entprechende Erfahrung der Sprache, die große Ähnlichkeit mit dem haben, was Foucault am Werk Roussels wesentlich erscheint. Es handelt sich um den Diskurs Brissets, des Verfassers von *La Science de Dieu* (1900) und *La grammaire logique* (1883). Foucault schreibt über ihn sieben Jahre nach seinem Buch über Raymond Roussel, also schon zu einem Zeitpunkt, an dem sich spezifische politische Probleme vor die Problematisierung literarischer Sprache zu schieben scheinen. Dennoch gibt dieser Text weitere wertvolle Aufschlüsse darüber, was das Sein einer Sprache jenseits der Norm ausmacht.

---

50   Judith Revel 1991, S. 36.
51   *Sept propos sur le septième ange* erscheint 1970 als Vorwort zu einer Neuauflage von Brissets *La grammaire logique* und ist 1986 in Montpellier neu herausgegeben worden. DE II, S. 13-25.

Brisset versteht die Sprache, genauer: seine Sprache, das Französische, als offenes Feld, in dem sich in jeder Silbe, jedem Laut die Möglichkeiten der Bezeichnung vervielfachen. Ursprung und Anfang dieser Sprache liegen in ihr selbst. Brisset provoziert mit der These, das Latein existiere nicht, und erklärt die Ursprünge des Französischen durch die Umgruppierung seiner Elemente. So erklärt Brisset beispielsweise das Wort 'démon': "*Le démon* = le doigt mien. Le *démon* montre son dé, sond dais, ou son dieu, son sexe... La construction inverse du mot *démon* donne: le *mon dé* = le mien dieu. Le *monde ai* = je possède le monde. Le démon devient ainsi le maître du monde en vertu de sa perfection sexuelle... Dans son *sermon* il appelait son *serf*: le *serf mon*. Le *sermon* est un serviteur du démon. Viens dans le *lit mon*: le limon était son lit, son séjour habituel. C'était un fort sauteur et le premier des *saumons*. Voir le *beau saut mon*."[52]

Brissets Wörter sind untrennbar von der Szene, in der sie sich artikulieren. Ihre Einheit ist weder morphologisch noch semantisch oder referentiell, sie verdankt sich der Tatsache, daß es derselbe Laut, derselbe Lärm ist, der in verschiedenen Situationen erklingt, und dem Umstand, daß die Situationen sich zu einer Geschichte verketten. "Peu importe qui parle, et, quand il parle, pour quoi dire, et en employant quel vocabulaire: le même cliquetis, invraisemblablement, retentit."[53]

Brisset springt plötzlich von einem Wort zum anderen: salaud, sale eau, salle aux prix, salle aux pris(onniers), saloperie... und mit jeder Änderung entsteht eine neue Szene. Er geht mit den Wörtern um, als wolle er sie den Lauten zurückgeben, aus denen sie entstanden sind, und die Gesten, Angriffe, Gewalttätigkeiten wieder inszenieren, deren stille Zeichen sie heute sind. Diese unmittelbare Gewalt der sprachlichen Äußerung, ihre Dramatik und Körperlichkeit, machen ein radikales Diesseits der Sprache aus, demgegenüber die Sprecher und die Bedeutungen später hinzugefügte Abstraktionen sind. In dieser Sprache gibt es keine Bindung an die Referenz und keine Repräsentation, sondern Kampf und Spiel.

---

52   DE II, S. 15.
53   DE II, S. 19.

Foucaults Ausführungen über die Sprachspiele Roussels und Brissets sowie in *Langage et littérature* und im *Préface à la transgression* lassen erkennen, wie Foucault eine mögliche Transgression der sprachlichen Regeln denkt. Es handelt sich um einen Umgang mit und ein Konzept von Sprache, die ebenso, wie sie einem Subjekt fremd sind, das die Sprache souverän beherrscht, zur Bezeichnung von Individualität und Identität ungeeignet sind. Das ist, auch wenn es keine "extériorité totale au système" erlaubt, eine deutliche Dissonanz zur den modernen Sprachgebrauch dominierenden Tendenz der Individualisierung. Denn die Individualisierung durch die modernen Disziplinen (Medizin, Justiz, etc.) ist an die Repräsentationsfunktion der Sprache gebunden. Es wird vorausgesetzt, daß die Sprache die Dinge, die Begriffe und den Menschen selbst für den Menschen repräsentiert – jedoch auf eine Weise, die nicht vollständig bewußt ist. Die so verstandene Sprache bedarf des Interpreten, der den Sinn hinter der sprachlichen Darstellung aufdeckt. So können die disziplinären Teilungsoperationen, die Ausschlüsse und Verwerfungen, als Interpretationen natürlicher Zeichen deklariert werden.

Daß aber heute die Erfahrung des Schreibens nicht mehr möglich ist, ohne das Risiko des Wahnsinns einzugehen - dabei bleibt Foucault auch 1970 in einem Gespräch über *Folie, littérature, société*. Zu einer Zeit, als er bereits mit der Analyse von Diskurs und Macht beschäftigt ist, bestätigt er, daß das literarische Schreiben seit dem 19. Jahrhundert für sich selbst existiert, und, wenn nötig, unabhängig vom Leser, von jeder Lust und jeder Nützlichkeit existieren würde. Darin ähnelt diese vertikale und fast unübertragbare Aktivität des Schreibens dem Wahnsinn. Die Selbstbezüglichkeit wird hier als Transgression, nicht als Innerlichkeit gedacht: "La folie, c'est en quelque sorte un langage qui se tient à la verticale, et qui n'est plus la parole transmissible, ayant perdu toute valeur de monnaie d'échange. Soit que la parole ait perdu toute valeur et ne soit désirée par personne, soit qu'on hésite à s'en servir comme d'une monnaie, comme si une valeur excessive lui avait été attribuée. Mais, en fin de compte, les deux extrêmes se rejoignent. Cette écriture non circulatoire, cette écriture qui se tient debout, c'est justement un équivalent de la folie. Il est normal que les écrivains trouvent leur double dans le fou ou dans un fantôme.

Derrière tout écrivain se tapit l'ombre du fou qui le soutient, le domine et le recouvre. On pourrait dire que, au moment où l'écrivain écrit, ce qu'il raconte, ce qu'il produit dans l'acte même d'écrire n'est sans doute rien d'autre que la folie. Ce risque qu'un sujet écrivant soit emporté par la folie, que ce double qu'est le fou s'appesantisse, c'est justement là, selon moi, la caractéristique de l'acte de l'écriture. C'est alors que nous rencontrons le thème de la subversivité de l'écriture. Je pense qu'on peut rattacher le caractère intransitif de l'écriture, dont parle Barthes, à cette fonction de transgression."[54]

Foucault schreibt hier, als wolle er, was ihm auf theoretischer Ebene noch nicht ganz gelingt: die Widerlegung Derridas, im Schreiben über den Schreibakt erreichen. Denn Derrida hatte geschrieben: "Dès son premier souffle, la parole (...) n'ouvre son espace de parole qu'en enfermant la folie." Und: "C'est grâce seulement à cette oppression de la folie que peut régner und pensée-finie, c'est-à-dire une histoire."[55]

Zugleich aber ist Foucault bewußt, daß ein Schreiben, das sich an der Grenze des Wahnsinns hält, damit noch keinen Akt der Transgression auf sozialer Ebene vollzieht. Wenn der Wahnsinn durch seinen Auschluß aus der Gesellschaft definiert ist und damit der Wahnsinnige allein durch seine Existenz transgressiv und "außen" ist, gilt dies nicht für die Literatur: sie kann durchaus innerhalb des sozialen Systems existieren. Nachdem sie im 19. Jahrhundert ihre alte normative Funktion innerhalb der Gesellschaft aufgegeben hatte, läuft sie Gefahr, diese im 20. Jahrhundert allmählich zurückzugewinnen.[56] Daran ändert auch die Aufnahme proletarischer Wendungen oder Slangs in das literarische Schreiben nichts. Blanchot aber ist für Foucault der "letzte Schriftsteller", weil er für die Literatur des 19. und 20. Jahrhunderts den Raum beschrieben hat, der auf keinen realen (sozialen, alltäglichen, etc.) Raum

---

54 DE II, S. 114.
55 *Cogito et histoire de la folie*, in: ED S. 94.
56 "(...) il me semble que la littérature récupère sa fonction sociale normale par un sorte de galvaudage ou par une grande force d'assimilation que possède la bourgeoisie." DE II, S. 119.

reduzierbar ist. Und der "ortlose Ort" der Literatur ist, so Foucault, aufs Treffendste mit einem Titel Blanchots beschrieben: *La Part du feu*. Denn was eine Zivilisation dem Feuer übergibt, was sie der Zerstörung, der Leere und der Asche preisgibt, womit sie nicht länger überleben könnte, das ist der "literarische Raum". Und die literarischen Werke entstehen in gewisser Weise im Feuer, in der Zerstörung und in der Asche, wie etwas, das bereits konsumiert ist.

Auch 1970 bleibt der Zusammenhang von Literatur und Wahnsinn eines der zentralen Themen Foucaults, wenngleich sich zu dieser Zeit eine Distanzierung von der Beschäftigung mit Literatur anbahnt. In zwei kurz aufeinanderfolgenden, in Tokio gehaltenen Vorträgen über *La folie et la société*[57] spricht er der Gegenwartsliteratur das Potential der Transgression uneingeschränkt zu. Es heißt dort unter anderem: "(...) de nos jours, la parole de la littérature (...) est devenue totalement anarchique. C'est-à-dire qu'il y a une curieuse affinité entre littérature et folie. Le langage littéraire n'est pas contraint aux règles du langage quotidien. Par exemple, il n'est pas soumis à la sévère règle de dire constamment la vérité, pas plus que celui qui raconte n'est assujetti à l'obligation de rester toujours sincère dans ce qu'il pense et ressent. Bref, à la différence de ceux de la politique ou des sciences, les mots de la littérature occupent une position marginale par rapport au langage quotidien."[58] Das stimmt mit den Positionen der frühen sechziger Jahre überein: die Diskurse der Literatur und des Wahnsinns haben gegenwärtig einen marginalen Status und genießen die Marginalität als Privileg. Die Literatur steht nicht mehr unter dem Zwang, die Wahrheit zu sagen, Moral zu lehren oder selbst, denen zu gefallen, die sie rezipieren. Sie kreuzt die nützlichen und wahren Diskurse, widerspricht ihnen und ist dabei, absolut anarchische Rede zu werden, die alle anderen Diskurse unterminiert.[59]

---

57   DE II, S. 128-135 (Vortrag vom 29. September 1970 am französisch-japanischen Institut in Kyoto) und DE III, S. 477-499 (Vortrag an der Fakultät der Freien Künste Tokio im Oktober 1970).
58   DE II, S. 132.
59   DE III, S. 489f.

Literatur und politische Kämpfe: gegen Individualisierung

Zu Beginn der siebziger Jahre engagiert sich Foucault in konkreten politischen Kämpfen, beispielsweise in der *Groupe d'information sur les prisons* (G.I.P)[60] und erklärt zunächst seine Abwendung von der Beschäftigung mit Literatur, Sprache und Epistemologie: "(...) cette nouvelle préoccupation s'est offerte à moi comme une véritable issue au regard de la lassitude que j'éprouvais face à la chose littéraire."[61]

Und tatsächlich werden Foucaults Aussagen zur Literatur in den folgenden Jahren selten. 1972 äußert er in einem Gespräch[62] seine Skepsis gegenüber der "institutionalisierten Literatur", in die er Autoren wie Flaubert und Proust einbezieht. Darauf kommt er 1975 im Gespräch mit Roger-Pol Droit[63] zurück, in dem er eine umfassende Kritik an der Institutionalisierung der Literatur formuliert. Er kritisiert die Sakralisierung bestimmter Texte durch den literarischen Sonderstatus, der ihnen von den Universitäten verliehen wird und erklärt, Literatur und Universität seien heute miteinander verschmolzen, denn diese stelle sowohl die Autoren als auch die Leser der sogenannten "Avantgarde-Literatur".

Zwar hält Foucault auch hier in gewisser Weise an der Selbstbezüglichkeit der Literatur fest, denn ohne dieses Prinzip sei, so erklärt er, der Bruch mit Mythen wie dem des expressiven Charakters der Literatur oder ihrer Abhängigkeit vom Autor nicht möglich gewesen. Blanchot und Bataille haben gezeigt, daß die Literatur mit ihrem Autor vor allem im Modus des Todes, des Schweigens, ja des Verschwindens dessen, der schreibt, zu tun hat. Aber, und dies ist sowohl als Kritik der frühen Orientierung von *Tel Quel* als auch als Selbstkritik lesbar, er hebt nun die Grenzen literarischer Selbstreferentialität hervor. Bis 1970 seien bestimmte Themen Blan-

---

60 Vgl. das Manifest der G.I.P. in DE II, S. 174f.
61 *Je perçois l'intolérable*, Gespräch mit G. Armleder, DE II, S. 203-205, hier 203.
62 *De l'archéologie à la dynastique*, Gespräch mit S. Hasumi, September 1972. DE II, S. 405-416.
63 *Foucault, passe-frontières de la philosophie. Le Monde*, 6.9.1986, Gespräch vom 20. Juni 1975 (nicht in DE).

chots und Barthes zu einer zugleich ultralyrischen und ultrarationalistischen Überzeichnung der Literatur als einer sprachlichen Struktur benutzt worden, die nur in sich selbst und aus sich selbst heraus analysiert werden kann. Die politischen Implikationen diese Überschwangs waren, daß die Tatsache des Schreibens bereits als subversiv galt, und der Schriftsteller als Revolutionär.

Doch Foucault verteidigt Barthes und Blanchot gegen ihre Adepten, denn ihnen ging es um eine Desakralisierung der Literatur, um den Bruch mit ihrer Konzeption als absoluter Ausdruck. Daß heute einer Literatur, die nur von Wenigen gelesen wird, im Erziehungssystem ein hoher ideologischer Wert zugesprochen wird und andererseits weiterhin die Behauptung ihres subversiven Charakters besteht - dieses Einverständnis zwischen denen, die sich als Avantgarde verstehen und der großen universitären Masse führe zu einer schwerwiegenden politischen Blockade. Er selbst habe sich von dieser Blockade zum Teil durch das Buch über Raymond Roussel und besonders durch die Studie zu Rivière befreit. Beide behandeln Grenzfälle der Literatur und stellen dieselbe Frage: Wo beginnt ein Diskurs (sei es der Diskurs eines Kranken, eines Kriminellen o.ä.) in dem als Literatur qualifizierten Bereich zu funktionieren?

Foucaults Interesse an der Literatur richtet sich zu diesem Zeitpunkt nicht mehr auf ihre internen Strukturen, sondern auf die Bewegung, durch die ein nicht literarischer, vernachlässigter, bereits im Moment seiner Artikulation vergessener Diskurs beginnt, ins Feld der Literatur aufgenommen zu werden. Die Betonung literarischer Selbstbezüglichkeit hatte transitorischen Wert, ihr folgt die Anwendung diskursanalytischer und archäologischer Methoden auf die Literatur.

Bataille, Blanchot und Klossowski bleiben weiterhin Leitfiguren, weil es sich bei ihren Texten um Diskurse an der Grenze von Literatur und Philosophie handelt, für die Nietzsche das Modell ist. Und diese Diskurse haben Foucault geholfen, sich bei der Arbeit über den Wahnsinn von einem bestimmten Hegelianismus zu befreien. Es gebe, so Foucault, in den Gewalttätigkeiten Batailles eine Infragestellung der Philosophie, die doch von dieser ausgeht, sich auf sie rückbezieht und so die Grenze zwischen dem Philosophischen und dem Nichtphilosophischen durchlässig gemacht habe.[64]

Eine der wenigen Äußerungen Foucaults aus den siebziger Jahren zur Literatur im engen Sinne[65] ist sein Gespräch mit Hélène Cixous *A propos de Marguerite Duras*,[66] in dem er auf viele seiner früheren Thesen zur Literatur bestätigend zurückkommt. Das Schreiben der Duras gilt ihm als ein zerrinnendes Schreiben, in dem die Personen zerfließen, als "mémoire sans souvenir", das dem Schreiben Blanchots darin nahekommt, daß es ein von jeder Erinnerung gereinigtes Gedächtnis, eine kontinuierliche Annullierung jeder sich abzeichnenden Präsenz und damit "eine Art Außen" ist.[67] Er einigt sich schließlich mit Cixous auf seine Bezeichnung als "art de la pauvreté".[68]

Foucaults besonderes Interesse gilt jedoch zu Beginn der siebziger Jahre den anonymen, alltäglichen Diskursen, den von den Institutionen zurückgewiesenen Reden, die die Schwelle der Literatur niemals überschritten haben. Aus diesem Interesse entsteht 1977 der Text *La vie des hommes infâmes*.[69] Literatur tritt hier nicht mehr als ein Denken des Außen auf, sondern als eingebunden in den Prozess der Individualisierung und den in der Moderne neu organisierten Gebrauch von Sprache.

---

64   Dies äußert Foucault sowohl im Gespräch mit Roger-Pol Droit als auch mit S. Hasumi, a.a.O.
65   Neben dem Gespräch mit J. Le Marchand und J. Almira über dessen Buch *Voyage de Naucratis* (Paris 1975), DE II, 731-734.
66   1975, DE II, S. 762-771.
67   Vgl. Maurice Blanchot über Marguerite Duras in *La communauté inavouable*, S. 51-93.
68   Foucault geht hier auch auf die Filme der Duras ein, in denen etwas erscheine, ohne daß es Präsenz gebe. Sein wachsendes Intreresse für die Bildmedien (Photographie, Malerei, Film) scheint zeitweise das Interesse an der Literatur zu überlagern.
69   DE III, S. 237-253. Foucault arbeitet seit der *Histoire de la folie* mit Archivmaterial zum Hôpital général und zur Bastille. Der Text, auf den wir uns hier beziehen, wurde als Einleitung zu einer geplanten Anthologie verfaßt. Aus diesem Projekt wird 1978 die Collection *Les vies parallèles* (Gallimard), in der Foucault das *mémoire* Herculine Barbins und 1979 *Le Cercle amoureux d'Henri Legrand* veröffentlicht. 1979 schlägt Foucault der Historikerin Arlette Farge vor, die für die Anthologie gesammelten Manuskripte zu untersuchen. Aus dieser Zusammenarbeit entsteht 1982 das Buch über die *Lettres de cachet, Le désordre des familles*.

Wie bereits bezüglich der *Lettres de cachet* festgestellt,[70] ensteht am Ende des 17. Jahrhunderts eine Praxis der Diskursivierung des Alltäglichen, in der das Leben der gewöhnlichen Menschen Zugang zur Schrift erhält. Diese Praxis setzt in gewisser Weise die christliche Tradition des Geständnisses fort - mit dem Unterschied, daß jetzt Denunziationen, Klagen, Berichte aufgeschrieben, in Dossiers und Archiven akkumuliert werden, statt in einem bestimmten Augenblick eine besondere Stimme sprechen zu lassen, deren Geständnis keine bleibende Spur hinterläßt und deren Verstummen das Böse löscht, von dem sie sprach. Wo die Religion vergab, wird von der Administration registriert. Und damit entsteht zwischen der Macht, dem Diskurs und dem Alltäglichen eine neue Beziehung, eine neue Art, das Alltägliche zu regieren und zu formulieren. In einem neuen Dispositiv, in dem sich die Institutionen der Justiz, der Polizei, der Medizin, der Pychiatrie verbinden, entsteht ein Diskurs, dessen Sprache beobachtend und neutral sein will. Das Alltägliche geht im Code des Politischen auf, aus den Dingen und Menschen werden *faits divers* oder Fälle.

Die Bedeutung dieses historischen Moments besteht darin, daß von nun an die Gesellschaft der anonymen Masse der Menschen erlaubt, öffentlich von sich selbst zu sprechen - unter der dreifachen Bedingung, daß dieser Diskurs innerhalb eines genau definierten Machtdispositivs adressiert und in Umlauf gebracht wird, daß er erhellt, was bis dahin kaum wahrnehmbar war und daß er die Möglichkeit der souveränen Intervention eröffnet. Wenn Foucault hier ein Sprechen beschreibt, das allein innerhalb eines bestimmten Machtdispositivs möglich ist, und eine Macht, die sprechen läßt und Gesprochenes produziert, so betont er wie in *Surveiller et punir* den Unterschied zu einer nur überwachenden, verbietenden und bestrafenden Macht. Die neue Machtform konstituiert neues Wissen und sie ist auch an der Entstehung einer ganz neuen Form von Literatur beteiligt. Ihr individualisierender Diskurs, der aus einem Leben einen einfach zu identifizierenden Fall macht, nimmt auch die literarische Sprache in seinen Dienst. Oder, wie Foucault es formuliert: an der Wende

---

70 S.o., "Spielarten der Individualisierung".

zum 18. Jahrhundert verknüpfen sich die Beziehungen zwischen Diskurs, Macht, Alltag und Wahrheit neu auf eine Weise, in die auch die Literatur verwickelt ist.

Was sich zu diesem Zeitpunkt im Bereich der Literatur ändert, ist Folgendes: nachdem der Zugang des Alltäglichen zum Diskurs lange an die Bedingung geknüpft war, daß es die Form einer Fabel annehmen (also: als Lehre und Beispiel nutzbar sein) oder komisch sein müsse, entsteht jetzt eine "Fabel" des alltäglichen Lebens, aus der das Fabulöse verbannt ist. Die neue Ethik der westlichen Literatur zeichnet sich durch die Pflicht aus, die gewöhnlichsten der Geheimnisse zu sagen. Darin liegt einerseits ihr Bezug zur Wahrheit, andererseits zur Macht. Eine Literatur, die ausdrücklich Nicht-Wahrheit ist, engagiert sich, Wahrheitseffekte zu produzieren, die Wahrheit über das Leben der Individuen zu sagen. Damit besetzt sie einen besonderen Platz im okzidentalen Apparat, der das Alltägliche verpflichtet, sich zu diskursivieren: sie muß Grenzen übertreten, Geheimnisse lüften, Regeln und Codes ändern, das Unaussprechliche sagen. In dieser Pflicht zur Grenzübertretung hört sie jedoch auf, tatsächlich ein Außen zu berühren, und trägt zur Registrierung und Identifizierung des Individuellen bei.[71]

Von diesem Urteil über die Literatur bleiben jedoch Autoren wie Bataille, Blanchot und Klossowski weiterhin unberührt. Nach wie vor stehen sie Foucault für die Unterminierung der Idee einer ursprünglichen Evidenz des Subjekts und für die Formulierung von Grenzerfahrungen, die das klassische Subjekt der Philosophie widerlegen.[72] Das Thema der Grenzerfahrung bleibt als Kern dessen, was die Literatur für Foucault bedeutet hat, weiterhin im Mittelpunkt seines Interesses. Im Gespräch mit Ducio Trombadori[73] stellt er die Grenzerfahrung, so wie sie bei Nietzsche, Bataille und Blanchot erscheint, als wesentliches Abgrenzungskriterium gegenüber der Phänomenologie dar. Denn während die Erfahrung der Phänomenolo-

---

71 Vgl. DE I, S. 792.
72 *La scène de la philosophie*, Gespräch mit M. Watanabe vom 22. April 1978, DE III, S. 571-595, hier S. 590.
73 *Entretien avec Michel Foucault* (Conversazione con Michel Foucault), Paris 1978. DE IV, S. 41-95, hier S. 43.

gen im Grunde eine Form des reflexiven Blicks ist, der Bedeutungen erfassen will, stellt die Erfahrung für Nietzsche, Bataille und Blanchot einen Versuch dar, sich dem Unmöglichen zu nähern. Und während die Phänomenologen in der Bedeutung der alltäglichen Erfahrung nach der Stifterfunktion des Subjekts, das ich bin, suchen, hat die Erfahrung bei den genannten Autoren die Funktion, das Subjekt sich selbst zu entreißen und zu bewirken, daß es nicht mehr "es selbst" ist. Diese Erfahrung ist ein Unternehmen der De-subjektivierung. Foucault erklärt, daß diese Idee der Grenzerfahrung ihn dahin gebracht habe, seine Bücher "so gelehrt und langweilig sie auch sein mögen", stets als direkte Erfahrungen zu konzipieren, mit denen er sich daran hindern wollte, derselbe zu bleiben.

Wenn Foucault in den siebziger Jahren weniger Gewicht auf eine Sprache der Überschreitung als auf spezifische Kämpfe innerhalb bestehender Machtverhältnisse legt, so bleibt das zugrundeliegende Anliegen der Angriff auf das, was das Individuum isoliert, es von den anderen abschneidet, es zwingt, sich in sich selbst zurückzuziehen und sich an eine eigene Identität zu binden. So fragt er in *Omnes et singulatim: vers une critique de la raison politique*: "De quelle manière ces expériences fondamentales de la folie, de la souffrance, de la mort, du crime, du désir et de l'individualité sont-elles liées, même si nous n'en avons pas la conscience, à la connaissance et au pouvoir? Je suis certain de ne jamais trouver la réponse; mais cela ne veut pas dire que nous devons renoncer à poser la question."[74]

Es geht dabei nicht eine Parteinahme gegen das Individuum oder einen wie auch immer definierten Individualismus, sondern um eine Opposition gegen das "gouvernement par l'individualisation".[75] Zielscheibe ist eine bestimmte Machttechnik, die die Individuen kategorisiert, sie an eine Identität bindet, ihnen eine Wahrheit zuschreibt, die sie anerkennen müssen und die die Anderen in ihnen zu erkennen haben.

---

74 DE IV, S. 134-161, hier 147f.
75 *Le sujet et le pouvoir*, DE IV S. 222-243, hier S. 227.

Diese Gemeinsamkeit der Probleme, die Foucault bezüglich der Literatur der Überschreitung und der Grenz-Erfahrung und der Themen der Machtausübung und des Regierens aufwirft, gilt es zu unterstreichen. Nach wie vor richtet sich seine Kritik gegen die Verfestigung der individuellen Grenzen, gegen die Fixierung einer Identität. Aber das Denken literarischer Grenzerfahrung wird nach 1971 auf ein anderes Feld übertragen und für andere Praktiken geöffnet.[76] Parallel dazu entwickelt Foucault seine Kritik des Intellektuellen als prophetische und privilegierte Stimme. Die Epoche des "universellen Intellektuellen", der sich mit seinem Schreiben an eine durch den freien Austausch von Texten charakterisierte Öffentlichkeit wendet, ist an ihr Ende gekommen, und daher konzentriert sich Foucault von nun an mehr auf die Mechanismen sozialer Kontrolle und Produktion als auf die Erfahrung des Schreibens oder die Geschichte des Wissens. Aber die Arbeit an spezifischen, lokalen Problemen bleibt am Motiv der Individualisierung und Subjektivierung orientiert, das auch jenen Themen zugrundelag. Was bleibt, ist ein Denken, das das Subjekt aufgibt und zum Akt als beweglichem, veränderlichem und flüchtigem Träger übergeht.

Der Versuch literarischer Unzeitgemäßheit oder Transgression im Sinne Nietzsches oder Blanchots kann nicht einer individuellen Subjektivität, ihrer Psyche und Autonomie, zugeschrieben werden, denn eben von der souveränen Figur des denkenden und schreibenden Subjekts will er sich ja absetzen. Daher muß er sich auf die Sprache als Protagonistin ihrer eigenen Denunziation berufen. Das Gewicht der Transgression wird von dem, der spricht, auf den Akt des Sprechens übertragen, und die Idee einer literarischen Unzeitgemäßheit wird untrennbar von einer Theorie der literarischen Praxis. Diese Praxis ist nicht von der politischen Praxis, die Foucault nach 1970 interessiert, zu trennen. Und die Analyseform, die Foucault in seinen Arbeiten über die *gouvernementalité* entwickelt, greift nahezu systematisch die großen Linien auf, die schon für das literarische Schreiben entworfen wurden. Denn das Politische ist abhängig vom Diskurs und seiner Ordnung, und es funktio-

---

76   In diesem Punkt stimme ich mit Judith Revel überein, vgl. Revel 1991, S. 72-75.

niert, wie dieser, als großes normatives und zwangausübendes Dispositiv, in dem Herde des Widerstands entstehen können. Während das Thema sprachlicher Überschreitung in den Hintergrund tritt, vervielfachen sich Foucaults Interventionen zum politischen Widerstand, als ginge es hier um eine andere Form der Grenzüberschreitung, die nicht mehr in der Sprachpraxis, sondern in der Ordnung der Macht stattfindet. In beiden Fällen hat der Widerstand nur Wert als Akt, der die Grenze durchlässig macht, aber er wird stets wieder durch die Strukturen des herrschenden Dispositivs vereinnahmt. Diese Denkfigur beschreibt die Dynamik der Arbeit Foucaults.

Individuum und Transgression bei Georges Bataille

"(...)"les hommes aussi bien que les castors ou les fourmis forment des sociétés d'individus dont les corps sont autonomes. Mais cette autonomie est-elle quant à l'être apparence dernière ou simplement erreur?"[1]

Die Figur unseres modernen Selbst, so wie sie Bataille zeichnet, ist armselig. Es ist eine dienende, nützliche, der Arbeit und Produktion untergeordnete Figur, die sich als getrennt von allem anderen, Mensch und Natur, erfährt. Nun ist dies, für sich genommen, noch nicht originell, bildet es doch den Tenor bekannter Modernitätskritik von Nietzsche über Weber bis zu Baudrillard, Lyotard oder Taylor. Was Bataille auszeichnet, ist seine Konzeption einer Sphäre des Heterogenen, die unsere Isolation in Kontinuität auflöst und in der Kommunikation stattfindet - eine Sphäre jedoch, die als unaufhebbare Grenze zu denken ist und die nur um den Preis des Selbstverlustes, des Opfers, zugänglich ist. Das Sich-Einlassen auf die Erfahrung dieser Grenze - nicht, indem die Vernunft eingeschläfert, sondern indem sie bis ans Ende getrieben wird - ist Voraussetzung für die Erfahrung dessen, was Bataille "Souveränität" nennt.

Ich will im Folgenden auf die Feinheiten und Tücken dieses Denkens eingehen, weil ich meine, daß sich erst durch das Verständnis von Batailles Denken der Transgression Foucaults Problematisierung der Grenze, des Verhältnisses von Vernunft und Wahnsinn, sein Literaturverständnis und seine Kritik der Individualisierung voll erschließt. Die Lektüre Batailles ist ein Beitrag zur Archäologie des Foucault'schen Textes. Das bedeutet auch, daß sie die Grenzen, innerhalb derer er sich bewegt, deutlicher werden läßt.

---

1   Œuvres complètes, Band I, S. 436 (im Folgenden: OC Iff.). Eine beträchtlich überarbeitete Fassung dieses Textes wird in *L'expérience intérieure* (*Le labyrinthe*) aufgenommen.

Batailles Kritik der Individualisierung

Der Riß zwischen einer Welt der Arbeit und der Nützlichkeit, die die Regeln der individuellen und sozialen Realität festlegt, und einer Welt der Kommunikation, der Intimität und der inneren Erfahrung durchzieht das ganze Werk Batailles und ist Grundlage für seinen Gedanken der Trans-gression. Auch in dem von Bataille entworfenen Plan zur Gliederung seiner Schriften klingt diese Zweiteilung an: das Werk *La part maudite*, das dreibändig angelegt war, jedoch nicht beendet wurde, konzentriert sich eher auf die soziale Wirklichkeit,[2] während die Texte der *Somme athéologique* philosophische und religiöse Themen in den Vordergrund stellen.[3] Dennoch tritt beim Lesen seiner Texte immer wieder das Bemühen zutage, zwischen innerer Erfahrung und "äußerer" Realität zu vermitteln.

Denn letztlich geht Bataille von einer (verlorenen) Totalität menschlichen Seins aus, das sich nicht fragmentieren läßt. Auch die Entstehung von Individualität im soziologischen Sinn ist aus Batailles Perspektive eine Fragmentierung, die die Möglichkeiten unseres Seins beschneidet. Die Individualisierung, die in der Welt der Arbeit stattfindet, hat nicht nur zur Folge, daß die menschliche Existenz auf eine nützliche Funktion reduziert wird, sondern darüberhinaus, daß selbst das Bedürfnis danach, im vollen Sinne des Wortes "Mensch" zu sein, verschwindet. Das Individuum erhält in der Welt der Produktion durchaus eine neue Wichtigkeit; die Bedeutung, mit der es beladen wird, und die

---

2   Den ersten Teil sollte der Text *La consumation* bilden, der 1949 unter dem Titel *La part maudite* erschien. Als zweiter Teil entsteht die *Histoire de l'érotisme*, die Bataille 1951 beendet, jedoch nicht veröffentlicht. Die mehrfach umgearbeitete Fassung dieses Textes erscheint 1957 unter dem Titel *L'Erotisme*, jedoch ohne Bezugnahme auf die *Part maudite*. Als dritter Teil sollte *La Souveraineté* erscheinen. Der Text ist nach Aussage Batailles im Frühjahr 1954 fertiggestellt, wird jedoch nicht veröffentlicht. Teile daraus erscheinen als einzelne Aufsätze, siehe OC VIII, S. 592f.

3   An den Texten, die in die *Somme athéologique* eingehen sollten, arbeitet Bataille vom Ende der zwanziger bis zum Beginn der sechziger Jahre. Sie sollte fünf Bände umfassen: I. *L'expérience intérieure*, II. *Le Coupable*, III. *Sur Nietzsche*, IV. *Le pur bonheur*, V. *Le système inachevé du non-savoir*. Vgl. Gregor Häfliger 1981, S. 17 und 177, Anm. 29. Eine andere schematische Gliederung von Batailles Werk schlägt Rita Bischof vor (Bischof 1978, S. 90).

Ansprüche, die sein "Ich" nun erhebt, sind jedoch für Bataille mit Lächerlichkeit behaftet. Denn seine neue Größe hält der schwierigsten Prüfung: der Konfrontation mit dem Tod, nicht stand. Da es sich über die Arbeit definiert und somit in die Zukunft projizieren muß, ist die Angst vor dem Tod einer der stärksten das Individuum charakterisierenden Züge.

In *La structure psychologique du fascisme*[4] stellt Bataille die homogene Form individueller Existenz dem Heterogenen gegenüber. Die homogene Existenz hat Teil an einem sozialen Gefüge, das der nützlichen Produktion gewidmet ist. Soziale Homogenität bedeutet, daß alle gesellschaftlichen Elemente kommensurabel sind und daß es ein Bewußtsein dieser Kommensurabilität gibt. Das setzt voraus, daß menschliche Beziehungen sich an feste Regeln halten, sowie das Bewußtsein einer funktionalen persönlichen Identität. In der bürgerlichen Gesellschaft, die eine homogene Gesellschaft *par excellence* ist, findet Individualisierung am Leitfaden der Produktion statt. Hier ist der Einzelne, was er produziert.

Der Bereich des Heterogenen umfaßt all das, was die homogene Gesellschaft verwirft: von der unproduktiven Verausgabung über die Gewalt bis zum Heiligen. Zugleich ist das Heterogene als das "ganz Andere" mit dem positiven Wert besetzt, den diese Vorstellung in der affektiven Erfahrung hat.[5] Bataille zählt als Beispiele heterogener, nicht assimilierbarer Elemente auf: "ce sont les produits d'excrétion du corps humain et certaines matières analogues (ordures, vermine, etc.); les parties du corps, les personnes, les mots ou les actes ayant une valeur érotique suggestive; les divers processus inconscients tels que les rêves et les névroses; les nombreux éléments ou formes sociaux que la partie *homogène* est impuissante à assimiler: les foules, les classes guerrières, aristocratiques et misérables, les différents sortes d'individus violents ou tout au moins refusant la règle (fous, meneurs, poètes, etc.)".[6] Bataille rechnet das Unbewußte der Psychoanalyse ebenso dem Heterogenen zu wie die faschistischen Führer Mussolini und Hitler, sofern sie in ihrer Opposition gegen die homogene, demokratische Gesellschaft

---

4   OC I, S. 339-371.
5   OC I, S. 348.
6   OC I, S. 346.

und durch die von ihnen verkörperte Gewalt, durch ihren Bruch mit der Legalität als das "ganz Andere" erscheinen.

Batailles betriebsame und leere Welt der Homogenität kommt, wie später die normierte Disziplinargesellschaft Foucaults, durch eine Operation des Ausschlusses zustande. Die allgemeinste Formel für das, was ausgeschlossen wird, ist wohl: das, was die individuelle Existenz und damit den Zusammenhang nützlicher Produktion zu erschüttern droht. In *La conjuration sacrée* schreibt Bataille: "Un monde qui ne peut pas être aimé à en mourir - de la même façon qu'un homme aime une femme - représente seulement l'intérêt et l'obligation au travail. S'il est comparé avec les mondes disparus, il est hideux et apparaît comme le plus manqué de tous. (...) Celui qui tient à ignorer ou à méconnaître l'extase, est un être incomplet dont la pensée est réduite à l'analyse. L'existence n'est pas seulement un vide agité, elle est une danse qui force à danser avec fanatisme."[7]

Auch noch in dem 1957 erschienenen Text *L'Erotisme* führt Bataille seine Kritik moderner Individualisierung nach kapitalistischen Prinzipien fort: im Zusammenhang einer breit angelegten Überlegung zur allgemeinen Gültigkeit des geschichtsübergreifenden Zusammenhangs von Verbot und Übertretung wird hier der kapitalistische Grundsatz, mit möglichst geringen Kosten zu produzieren, als armseliges und beschränktes Prinzip der Verwaltung einer "Gesellschaft" isolierter Individuen mit dem Prinzip der Verschwendung kontrastiert, das dem Prozeß des Lebens inhärent ist und es mit dem Tod verbindet.[8]

Zwei Jahre nach dem Faschismus-Essay stellt Bataille in seinem für das *Collège de Sociologie* programmatischen Text *L'apprenti sorcier*[9] als signifikant für das Elend des nützlichen Individuums heraus, daß es nicht einmal mehr das Bedürfnis hat, im vollen

---

7 OC I, S. 443f.
8 *L'Erotisme* S. 68. *Der heilige Eros* S. 56.
9 Der Essay erscheint zusammen mit Michel Leiris' *Le sacré dans la vie quotidienne* und Roger Caillois' *Le vent d'hiver* unter dem Titel *Pour un Collège de sociologie* im Juli 1938 in der N.R.F. Damit tritt das *Collège*, das bereits seit einem Jahr in Form von Vorträgen und Diskussionen aktiv ist, zum ersten Mal an eine größere Öffentlichkeit.

Sinne des Wortes Mensch, "homme entier", zu sein.[10] Seine Akzeptanz einer funktionalen, nützlichen Identität bedeutet eine Aufgabe der Existenz zugunsten der Funktion. "(...) il est humain de brûler et de se consumer jusqu'au suicide devant la table du baccara (...). Il est au contraire inhumain d'abandonner l'existence à l'enchaînement des actes utiles. Une partie des disponibilités humaines, inévitablement, est vouée au souci des souffrances dont il faut se délivrer, telles que la faim, le froid, les contraintes sociales. Ce qui échappe à la servitude, la vie, se joue, c'est-à-dire se place sur les chances qui se rencontrent."[11] Aber dem Einzelnen, dessen Aktivität der Produktion nützlicher Güter untergeordnet ist, scheint unmöglich, dies zu ändern. "Et aucune souffrance alarmante n'est liée á cet état de demi-mort - à peine la conscience d'une dépression (agréable si elle coexiste avec le souvenir de tensions décevantes)."[12]

Die auf eine nützliche Funktion reduzierte Existenz vermag sich nicht auf das Spiel einzulassen. Ihrer Individualität bewußt, projiziert sie sich in die Zukunft. Sie versteht sich als Projekt und ist somit der Angst vor dem Tod ausgesetzt, die jede spielerische Leichtigkeit vernichtet. Bataille zufolge ist der Tod eine Negation, die durch die Welt der Praxis ins Werk gesetzt wird. Durch die Welt des Werkzeugs, der Sachen, der Identität in der Zeit und der Operation, die über zukünftige Zeit verfügt, die Welt der Gesetze und des Verbots. Für Bataille ist die Erfahrung der Fülle des Lebens, etwa in der Erotik oder im Fest, verbunden mit der Bereitschaft zur Konfrontation mit der Grenze, die der Tod ist, und daher der Todesangst fremd.[13]

Die kritische Perspektive auf die zur Funktion reduzierte nützliche Existenz bestimmt auch Batailles Kritik an Hegels Philosophie des Projekts und der Arbeit. Die Phänome-

---

10   Bataille hat also eine Idee vom "ganzen Menschen" - wie auch Klossowski, der in seinem Vortrag über Sade, den er am 7. Februar 1939 vor dem *Collège de Sociologie* hält, vom "homme intégral" spricht und ein bestimmtes Konzept von Integralität mit der Unfähigkeit zu dienen und nützlich zu sein verbindet. (*Le Collège de sociologie* (CS), Hrsg. Denis Hollier, S. 38f.

11   OC I, S. 535. CS S. 54.

12   OC I, S. 525.

13   *La souveraineté*, OC VIII, S. 242-456, hier S. 266. Dieser Text war ursprünglich als drittes Buch der *Part maudite* geplant.

nologie zeigt einen Weg der Vollendung, sie läßt den Sklaven durch seine Arbeit nach vielen Wendungen den Gipfel des Universellen erreichen. Aber der Mensch ist nicht auf das Projekt reduzierbar. Für Bataille ist der Mensch *unter anderem* Projekt, darüberhinaus sind ihm jedoch Momente nicht diskursiver Existenz, des Lachens oder der Ekstase irreduzibel eigen und lassen ihn letztlich das Projekt zersprengen, das er dennoch ist. Ein dem angemessenes Denken muß für Bataille selbst das Zerreißen des Stoffes sein, aus dem der Mensch gemacht ist - und zugleich dieser zerrissene Stoff.[14] Diesem Moment der Selbstauflösung stellt sich das gelingende Denken Hegels nicht.

Daher scheitert für Bataille letztlich jeder Versuch, den Menschen auf ein Projekt und die Existenz auf eine nützliche Funktion zu reduzieren. Die Individualisierung der Moderne bleibt unvollständig, da sie das Bedürfnis nach Verausgabung und danach, bis an die Grenze zu gehen, nicht auslöschen kann. So erklärt Bataille in der *Part maudite*, daß auch in der kapitalistischen Moderne das Bedürfnis nicht verschwunden ist, eine Form des Menschseins zu finden, die über die des nützlichen Individuums hinausgeht. Er nennt hier das, was wir suchen, eine "verlorene Intimität", die gleichbedeutend ist mit *communion*. Von dieser Suche nach Intimität zeugen die Mythen, die Religionen und selbst die grausamen, überlieferten Riten der Vergangenheit.[15] Das für uns Wesentliche wurde hier außerhalb der Welt der Dinge und der Arbeit lokalisiert. In der säkularen bürgerlichen Welt jedoch hat sich auf widersprüchliche Weise diese Suche nach Intimität auf die Werke, die Ergebnisse der Arbeit gerichtet. Noch Protestantismus und Calvinismus haben die Suche des Menschen nach sich selbst radikal von der Welt des Handelns und der Arbeit getrennt. Sie haben die Vergeblichkeit dieser Suche auf den Wegen des Handelns und der Arbeit deutlich gemacht, zugleich jedoch auf der Notwendigkeit, den ökonomischen und materiellen Forderungen der Welt gerecht zu werden, beharrt. Der Mensch, der souverän sein will, kann sein Problem nur lösen, wenn er die materiellen Schwierigkeiten überwunden hat, aber die Lösung ist radikal von der Bewältigung materieller Probleme verschieden. Der Calvinismus und in seiner Folge der Kapitalismus

---

14   OC V, S. 96, *L'expérience intérieure*.
15   OC VII, S. 62, *La consumation*.

haben also ein fundamentales Problem aufgeworfen: *wie könnte der Mensch sich finden - oder wiederfinden - wenn doch das Handeln, zu dem seine Suche führt, genau das ist, was ihn von sich selbst entfernt?*[16]

Aus dieser Perspektive gelangt Bataille zu einer originellen Interpretation des Marxismus: dieser habe noch entschiedener als der Calvinismus eine Tendenz des Menschen ausgeschlossen, sich direkt in seinen Handlungen zu suchen. Indem er die Handlung allein der Veränderung der materiellen Situation zugeschrieben hat, etablierte Marx eine radikale Unabhängigkeit der religiösen oder affektiven Sorgen von den Dingen und der Ökonomie; umgekehrt behauptete er so die Unabhängigkeit der Rückkehr des Menschen in die Intimität seines Seins von der Handlung. Jene kann erst beginnen, wenn die Handlung vollendet, die Befreiung vollzogen ist. Zwar enthält sich Marx konkreter Aussagen über den Bereich der Intimität, aber er reduziert Bataille zufolge gerade nicht, wie ihm oft vorgeworfen wird, alle menschlichen Probleme auf materielle Probleme. Seine Originalität besteht vielmehr darin, ein moralisches Ergebnis auf negativem Weg, durch eine Beseitigung der materiellen Hindernisse erreichen zu wollen. Sein Hauptvorwurf gegen den Kapitalismus richte sich darauf, daß dieser die Dinge ohne anderes Ziel oder Gesetz befreit habe als das des Zufalls und des Privatinteresses.[17]

Der Kapitalismus, so schreibt Bataille in *La limite de l'utile*[18] unter dem Titel *Le monde de la liberté individuelle et de la jouissance privée*, hat einen spezifischen Typus von Individuen hervorgebracht, die ihr Eigeninteresse auf Kosten des Sozialen verfolgen.[19] Zwar sei das Kapital eine Maschine, die zu *generellem* Wachstum verdammt ist, und sein Motor im Wesentlichen eine unpersönliche Habgier, die gänzlich gleichgültig gegenüber besonderen (privaten oder öffentlichen) Interessen bleibt. Dennoch habe diese unpersönliche Natur letztlich die Entwicklung bestimmter persönlicher Charakterzüge

---

16   OC VII, S. 124f.
17   OC VII, S. 128.
18   Unter diesem Titel sind in den Œuvres complètes, Band VII, Fragmente einer aufgegebenen Version der *Part maudite* abgedruckt, die zwischen 1939 und 1945 entstanden ist und ursprünglich *La Part maudite ou la limite de l'utile* hieß.
19   OC VII, S. 221f.

zur Konsequenz. Die kapitalistische Maschine habe die mittelalterlichen Institutionen zerstört und so weit wie möglich dem individuellen Willen freien Lauf gelassen. Aber nicht die industriellen Kapitalisten, die der Maschine homogen sind, erfüllen die extreme Konsequenz des Systems, sondern es ist der Spekulant, der trotz seines heterogenen Charakters das perfekte Individuum geworden ist. Der Spekulant, der nicht wie der kapitalistische Unternehmer durch die Fiktion der nützlichen (und in gewissem Sinn gemeinnützigen) Aktivität gebunden ist, macht die moralische Atmosphäre des Kapitalismus: er verbindet die Vollendung des Kapitalismus mit den Werten des Individuums und des privaten Genusses.

Zwar wird auch in dieser Atmosphäre eine Form der Verausgabung und Verschwendung kultiviert, sie verliert jedoch jeden ekstatischen und kommuniellen Sinn. Die ostentative Verschwendung ist der diskreten Eleganz gewichen. Aber das Verschwinden kollektiver Formen der Verschwendung und ihr Fortleben auf rein individueller Ebene führt zu ihrem Abgleiten ins Lächerliche.[20] Sie setzt nicht mehr den geregelten Zusammenhang des Alltagslebens außer Kraft, sondern bleibt gänzlich in das kapitalistische System integriert, denn innerhalb dieses Systems erhöht jede unproduktive Verausgabung die Summe der "forces produites".[21] Der Kapitalismus ist die Bestimmung des Reichtums zur Vermehrung der Kräfte, die den Reichtum produzieren, und es gibt keinen vorstellbaren Stillstand dieser Mechanik, die zur plethorischen Produktion führt.

Daß das Individuum innerhalb der Struktur kapitalistischer Arbeit auf eine nützliche Funktion reduziert wird, verhindert nicht, daß es eine bisher ungekannte Wichtigkeit erhält: weil die bürgerliche Ökonomie auf der Vorstellung der Gesellschaft als Summe von Individuen beruht, hat sie diesen zugleich höchsten Wert verliehen.[22] Der Kampf für die Rechte des Individuums hat sich mit der allgemeinen Entwicklung des "nützlichen Verhaltens" verbündet. In einer Welt, in der das Individuum Ende und Ziel aller Dinge ist, muß das isolierte Individuum die Funktionen des "don de soi", des Opfers und der Fusi-

---

20 OC VII, S. 229.
21 OC VII, S. 230.
22 OC VII, S. 232f. Weiter unten gehe ich auf die Opposition des *Collège de Sociologie*, das sich darin Durkheim anschließt, zu dieser Konzeption des Sozialen ein.

on mit der Welt sicherstellen.[23] So kommt es dazu, daß, wie Bataille in der *Expérience intérieure* feststellt, das individuelle "Ich" den Anpruch der Universalität erhebt und damit dem Universellen die domestizierte Gestalt der "gemeinen Intelligenz" gibt.[24] Diese vermag die eigene Partikularität nicht zu erkennen.

Aber auch die auf den Gleichheitsgedanken gegründete Gemeinschaftsidee des Kommunismus setzt die strenge Immanenz des Menschen gegenüber dem Menschen voraus. Diese Forderung einer Immanenz ohne Rest hat die Auflösung all dessen zur Folge, was den Menschen daran hindern könnte, sich als rein individuelle Realität zu setzen. So affirmiert sich auch hier das Individuum mit seinen unveräußerlichen Rechten und seiner Negation jeden Ursprungs außerhalb seiner selbst.[25]

Das Individuum und das Heilige im Collège de Sociologie

Batailles Kritik moderner Individualität, wie wir sie heute in seinen Schriften lesen können, hat sich im Kontext des *Collège de Sociologie* entscheidend weiterentwickelt.[26] Insbesondere die enge Zusammenarbeit mit Roger Caillois vermittelt Bataille wichtige Anstöße. Das im Frühjahr 1937 gegründete *Collège* verschreibt sich der Erforschung des Heiligen bzw. der Formen, die das Heilige in unserer rationalen modernen Gesellschaft angenommen hat. In der von den Gründungsmitgliedern unterzeichneten "note sur la fondation d'un collège de sociologie" heißt es, der Forschungsgegenstand des *Collège* könne als "sociologie sacrée" beschrieben werden, sofern damit die Untersuchung der

---

23 OC VII, S. 233.
24 OC V, S. 134.
25 Vgl. Maurice Blanchot, *La communauté inavouable*, S. 11f.
26 Das *Collège de Sociologie* bildete den Rahmen für eine Reihe sozial- und kulturkritischer Vorträge, die zwischen November 1937 und Juli 1939 in einer Buchhandlung der Pariser *rue Gay Lussac* gehalten wurden. Gründungsmitglieder des *Collège* waren Georges Bataille, Roger Caillois, Georges Ambrosino, Pierre Klossowski, Pierre Libra und Jules Monnerot; auf die Dauer waren die zentralen Figuren jedoch Bataille, Caillois und Michel Leiris. Zu den Zuhörern zählten gelegentlich Walter Benjamin, Max Horkheimer, Theodor W. Adorno, Julien Benda und auch Pierre Drieu la Rochelle. Vgl. hierzu CS, S 16f.

sozialen Existenz in all denen ihrer Manifestationen bezeichnet sei, in denen die aktive Präsenz des Heiligen zutagetrete. Dabei gilt den Koinzidenzen zwischen individuellen und sozialen Strukturen besondere Aufmerksamkeit.[27] Hinsichtlich der sozialen Bedeutung des Heiligen bezieht das *Collège* deutlich Position: so markiert Batailles Definition des Heiligen als alle menschlichen Tätigkeiten umfassend, die einen gemeinschaftsstiftenden Wert haben,[28] einen (punktuellen) Anschluß an die Tendenz der französischen Soziologie in der Folge Durkheims, die Gesellschaft durch ihre Kohäsionen, ihren Willen, eins zu sein, zu definieren. Die Gesellschaft ist nicht eine Summe individueller Handlungen, die sich im Wesentlichen durch Verträge konsolidiert, sondern ein Kräftefeld, dessen Spuren wir als Individuen tragen.[29] Es gibt ein "mouvement d'ensemble", welches das Handeln der Individuen vereint und diese allererst konstituiert.[30] Damit ist, wie Denis Hollier treffend bemerkt, eine Grenze zur marxistischen Theorie gezogen, die im Konflikt (dem Klassenkampf) das Fundament der Gesellschaft sieht.[31] Wenn Hollier allerdings Max Weber den "unitaristischen" Soziologen subsumiert, übersieht er, daß auch Weber den Kampf ins Zentrum des Sozialen stellt.[32] Richtig ist, daß Batailles Auffassung, die Glaubens- und Moralvorstellungen einer Gesellschaft bildeten ein entscheidendes psychologisches Fundament für ihre sozialen und ökonomischen Organisationsformen, seine Nähe zum Denken Max Webers bezeugt, der in seiner *Wirtschaftsethik der Weltreligionen* gezeigt hat, inwieweit die durch eine religiöse Ethik bestimmte Lebensführung die ökonomischen Verhältnisse einer sozialen Gruppe bestimmt. Und einmal mehr trennt ihn diese Auffassung vom marxistischen Revolutionsbegriff.

---

27 CS, S. 34.

28 Vgl. den ersten Vortrag Batailles (mit Caillois) vor dem *Collège de sociologie* am 20. November 1937, *La sociologie sacrée et les rapports entre "société", "organisme", "être"*, CS, S. 139-163.

29 Durkheim hat in *De la division du travail social* (I, VII), Mauss im *Essai sur le don* die Identifikation des Sozialen mit dem Vertrag widerlegt: der Vertrag setzt den sozialen Körper bereits voraus, er kann nicht dessen Ursprung sein (vgl. CS, S. 141).

30 So Bataille in *La sociologie sacrée du monde contemporain*, seinem Vortrag vom 2. April 1938 vor dem Collège. CS, S. 293.

31 CS, S. 140f., Anmerkung.

32 Vgl. hierzu Neuenhaus 1993, 11f.

In *La sociologie sacrée et les rapports entre "société", "organisme", "être"* erklärt Bataille aber auch: "L'homme n'est pas seulement un "organisme linéaire *lié*": il emploie dans l'ensemble une partie de ses forces à rompre partiellement ou totalement le lien qui l'unit à la société, dans l'espoir de devenir un individu libre: je propose de réserver le nom de *personne* à l'être composé qui résulte de cette action secondaire."[33] Daß dies in keiner Weise als individualistisches Credo zu verstehen ist, bezeugt Batailles im gleichen Text erklärte Affinität zur Bildung von "Wahlgemeinschaften" ("communauté élective") und die anti-individualistische Orientierung des Personalismus.[34] Wenn er diese der traditionellen Gemeinschaft entgegenstellt, welcher wir *de facto* angehören, mit der wir uns aber desolidarisieren können, so ist die Notwendigkeit, "Person" zu sein und als solche mit der traditionellen Gemeinschaft brechen zu können, als Voraussetzung für die Bildung solcher "Wahlgemeinschaften" zu verstehen.[35]

Roger Caillois formuliert in seinem Vortrag *Le vent d'hiver* eine vehemente Kritik des Individualismus: zwar gesteht er zu, daß Individuen Keime sozialer Erneuerung sein können und zitiert aus Nietzsches Willen zur Macht: "La dissolution des mœurs de la société est un état dans lequel apparait l'ovule nouveau, ou les ovules nouveaux - des ovules (individus) qui contiennent le germe de sociétés et d'unités nouvelles. L'apparition des individus est le signe que la société est devenue apte à se reproduire."[36] Caillois sieht Nietzsche als reichsten Ausdruck einer Strömung individualistischen Denkens, die außerordentlich großen Einfluß auf die europäische Ideenentwicklung seit der Romantik genommen hat und im Denken Max Stirners kulminiert.[37] Die Individualisten haben

---

33 CS, S. 154.
34 Der Begriff der Person hatte kurz zuvor durch Mounier, den Gründer der Zeitschrift *Esprit*, neue Bedeutung erhalten (*Anarchie et personnalisme*, 1937). Der Personalismus lehnt den Begriff des Individuums ab, weil er ihn als historisch an das Streben nach Unabhängigkeit und an die egoistische Schließung gegenüber den Anderen und der Gesellschaft gebunden versteht. Die Person dagegen wird als eingebunden in die und abhängig von der Gesellschaft verstanden.
35 CS, S. 157.
36 Friedrich Nietzsche, *La volonté de puissance*, Paris 1935, I, S. 361.
37 Dazu ist anzumerken, daß in Bezug auf das Individuelle auch eine ganz andere Lesart Nietzsches möglich ist, wie Foucault und Deleuze gezeigt haben. Vgl. Foucault in *Nietzsche,*

erreicht, daß uns die moralische Person gemeinhin als Fundament der Gesellschaft gilt. Ihre größte Schwäche ist Caillois zufolge ihre stete und aussichtslose Bemühung um die Profanation des Heiligen, das, so eine Grundthese des *Collège*, für die Gesellschaft konstitutiv ist. Was jedoch das Soziale konstituiere, gelte den Individualisten als tyrannisch. Ihre Vorstellung von Freiheit sei an methodischen Ikonoklasmus gebunden, dem keine Handlungen folgen. Jeder Versuch dagegen, effektiv zu handeln, müsse die eigenen Werte als soziale Werte der Gesellschaft, die konstruiert werden soll, zu etablieren versuchen.[38] Desgleichen müsse, so Caillois, der konsequente Individualismus seine Haltung gegenüber der Macht und dem Heiligen umkehren und, im Gegensatz zu Stirner, nicht versuchen, zu profanieren, sondern zu sakralisieren. Gerade so würde er sich in krasse Opposition zu einer Gesellschaft stellen, die sich selbst extrem profaniert hat.

Caillois erkennt durchaus an, daß dem anarchistischen Individualismus eine irreduzible Erfahrung des "*moi*" zugrundeliegt. Ihm geht es jedoch darum, auf dieselbe Weise das existentielle Fundament der kollektiven Anstrengungen aufzudecken. Denn eine auf das eigene Ich gegründete Identität bleibt Caillois zufolge der Haltung des hedonistischen Konsumenten verhaftet, der nicht in der Lage ist, produktiv zu sein und sich so weit von sich selbst zu lösen, daß er sich im Moment der Tragödie mit souveräner Ironie sehen könnte.[39]

Wo Caillois die Individualisten hinsichtlich ihrer Unfähigkeit kritisiert, politisch effiziente Gemeinschaften zu bilden, Macht zu akkumulieren und letztlich stabile Herrschaftsstrukturen zu bilden, nimmt die Individualismuskritik Batailles eine gänzlich andere Richtung: sie ist an der Überschreitung des Individuellen orientiert, die auf den Verlust des Selbst hinausläuft und in innerer Erfahrung gründet. Caillois hat dies als Mystizismus heftig kritisiert, und diese Differenz zwischen den beiden zentralen Figuren des

---

la généalogie, l'histoire, OC II, S. 140f.: "(...) il (...) s'agit (...) [dans l'analyse nietzschéenne de la *Herkunft*] de repérer toutes les marques subtiles, singulières, sous-individuelles qui peuvent s'entrecroiser en lui [l'individu] et former un réseau difficile à démêler." Gilles Deleuze: *Nietzsche et la philosophie*, Paris 1986.

38 CS, S. 81.
39 CS, S. 91. Caillois beruft sich hier auf das "détâchement suprême des forts", von dem Stirner gesprochen hat.

Collège trug zu dessen Auflösung bei (die durch den Ausbruch den Krieges, der Caillois in Argentinien bleiben ließ, besiegelt wurde). Batailles Beschreibung der Souveränität als "négativité sans emploi" ist mit Caillois' Verständnis der Macht unvereinbar.[40] Bataille zufolge müssen wir wählen zwischen Macht und Tragödie, und hier hätten er und Caillois wahrscheinlich gegensätzliche Entscheidungen getroffen: Caillois für den Willen zur Macht, Bataille für das Begehren nach Tragödie.

Dennoch stimmten Bataille und Caillois darin überein, daß die Macht neben ihrer militärischen Komponente auf das Heilige gegründet ist[41] und damit auf eine dem Individuellen heterogene Komponente des Sozialen. Aber die existentielle Spannung, die dies mit sich bringt, wird von der gesellschaftlichen Etablierung der Macht ausgehöhlt: "Mais comme le *pouvoir* trouve sa source dans la mise en jeu des choses sacrées, il s'épuise du fait même qu'il tend à vider ces choses sacrées de leur contenu criminel. Il favorise ainsi le rationalisme dont il meurt et perd peu à peu la force de prendre l'aspect à la fois religieux et militaire qui lui est essentiel. Des formes atténuées et flétries apparaissent alors qui représentent un retour à une situation primitive - à l'exception de l'intensité qui a disparu. Le crime, la mise à mort du roi aboutit à une émission tragique de force sacrée. Mais il n'est plus possible d'atteindre alors à quelque chose de plus qu'à des émissions comiques de la même force. Le souverain n'est plus mis à mort mais il est déguisé en piètre sire et d'ailleurs privé personnellement de force."[42]

---

40 Vgl. CS S. 16, 475f. Rita Bischof hat Batailles Gebrauch des Souveränitätsbegriffs im Sinne der Unterwanderung, nicht der Ausübung von Macht, gut herausgearbeitet und vom juristisch-historischen Gebrauch dieses Begriffs (dem auch Carl Schmitts Formulierung "souverän ist, wer über den Ausnahmezustand bestimmt" in der *Politischen Theologie* entspricht) abgegrenzt. Bischof 1984, S. 11f.

41 In der Konferenz, die Bataille im Rahmen des *Collège de Sociologie* am 19. Februar 1938 an Stelle des erkrankten Roger Caillois, dessen Notizen folgend, hält, formuliert er folgende Definition der Macht: "Le pouvoir serait réunion institutionelle de la force sacrée et de la puissance militaire en une seule personne les utilisant à son propre profit individuel et par là seulement au profit de l'institution." CS, S. 246. Bataille spricht hier zwar im Namen Caillois', fügt aber dessen Diskurs Momente seines eigenen Machtverständnisses hinzu (vgl. Hollier, CS, S. 233).

42 CS, S. 252f.

Unübersehbar ist hier die Nähe Batailles zu Max Webers These von der Erstarrung der Macht zur bürokratischen Herrschaft, die unweigerlich mit der Etablierung stabiler Gesellschaftsformen einhergeht.[43]

Die rückhaltlose Individualisierung, die Batailles Essay *L'apprenti sorcier* beschreibt, läßt für ihn in diesem Moment (1938) nur den Ausweg der Tragödie und des Mythos. Fluchtpunkt seiner Überlegungen ist hier eine Idee von Totalität der Existenz, die auch noch in der *Expérience intérieure* anzutreffen ist, dort jedoch vom Gedanken des Sichverlierens und Zerrissenwerdens ergänzt und so in ihrer Unmöglichkeit herausgestellt wird. Dieser Totalität kommt die Begegnung zweier Liebender zwar weit näher als die fragmentarischen Aktivitäten des modernen Lebens, aber auch sie kann keine vollständige Erfüllung gewähren, sie erhöht letztlich das Leiden an der zerfallenden Gesellschaft und damit den Eindruck der Leere.[44] Der Mythos bringt der Totalität der Existenz näher als die Liebe, weil er den Einzelnen ganz, das heißt physisch, emotional und spirituell, mit der Gemeinschaft verbindet. Er gibt uns das Bild einer vollen Gemeinschaft, in der wir uns verausgaben.[45] Der Mythos ist Fabel, aber nicht Fiktion, da er in den Menschen, die er umfaßt, real wird. Er ist das "alte Haus der Menschen".

Aber der Mythos der Gemeinschaft realisiert sich als Erfahrung der Abwesenheit von Gemeinschaft (oder "communauté d'absence"). Bataille, oft mißverstanden als ein Mystiker der Ekstase, lehnt den Gedanken kollektiver Fusion zutiefst ab. "Il ne faut jamais oublier que compte moins pour lui l'état de ravissement où l'on oublie tout (et soi-même) que le cheminement exigeant qui s'affirme par la mise en jeu et la mise hors d'elle de l'existence insuffisante et ne pouvant renoncer à cette insuffisance, mouvement qui ruine aussi bien l'immanence que les formes habituelles de la transcendance."[46]

Die Tragödie zeigt Bataille zufolge, daß die menschliche Existenz sich aus heterogenen und gegensätzlichen Strömungen konstituiert, die fortwährend aufeinanderprallen. Denn ihr Gegenstand ist zunächst ein Verbrechen, die Übertretung eines Tabus, die mit

---

43 Vgl. Max Weber, *Wirtschaft und Gesellschaft* S. 125f., 835.
44 CS, S. 50, Fußnote.
45 CS, S. 55.
46 Maurice Blanchot, *La communauté inavouable*, S. 18f. und 13.

Bildern des Schreckens und des Todes illustriert wird. Bataille versteht das Tabu als eine "barrière de répulsion", die die heiligen Dinge schützt,[47] die aber in der Verschwendung und Verausgabung übertreten werden muß. Wenn die heiligen Dinge selbst wesentlich verworfene Dinge und verausgabte Kräfte sind, wie Preuss annimmt[48], und wenn durch die "barrière de répulsion" eine Art Gegenströmung zur Verausgabung besteht, dann steht jedesmal, wenn es eine "production originelle de choses sacrées" gibt, die Integrität der menschlichen Existenz auf dem Spiel. Ohne Verlust und Verschwendung jedoch gibt es, so Bataille, weder kollektive noch individuelle Existenz. Der Mensch kann nicht leben, ohne die Grenzen zu durchbrechen, die er seinem Bedürfnis nach Verausgabung setzen muß; Grenzen, die ihm nicht weniger erschreckend erscheinen als der Tod.[49]

Das Verhältnis der Individuen zum Heiligen ist stets zugleich von Anziehung und Abstoßung geprägt. Denn der heilige Kern des Sozialen ist den Individuen äußerlich (im Sinne von heterogen), und in der Regel Gegenstand tiefer Ablehnung.[50] Der Kern des Sozialen ist tabu, unberührbar und unnennbar, er ist von der Natur der Kadaver, des Menstruationsbluts und des Paria. Bataille kommt hier auf seine im Faschismus-Essay entwickelte Annahme der Heterogenität des menschlichen Geistes zurück, entsprechend der von der zeitgenössischen französischen Soziologie und Psychoanalyse behaupteten Heterogenität des Heiligen und des Profanen. Dies führt ihn zur Kritik des Begriffs der Negativität bei Hegel, dessen Phänomenologie, so Bataille, auf einer homogenen Konzeption des menschlichen Geistes beruht.[51]

Über die Funktion der Verschwendung und des Übertretens bestehender sozialer Ordnungen hatte Roger Caillois am 2. Mai 1939 in seinem Vortrag *La fête* gespro-

---

47 CS, S. 228.
48 Bataille bezieht sich hier wahrscheinlich auf Konrad Theodor Preuss' Artikel *Der Ursprung der Religion und Kunst*, *Globus*, LXXXVII, 1905, siehe Holliers Anmerkung in CS, S. 228.
49 CS, S. 230.
50 *Attraction et répulsion. I. Tropismes, sexualité, rire et larmes*, Vortrag Batailles vom 22. Januar 1938 vor dem *Collège de Sociologie*, CS, S. 188-207.
51 CS, S. 216f., Konferenz vom 5. Februar 1939, *Attraction et répulsion. II. La structure sociale*.

chen.⁵² Das von Caillois hier Gesagte hat auf Bataille entscheidenden Einfluß ausgeübt, der in *La littérature et le Mal* auf die von Caillois entwickelte "Theorie der Transgression" verweist.

Caillois erklärt, daß das Fest in den sogenannten primitiven Gesellschaften so tief in die alltäglichen Sorgen und Tätigkeiten einschneidet, daß es dem Einzelnen wie eine andere, ihn transformierende und überschreitende Welt erscheint. Seine tägliche Aktivität füllt lediglich seine Zeit aus und sorgt für seine unmittelbaren Bedürfnisse. Er widmet ihr Aufmerksamkeit, Geduld und Fertigkeiten, aber auf einer tieferen Ebene lebt er in der Erinnerung an ein Fest und in Erwartung eines anderen Festes, da das Fest für ihn, sein Gedächtnis und sein Begehren, die Zeit der intensiven Emotionen und der Metamorphose seines Seins darstellt.⁵³ Der Exzeß ist dabei nicht nur Epiphänomen, sondern notwendig für das festliche Zeremoniell, da er an seinem heiligen Charakter teilhat und dazu beiträgt, Natur und Gesellschaft zu erneuern.⁵⁴

Die zeitweise Außerkraftsetzung aller Ordnungen im Fest wird als Rückkehr in eine mythische Zeit erlebt. Aber während sie einerseits begehrenswert ist und Prosperität verspricht, bleibt sie doch weiterhin ein Sakrileg. Ein Sakrileg, das der Gemeinschaft für eine neue Periode, in der die Ordnung wieder inkrafttritt, Fruchtbarkeit und Bestehen sichert.

Im Laufe ihrer Entwicklung tendieren die Gesellschaften allerdings dazu, die Gleichförmigkeit des Lebens dominieren und die Spannungen schwächer werden zu lassen. Komplexere soziale Gebilde ertragen Unterbrechungen des alltäglichen Lebens nur schlecht. Heute ist die Unterbrechung der Arbeitszeit durch die Ferien an die Stelle des Wechsels von Ekstase und Selbstbeherrschung getreten, der jährlich die Ordnung neu aus dem Chaos entstehen ließ. Aber die individuell erlebten Ferien charakterisieren, so

---

52 CS, S. 475-521. Der Vortrag entspricht dem IV. Kapitel von *L'homme et le sacré*, das kurz darauf erscheint. (im Dezember 1939/Januar 1940 erscheint dieses vierte Kapitel noch einmal einzeln unter dem Titel *Théorie de la fête* in der N.R.F.). Der Vortrag hat im Nachhinein eine für die Aktivität des *Collège* emblematische Stellung erhalten. Vgl. Bataille *La littérature et le Mal*, OC IX S. 171-315.
53 CS, S. 479.
54 CS, S. 484.

Caillois, eine zerfallende Gesellschaft, in der es keine Vermittlung zwischen den individuellen Leidenschaften und dem Staatsapparat gibt.[55]

Entsprechend urteilt auch Bataille in *La limite de l'utile:* die Verschwendung, hat mit ihrer Individualisierung ihren früheren Sinn verloren, und das Bewußtsein der *Notwendigkeit,* zu verschwenden, ist verschwunden.

Überschreitung, nicht Aufhebung des Individuellen

Bataille versteht die einigende Kraft des Heiligen als Moment der verlorenen Intimität, nach der die Menschen suchen. Im Zusammenhang der allgemeinen ökonomischen Theorie, die er in *La part maudite* entwickelt[56], schreibt er dazu, daß die Mythen, Riten und Religionen vom kontinuierlichen Versuch des Menschen zeugen, dem Verfall an die Welt der Dinge, den die Notwendigkeit der Arbeit mit sich bringt, zu entkommen. Es handele sich hier stets um den Versuch, der Ordnung des Realen, der Armut der Dinge etwas zu entreißen und der göttlichen Ordnung oder der "intimen Welt" zurückzugeben. Die intime Welt setze sich der realen Welt wie die Maßlosigkeit dem Maß entgegen, wie der Wahnsinn der Vernunft, die Trunkenheit der Klarheit des Geistes. Es gibt kein Maß als das des Dinges, keine Vernunft als in der Identität des Dinges mit sich selbst, keine Klarheit als in der deutlichen Kenntnis der Dinge. Die Welt des Subjekts dagegen sei die Nacht: "cette nuit mouvante, infiniment suspecte, qui, dans le sommeil de la raison, *engendre des monstres. Je pose en principe que du "sujet" libre, nullement subordonné à l'ordre "réel" et n'étant occupé que du présent, la folie même donne une idée adoucie."*[57]

---

55 CS, S. 519f.
56 Bataille betont, daß diese ökonomische Theorie von einem fächerübergreifenden Ansatz ausgeht, der sowohl psychologische und philosophische Fragen als auch Aspekte von Kunst, Literatur und Poesie einbeziehe. Sein Forschungsgegenstand sei das "sujet à son point d'ébullition" (OC VII, S. 20).
57 OC VII, S. 63.

Wenn Bataille hier den Begriff des Subjekts benutzt, so bedarf dies der Erläuterung: deutlich unterschieden vom Individuum, versteht Bataille unter "Subjekt" die Existenz, wie sie sich selbst erscheint. Auch der Andere kann uns in dieser Weise als Subjekt begegnen, denn er ist unserer Vorstellung auf die gleiche "innerliche" Weise gegeben wie er sich selbst erscheint. So werden Liebe und Kommunikation möglich. Das Subjekt Batailles ist nicht Untertan, sondern Souverän: "L'usage des souverains disant: "mes sujets" introduit une équivoque qu'il m'est impossible d'éviter: le *sujet*, c'est pour moi le *souverain*. Le sujet dont je parle n'a rien d'*assujetti*."[58]

Batailles "Subjekt auf dem Siedepunkt" zeichnet in seiner inneren Freiheit, die es den Gesetzen der objektiven Welt und der Trennung zwischen dem Normalen und dem Pathologischen enthebt, die Gestalt des Individuums in den Frühschriften Foucaults vor, die ich im zweiten Kapitel dargestellt habe.

Diesem Subjekt angemessen ist nicht die nützliche Arbeit im Dienste der Selbsterhaltung, sondern die nutzlose Verschwendung und das Vergessen der Sorge um die Zukunft. So versteht Bataille auch die Transgression, die im Opfer stattfindet, als einen Akt des Schenkens und der Verausgabung. Die Menschen, die sich zum Fest oder Opfer versammeln, tun dies, weil sie ein Bedürfnis haben, ein Zuviel, eine Überfülle an Leben zu verausgaben. In der Verschwendung enthüllen sie ihr intimes Sein, das nicht isoliert, sondern in der Gemeinschaft und kommunizierend existiert: "la consumation est la voie par où communiquent des êtres *séparés*". Dazu erläutert Bataille in einer Anmerkung: "J'insiste sur une donnée fondamentale: la séparation des êtres est limitée à l'ordre réel. C'est seulement si j'en reste à l'ordre des *choses* que la séparation *est réelle*. Elle *est* en effet *réelle*, mais ce qui est réel est *extérieur*. "Tous les hommes, *intimement*, n'en sont qu'un.""[59] Und in einer Besprechung der Neuauflage von Roger Caillois' *L'Homme et le Sacré* heißt es: "Le monde sacré est un monde de communication ou de contagion, où rien n'est séparé, où justement l'effort est nécessaire pour s'opposer à la fusion indéfinie."[60] Diese Einheit läßt jedoch die oben dargestellte Heterogenität zu, sie ist daher dem

---

58 OC VIII, S. 283, Anmerkung.
59 OC VII, S. 63.
60 Die Rezension erscheint 1951 in der Zeitschrift *Critique* (OC XII, S. 47-57).

nietzscheanischen Kampf der Kräfte, den wir bei Foucault wiederfinden, nicht so entgegengesetzt, wie es zunächst scheinen mag.

Das tragische Verständnis der Existenz, das sich ihrer fundamentalen Zerrissenheit stellt, ist für Bataille der einzige Ausweg aus der isolierten Individualität. In *La limite de l'utile* schreibt er dazu: "Chacun de nous est comme enfoncé dans l'isolement étroit. Rien ne compte à ses yeux que lui-même. (...) La seule limite radicale de cette solitude foncière, c'est la mort: c'est le seul démenti grave que rencontre l'illusion, car, si je meurs, le monde cesse d'être réductible à mon esprit qui le réfléchit. (...) Je vois donc que, si je dois vivre, c'est à cette condition tragique: que perdant cette vie, qui m'appartient, je me donne à ce qui m'ignore, à ce qui n'est que hors de moi. Mais, dans le même temps, je ressens l'absurdité d'une perte qui, regardée du point de vue de ma solitude inévitable, est comme l'anéantissement de l'univers entier."[61] Daher müssen wir zugleich unser Gefangensein in der Isolation, unsere Individualität, annehmen und diesem Gefängnis zu entrinnen versuchen. Denn einerseits sind wir an die partikulare, egoistische und leere Existenz gebunden, andererseits vermögen wir eine Welt zu sehen, deren Großartigkeit in der Kommunikation, im Sich-ineinander-auflösen der Elemente besteht, wie die Flammen eines Feuers oder die Wellen eines Meeres. Unsere Zerrissenheit zwischen diesen Polen ist unaufhebbar, wir können weder auf unsere isolierte Existenz verzichten noch auf das Überschäumen einer Welt, die über diese Existenz lacht und sie auszulöschen bereit ist.[62]

"L'extrême est la fenêtre: la crainte de l'extrême engage dans l'obscurité d'une prison, avec une volonté vide d'"administration pénitentiaire". Wir können diese Gefängnismetapher durchaus auf Foucaults Charakterisierung der modernen Gesellschaft als Gefängnisgesellschaft in *Surveiller et punir* beziehen: sowohl für Foucault als auch für Bataille ist Individualität abhängig von den Zwängen der nützlichen Arbeit.

In der *Théorie de la réligion* bindet Bataille die Intimität an das Opfer der Individualität, welches jedoch nicht als deren Negation verstanden werden darf: "Est intime, au

---

61 OC VII, S. 269.
62 Vgl. Maurice Blanchot, *La communauté inavouable*, S. 18f..

sens fort, ce qui a l'emportement d'une absence d'individualité, la sonorité insaisissable d'un fleuve, la vide limpidité du ciel" - aber: "c'est encore une définition négative, à laquelle l'essentiel fait défaut."[63] Streng genommen läßt sich die Intimität nicht diskursiv fassen. Beim Versuch, sie dennoch zu beschreiben, setzt Bataille sie der Destruktion gleich, da sie mit der Position des isolierten Individuums nicht vereinbar ist. Die Destruktion der Individualität realisiert sich im Opfer. Batailles Theorie des Opfers definiert das Individuum über die Angst. Die Angst darum, persönlich zu dauern, die seine Individualität ausmacht, ist an die Integration der Existenz in die Welt der Dinge und der Arbeit gebunden. Der Mensch ist in dem Maß individuell, in dem seine Sorgen den Resultaten der Arbeit gelten. Daher ängstigt ihn die intime Ordnung, die nicht mit der der Dinge zu versöhnen ist.[64]

Bataille erklärt, daß, wenn das Opferverhalten uns in seiner Bedeutung nicht mehr verschlossen bleibt, die Totalität der menschlichen Erfahrung uns gegeben ist. Und damit die Souveränität: "Souveraineté désigne le mouvement de violence libre et intérieurement déchirante qui anime la totalité, se résout en larmes, en extase et en éclats de rire et révèle l'impossible dans le rire, l'extase ou les larmes. Mais l'impossible ainsi révélé n'est plus une position glissante, c'est la souveraine conscience de soi qui, précisément, ne se détourne plus de soi."[65] Eine nicht nur flüchtige Souveränität, sondern eine, die sich ihrer selbst dauerhaft bewußt ist - aber eben darin, daß sie unmöglich ist: dieses Denken des Unmöglichen hat Foucault aufgegriffen und gegen Derrida fortzuführen versucht.

Bataille widerspricht Edgar Morin, der den hegelianischen Gedanken übernimmt, daß der Souverän dem Schrecken des Todes das Risiko entgegensetzt, den Tod auf sich zu nehmen - im Glauben, daß er damit eine "Affirmation des Individuums" vollzieht.[66] Bataille zufolge ist das bewußte Aufsichnehmen des möglichen Todes gerade dem individuellen Bewußtsein entgegengesetzt, es ist ein souveräner Akt, der das Wesen des

---

63 OC VII, S. 311.
64 OC VII, S. 312.
65 OC VII, S. 350.
66 Edgar Morin: *L'Homme et la Mort dans l'Histoire*, S. 63.

Menschen enthüllt. Der Souveräne setzt der Schwere und Reflexivität des individuellen Bewußtseins die Bewegung und Leichtigkeit des Spiels entgegen.[67]

Gelegentlich stellt Bataille den souveränen Akt der Überschreitung des Individuellen als eine Art zweiter Negation dar: nachdem die Natur in der Arbeit negiert wurde, wird diese Negation nun widerum in der Übertretung der sozialen Verbote, wie sie im Fest stattfindet, negiert. Doch dabei findet keine Rückkehr zur Animalität statt, der Mensch bleibt der Natur unwiderbringlich entrissen. So heißt es in *L'Erotisme* über die in der Transgression entstehende Welt: "c'est le monde humain qui, formé dans la négation de l'animalité, ou de la nature, se nie lui-même et, dans cette seconde négation, se dépasse sans toutefois revenir à ce qu'il avait d'abord nié."[68] Dieser dialektischen Auffassung der Transgression widerspricht Bataille jedoch an mehreren Stellen, die ich für ausschlaggebend halte. So lautet die zweite Überschrift des Kapitels *La transgression* in *L'Erotisme*: "La transgression n'est pas la négation de l'interdit, mais elle le dépasse et le complète".[69] Es ist signifikant, daß Bataille in der *Histoire de l'Erotisme* von der initialen menschlichen Negation spricht, in Bezug auf das Fest jedoch von einem Bruch und nicht von einer Negation.[70] Die Transgression macht nicht die relative Unabhängigkeit von den natürlichen Gegebenheiten zunichte, die sich der Mensch mit seiner initialen Negation geschaffen hat, sondern ist vielmehr die Fortsetzung einer Bewegung in Richtung Souveränität[71] - von der hegelianischen Vollendung dadurch unterschieden, daß sie nicht vom

---

67   OC VIII, S. 267f. Vgl. Hierzu *La souveraineté*, OC VIII, S. 243-256. Bataille hat diesen Text als drittes Buch der *Part maudite* konzipiert und scheint die Arbeit daran im Frühjahr 1953 begonnen zu haben. Er entschied sich jedoch letztlich gegen seine zusammenhängende Veröffentlichung (es sind einzelne Kapitel dieses Textes erschienen, s. OC VIII, S. 593.)
68   *L`Erotisme*, S. 95.
69   *L'Erotisme*, S. 71.
70   "(...) la négation humaine initiale, créatrice de l'*humain* contraire à l'*animal*, portait sur la *dépendance* de l'être par rapport au donné naturel, au corps, qu'il n'a pas choisi: la rupture de la fête n'est nullement une manière de renoncer à l'indépendance, elle est plutôt l'aboutissement d'un mouvement vers l'autonomie, qui est, pour jamais, la même chose que l'homme lui-même." OC VIII, S. 78f.
71   OC VIII, S. 78f. *Histoire de l'érotisme*, 4. Teil: *La transgression*.

unbeweglichen Blick eines absoluten Wissens geleitet wird.[72] Wenn Bataille von der Negation des Bewußtseins spricht,[73] so bezieht er sich auf eine momentane Überschreitung, einen Sprung, der uns der Intimität, der inneren Erfahrung näherbringt. Dies wird besonders deutlich in seiner Interpretation Manets: Bataille zufolge vollzieht Manet eine Bewegung des Gleitens, in dem der unmittelbare Sinn des Gesehenen verlorengeht. Er opfert den Gegenstand, ohne ihn zu vernachlässigen.[74] Dabei bezieht sich Manet zwar negativ auf den erwarteten Gegenstand, diese "Negation" jedoch ist nicht dialektisch vollziehbar. Häfliger schreibt dazu: "Manet verhält sich anders zum Gegenstand des Bewußtseins, als es das dialektische Denken praktiziert: er macht ihn nicht zum *Gegenstand*, gegen den die Bewegung des Verflüssigens, des Fortschreitens geltend zu machen wäre. Er läßt nicht das Bewußtsein sprechen, um die Schwelle zu erreichen, an der ein neues Bewußtsein entsteht - er enttäuscht es, er unterbricht das Sprechen. Der Unterschied zur dialektischen Bewegung beruht darauf, daß er die Hemmung, die der erfährt, der nach Erkenntnis verlangt, nicht als zu beseitigende Schranke behandelt, sondern bejaht. (...) Das ist die Handlung, die Bataille "Überschreitung" nennt: den Gegenstand zerstören, ohne ihn zu vernachlässigen."[75]

Auch Jacques Derrida hat sich gegen die dialektische, allzu hegelianische Lesart von Transgression und Souveränität bei Bataille ausgesprochen. Zwar konstatiert er, daß

---

72 Bataille kritisiert an Hegel, daß dieser die Souveränität, indem er den *Entwurf* macht, souverän zu sein, dem Ziel einer diskursiven Weisheit unterordne: "(...) la souveraineté dans l'attitude de Hegel procède d'un mouvement que le *discours* révèle et qui, dans l'esprit du Sage, n'est jamais séparé de sa révélation. Elle ne peut donc être pleinement *souveraine*: le Sage en effet ne peut manquer de la subordonner à la fin d'une Sagesse supposant l'achèvement du discours. La Sagesse seule *sera* la pleine autonomie, la souveraineté de l'être... Elle le *serait* du moins si nous pouvions trouver la souveraineté en la cherchant: en effet, si je la cherche, je fais le projet d'être - souverainement: mais le *projet* d'être - souverainement suppose un être servile!" *Hegel, la mort et le sacrifice*, OC XII, S. 326-345, hier S. 344. Dieser Einwand trifft Hegel jedoch nicht ganz, da sich für ihn im Wissen das Prinzip der Selbstbestimmung realisiert - insofern macht er keinen *Entwurf* von Souveränität. Vgl. Gregor Häfliger 1981, S. 152f.
73 So in einer Notiz zur *Expérience intérieure*: "Mon expérience, essentiellement, est celle d'une négation de la conscience, c'est la conscience annihilée, privée d'objet." OC VIII, S. 583.
74 OC IX, S. 157.
75 Gregor Häfliger S. 155f.

"alle Batailleschen Begriffe Hegelsche Begriffe" sind,[76] zeigt aber, entgegen Batailles eigenem, gelegentlich vorschnellem Bekenntnis zum Hegelianismus, daß Bataille das Denken Hegels, indem er seiner Bewegung *rückhaltlos* stattgibt, zugleich fortführt und sprengt. Bataille sei "vielleicht noch weniger Hegelianer (...), als er denkt", denn seine Bewegung der Transgression kann nicht unter dem Hegelschen Begriff der *Aufhebung* verstanden werden, der gänzlich der Welt des Diskurses, der Arbeit und der Bedeutung verhaftet ist. Bataille setzt Hegels "Negation des Bewußtseins, welches so *aufhebt*, daß es das Aufgehobene *aufbewahrt und erhält*, und hiemit sein Aufgehobenwerden überlebt"[77] sein Lachen entgegen. Denn: "Par une ruse de la vie, c'est-à-dire de la raison, la vie est donc restée en vie. Un autre concept de vie avait été subrepticement introduit dans la place, pour y rester, pour ne jamais y être, non plus que la raison, excédé (....). Par ce recours à *l'Aufhebung* qui conserve la mise, reste maîtresse du jeu, le limite, le travaille en lui donnant forme et sens (*Die Arbeit ... bildet*), cette économe de la vie se restreint à la conservation, à la circulation et à la reproduction de soi, comme du sens; (...)."[78] Bataille versteht diese Hegelsche Negativität als Austreibung des Negativen, seine Unterordnung unter eine historische Positivität, die, es transzendierend, es als solches zerstört. Während Hegel das Negative dem absoluten Wissen unterordnet, verteidigt Bataille die irreduzible und souveräne Existenz eines "négatif sans emploi"[79], das sich gewaltsam im Zufall der Geburt und des Todes manifestiert, in der Gewißheit der eigenen Endlichkeit, in der Fatalität des Lachens, in der Erfahrung der Ekstase, in der

---

76   Jacques Derrida: *De l'économie restreinte à l'économie générale. Un hégélianisme sans réserve*, in: ED, S. 369-407, hier S. 373. *Von der beschränkten zur allgemeinen Ökonomie. Ein rückhaltloser Hegelianismus*. In: *Die Schrift und die Differenz*, S. 380-421, hier 384.
     Der "Hegelianismus" Batailles ist durch die Hegel-Vorlesungen Alexandre Kojèves (1934-39) vermittelt, zu deren Hörern neben Bataille und Caillois Jacques Lacan, Raymond Queneau, Maurice Merleau-Ponty, Eric Weil, André Breton und Raymond Aron gehörten.
77   G.W.F. Hegel, *Phänomenologie des Geistes*, S. 150.
78   ED, S. 376.
79   Der Ausdruck "négativité sans emploi" (als Bezeichnung eines Willens zu handeln, der nichts mehr zu tun findet) stammt aus einem Brief Batailles an Alexandre Kojève vom 6. Dezember 1937.

Realität der einzelnen Tatsachen.[80] Alle diese Elemente, die Hegel als unbedeutend zurückweist, öffnen den Zugang zu einer Dimension der Existenz, die sich auf das Gefühl ihrer fundamentalen Unzulänglichkeit und Imperfektion gründet.[81] Zwar schließt sich Bataille dem Gedanken Hegels an, daß die Geschichte vollendet ist und nichts mehr zu tun bleibt, aber er verbindet ihn mit der nietzscheanischen Erfahrung des eigenen Lebens als offene Wunde, dem Begehren des Anderen, dem Opfer. Sein einziger Ausweg ist die Konfrontation mit dem Unmöglichen und mit dem Schmerz, an Grenzen gebunden zu sein, die wir auf ewig zu überschreiten begehren.[82] Sexualität und Tod sind die stärksten Ausdrücke dieses Wunsches nach Übertretung, den die Natur dem Wunsch jedes Individuums nach seiner eigenen Fortdauer entgegenstellt. Während das Individuum der Natur in einem Akt der Negation die für die menschliche Gesellschaft wesentlichen Verbote entgegenstellt, zeigt sich in der Übertretung, die das Verbot durchbricht, eine Verbindung des Natürlichen mit dem Göttlichen.[83] Für Bataille ist das Verbot, das die individuelle Existenz sichert, da, um verletzt zu werden. Und die organisierte Übertretung ist selbst Teil des sozialen Lebens, sie bildet mit dem Verbot ein Ganzes.[84]

Die Negativität jedoch, die sich im Lachen und in der Sexualität äußert, ist unmöglich. Dazu Derrida: "Le rire seul excède la dialectique et le dialecticien: il n'éclate que depuis le renoncement absolu au sens, depuis le risque absolu de la mort, depuis ce que Hegel appelle négativité abstraite. Négativité qui n'a jamais lieu, qui ne se présente jamais puisqu'à le faire elle réamorcerait le travail. Rire qui à la lettre n'*apparaît* jamais puisqu'il excède la phénoménalité en général, la possibilité absolue du sens." Und: "Loin que la souveraineté, l'absolu de la mise en jeu, soit une négativité abstraite, elle doit faire apparaître le sérieux du sens comme une abstraction inscrite dans le jeu. Le rire, qui constitue

---

80   CS, S. 216f., Konferenz vom 5. Februar 1938, *Attraction et répulsion*, II. *La structure sociale*.
81   Vgl. Mario Perniola 1982, S. 16f.
82   Vgl. Jean-Michel Besnier 1996.
83   Vgl. *L'Erotisme* S. 95f. *Der heilige Eros* S. 81f. Bataille hält jedoch Abstand zum dialektischen Verständnis dieser Interpretation, darin gebe ich Häfliger recht gegen Rita Bischof (1984, S. 269f.), die Batailles Denken hier zu umstandslos als dialektisch kennzeichnet.
84   Vgl. hierzu Roger Caillois' Theorie des Festes in *L'Homme et le Sacré*, Kap. IV, *Le sacré de transgression: théorie de la fête*, S. 125-168.

la souveraineté dans son rapport à la mort, n'est pas, comme on a pu le dire, une négativité."[85]

Batailles Transgression unterscheidet sich von Hegels Aufhebung durch einen anderen Umgang mit der Grenze: "Bataille setzt Hegels Überschreitung der Grenzen im Prozeß nicht fort, sondern verleiht einer nicht zu beseitigenden Grenze Macht im Augenblick. Diese Handlung besteht darin, den die absolute Präsenz in Aussicht stellenden Präsentationscharakter des Begriffs zu bannen." Bataille begrenzt den Diskurs "kraft einer Erfahrung, für die die Wahrung der durch die Handlung eröffneten Grenze konstitutiv ist."[86]

Erfahrung, Kommunikation, Sprache

Die innere Erfahrung Batailles ist eine "Reise zu den Grenzen des dem Menschen Möglichen", die mit dem "Nicht-Wissen" beginnt. Dennoch ist sie, so Bataille, eine Form authentischen Wissens - im Unterschied zum klaren und deutlichen Wissen, das seine Gegenstände in starre Formen einschließt. Erfahrung ist ein existentieller Akt der Kommunikation zwischen Subjekt und Objekt, in dem das Leben, an der Grenze zum Tod, seine höchste Kraft erreicht. Aber in dem Moment, in dem wir an diese Grenze gelangen, betreten wir eine Leere, in der weder Subjekt noch Objekt weiter existieren.[87] Was hier miteinander in Kommunikation tritt, hört auf, als Individualität zu existieren. Diese Auslöschung ist die unheilbare Wunde, die uns dem Anderen (dem anderen Subjekt, der Welt) öffnet. "Dans l'expérience, il n'est plus d'existence limitée. Un homme ne s'y distingue en rien des autres: en lui se perd ce qui chez d'autres est torrentiel. Le commandement si simple: "Sois cet océan", lié à l'*extrême*, fait en même temps d'un homme une

---

85   ED, S. 376. Derrida bezieht sich hier auf Sartre, der in *Un nouveau mystique* behauptet hat: "Mais le rire est ici le *négatif*, au sens hégélien.".

86   Häfliger S. 167. Vgl. zur Kritik der auf die Schrift und das Spiel der Zeichen beschränkten Interpretation Batailles durch Derrida Häfliger S. 168.

87   Vgl. Franco Rella 1994, S. 91.

multitude, un désert. C'est une expression qui résume et précise le sens d'une communauté. Je sais répondre au désir de Nietzsche parlant d'une communauté n'ayant d'objet que l'expérience (mais désignant cette communauté, je parle de "désert")."[88]

Dennoch existiert das Subjekt in anderer Weise fort: "le sujet dans l'expérience en dépit de tout demeure". Es wird Bewußtsein eines anderen ("conscience d'autrui"). Wie der antike Chor verliert es sich in der Kommunikation. Daher versteht Bataille die innere Erfahrung nicht als solipsistische Angelegenheit: auf Blanchots Frage hin, warum er sie nicht verfolge, als sei er der letzte Mensch[89] erwidert Bataille, die innere Erfahrung sei "conquête et comme telle *pour autrui*".[90]

Diese Erfahrung schließt das Bewußtsein der unglaublichen Zufälligkeit, ja Unwahrscheinlichkeit der eigenen Existenz ein. So scheint die eigene Existenz sich über einer Leere zu halten. Aber zugleich macht Bataille deutlich, daß sich aus der Erfahrung dieser Leere die Notwendigkeit ergibt, ich, ein Individuum, zu sein. Als verlange diese Leere die Herausforderung, die *ich* an sie stelle, ich, das heißt die unendliche, schmerzliche Unwahrscheinlichkeit des unersetzlichen Wesens das ich bin.[91] Denn solange ich lebe, weiß ich, daß ich Individuum einer Spezies bin und stimme im Großen und Ganzen mit einer gemeinsamen Realität überein. Erst sterbend gibt das Ich diese Übereinstimmung auf: es nimmt, was es umgibt, wirklich als Leere wahr und sich selbst als Herausforderung dieser Leere. Es nimmt ohne Fluchtmöglichkeit den Riß wahr, der seine Natur konstituiert und in dem es transzendiert hat, was existiert.[92] Doch diese Wahrnehmung, und damit die extreme Erfahrung, ist unmöglich, da sie nur im Tod möglich wäre.

Daß der Tod die Wahrheit der inneren Erfahrung ist, daß diese Erfahrung Selbstverlust bedeutet, ohne die Möglichkeit, sich zu retten - darin liegt die Differenz der *expérience intérieure* zur Religion. Bataille nennt diese Differenz den "Verzicht darauf, alles sein zu wollen". Für den Gläubigen besteht das Heil darin, "alles zu werden", Gottheit

---

88   OC V, S. 40.
89   Vgl. Maurice Blanchot: *Le dernier homme.*
90   OC V, S. 76.
91   OC V, S. 83f.
92   OC V, S. 85f.

für die meisten, Nicht-Individualität für die Buddhisten (denn nach Buddha ist das Leiden das Individuelle). An die Stelle des Willens, alles zu werden, setzt Bataille den Willen, sich zu verlieren, und das ist ihm gleichbedeutend damit, der Isolierung und dem Rückzug des Individuums auf sich selbst zu entgehen und zu kommunizieren..

Die Erfahrung der Grenze ist für Bataille untrennbar von den Möglichkeiten der Sprache, sofern diese nicht auf den Diskurs, der stets Projekt und damit Arbeit ist, beschränkt bleibt. Die Sprache ist sowohl Medium der Homogenisierung und Individualisierung als auch der Transgression. Batailles Konzeption der Sprache ist an die philosophisch-soziologischen Implikationen seiner "Heterologie" und an seine Theorie des *érotisme* gebunden. Einerseits führt die Sprache in die Kontinuität des Seins Abgrenzungen und Diskontinuitäten ein, sie zerteilt die Realität und fügt sie auf neue Weise zusammen. So stellt sie der Fülle der Wirklichkeit ein begrenztes Ausdruckssystem gegenüber, das dieser nicht gerecht zu werden vermag. Andererseits aber konstituiert sie so eine Realitätsebene, die über die konkrete Objektwelt hinausgeht. In diesem Raum zwischen der Vielfalt des Seins und den Strukturen des Diskurses kann es der poetischen Sprache gelingen, eine Form von Souveränität zu erreichen.[93]

Philippe Sollers hat in seinem Artikel *De grandes irrégularités de langage*[94] diese Ambivalenz herausgestellt, die Bataille der Sprache zuschreibt: einerseits verfestigt sie als Diskurs die isolierte Individualität, andererseits führt sie, wenn sie zu dem Punkt gelangt, wo "Kommunikation" stattfindet, zum Sich-verlieren des Subjekts in der ekstatischen Erfahrung. An diesem Punkt verschwindet auch die Sprache, und die Ekstase findet "allein" statt. Ihr Subjekt nimmt eine marginale Rolle ein, wie ein Kind in einem Drama oder der Chor in der Tragödie. Aber dieser Sprach- und Selbstverlust ist nicht mit romantisch-willenlosem Sichverlieren zu verwechseln: es bedarf gerade des stärksten Willens - und des "klassischen" Vernunftgebrauchs - den Diskurs zu suspendieren und sich auf das Unbekannte außerhalb der schützenden Individualität einzulassen. Batailles Beispiel hierfür ist Nietzsche, der "vernünftig", indem er nämlich sein Denken an die

---

93   Vgl. Elisabeth Lange 1992, S. 113.
94   *Critique* Nr. 195-196 (Hommage an Georges Bataille), August-September 1963, S. 795-802.

äußerste Grenze trieb, den Kopf verlor. "Le dernier mot de la philosophie est le domaine de ceux qui, *sagement*, perdent la tête".[95] Das Organ dieses Willens, dieser Vernunft und dieses Denkens ist die Sprache. Oder besser: eine Erfahrung mit der Sprache, die außerhalb der Sphäre des Diskurses stattfindet: nicht formelle Vollendung, sondern Fortschreiten bis zum Verschwinden der Sprache. Ein Sprachgebrauch, der den Verlauf der klassischen Spannung nachvollzieht, die im simultanen Scheitern des Sinns und des Nicht-Sinns zerbricht.

Zehn Jahre nach dem Erscheinen dieses Textes faßt Sollers noch einmal die für das Subjekt konstitutive Ambivalenz gegenüber dem Unmöglichen zusammen: "C'est clair: ce qui "accède" à l'impossible n'est pas le sujet *lui-même* (il peut même mourir de façon insignifiante comme un enfant dans le noir). Ce qui accède est l'excès, qui peut d'ailleurs se réduire et subsister pauvrement dans le sujet comme oubli ou méconnaissance. L'excès accède comme communication c'est-à-dire neuf fois sur onze comme rechute de dénégation. C'est pourquoi il y a toujours au moins deux sujets pour repondre de l'opération. Mais ce deux n'est pas "deux individus", le deux vient de la division elle-même qui n'affecte pas un sujet d'avance, mais en quelque sorte le produit en le dépensant."[96] Aus dieser Teilung, die das Subjekt erst entstehen läßt, indem sie es verausgabt, entsteht "Bedeutung".

Batailles Konzeption der Sprache und seine Trennung zwischen diskursiver Sprache und solchem Sprechen, dem es gelingt, zu kommunizieren und so über die Isolation hinauszugelangen, ist eingebettet in eine allgemeine ökonomische Theorie. Das am Nutzen orientierte gesellschaftliche Leben und damit auch die Sprache sind von Logik und Vernunft beherrscht. Um im gesellschaftlichen Rahmen als als Kommunikationsmittel fungieren zu können, muß sich die Sprache der homogenisierenden Wirkung ihrer rationalen Strukturen unterwerfen. So werden die heterogenen Elemente des Seins ausgeschlossen. In seiner Sade-Interpretation macht Bataille deutlich, daß die Sprache in der Regel im Dienste der Zivilisation und gegen die Gewalt funktioniert. Mit dieser

---

95 Philippe Sollers, a.a.O., S. 800.
96 Sollers in *Bataille* (Hrsg. Philippe Sollers) 1973, S. 15.

Sprachauffassung zeichnet Bataille den Denkansatzs Foucaults, wie wir ihn aus der *Histoire de la folie* und aus der *Archéologie du savoir* kennen, vor. Denn hier wird ja untersucht, wie die Gesellschaft im Laufe der abendländischen Geschichte ihre verschiedenenen Modelle der Trennung zwischen der Vernunft und der Nicht-Vernunft, dem Normalen und der Abweichung, geformt hat. Auch Foucault räumt dabei dem Begriff des Diskurses eine zentrale Rolle ein, denn der Diskurs ist das Medium, in dem Ausschluß und Verbot stattfinden und mit dessen Hilfe eine Gesellschaft ihre Grenzen definiert.[97] Foucault fügt dem jedoch in *La volonté de savoir* eine entscheidende Pointe hinzu: das "heterogene Element" der Sexualität nämlich wird in der Moderne gerade durch die Hereinnahme in den Diskurs gebannt und entschärft.

Auch Roland Barthes knüpft an Bataille an, wenn er in seiner Antrittsvorlesung am *Collège de France* die Sprache als das eigentliche Instrument der Macht darstellt.[98] Die Macht schreibt sich in die Sprache ein, und zwar nicht, indem sie am Sagen hindert, sondern indem sie zum Sagen zwingt. Diesen Mechanismus zu überwinden, würde bedeuten, sich außerhalb der Sprache zu stellen, was uns nicht möglich ist. Daher bleibt uns nur das trügerische Spiel, der Lockvogel der Literatur. Die Praxis des Schreibens kann die Macht außer Kraft setzen, indem sie mit den in der Sprache wirksamen Kräften spielt, ohne sie im Hinblick auf ein bestimmtes Ziel zu benutzen. Schreiben ist - wie Barthes in Batailleescher Diktion sagt - eine "Verausgabung für nichts".[99]

Die diskursive Sprache führt nicht aus der Diskontinuität der individuellen Existenz heraus: denn diskursives Sprechen heißt immer schon, zu wissen glauben. Der Diskurs ignoriert, was in uns stumm, heimlich und unfaßbar ist. Aber Batailles innere Erfahrung bleibt von der diskursiven Vernunft geleitet - denn allein die Vernunft vermag, ihr eigenes Werk aufzulösen. Wie der Wahnsinn allein zu nichts führt, da er mit der Vernunft die Möglichkeit der Kommunikation zunichtemacht,[100] so bleibt der Diskurs letztlich die

---

97 Vgl. dazu Lange 1992, S. 114f.
98 *Leçon/Lektion*, 1980.
99 Roland Barthes: *Schreiben als Verausgabung für nichts*, in: *Freibeuter* 6, 1980, S. 1-14. Vgl. Lange 1992, 116f.
100 OC V, S. 60.

verbale Dienstbarkeit des Vernunftwesens,[101] und sich auf ihn zu beschränken, bedeutet, auf die Möglichkeiten der Kommunikation, der Intimität und der Souveränität zu verzichten. "La folie ne peut pas être rejetée hors de l'*intégralité* humaine, qui ne pourrait pas être accomplie sans le fou." An diese Überlegungen Batailles knüpft Foucaults Kritik am Ausschluß des Wahnsinns an. Bataille zufolge ist, wer einmal begriffen hat, daß der Wahnsinn den Menschen vollendet, vor die Wahl gestellt - nicht zwischen Wahnsinn und Vernunft, sondern "entre l'imposture d'"un cauchemar justifiant des ronflements" et la volonté de se commander à soi-même et de vaincre."[102] Letzteres bedeutet jedoch, daß der Mensch Opfer seiner eigenen Gesetze wird, die seinen Verlust verlangen.

Bei Hegel führt der sich in der Zeit entwickelnde Diskurs zur Autonomie des "absoluten Wissens". Das "absolute Wissen" schließt sich, während die Bewegung, die Bataille im Sinn hat, sich öffnet. Ausgehend vom absoluten Wissen konnte Hegel nicht verhindern, daß der Diskurs verschwindet, aber er veschwindet *im Schlaf*. Für Bataille dagegen ist das verschwindende Denken dem *Erwachen* gleich: es wird *Kommunikation* mit den *souveränen Momenten* aller Menschen. Dieses Denken finden wir besonders in den Momenten, denen das Bewußtsein des Nicht-Wissens vorausgeht, im Diskurs, der in die Nacht eintritt und der von der Klarheit selbst in die Nacht getaucht wird.[103] So heißt es 1953 im Postscriptum zur *Expérience intérieure*: "S'il fallait me donner une place dans l'histoire de la pensée, ce serait, je crois pour avoir discerné les effets, dans nôtre vie humaine, de *l'évanouissement du réel discursif* (...)."[104] Der Diskurs, in dem das an die Grenze geführte Denken das Opfer des Denkens fordert, ist für Bataille von Nietzsche exemplarisch realisiert worden.[105] Nietzsches Denken kann nicht von der Bewegung getrennt werden, die versucht hat, der akkumulierenden Bourgeoisie den Neubeginn des

---

101   OC V, S. 134.
102   In: *La folie de Nietzsche*, OC I, S. 545-549, hier 548f.
103   OC VIII, S. 403
104   OC V, S. 231. Das Verschwinden des diskursiv Wirklichen gilt inzwischen allenthalben als Erfahrung des postmodernen Menschen. Daher kann, wie dies während des Freiburger Romanistentages 1987 getan wurde, Bataille im Kontext einer "Archäologie poststrukturalistischer Theorie- und Literaturpraxis" rezipiert werden. Vgl. Elisabeth Lange, a.a.O.
105   OC VIII, S. 404.

Lebens im Augenblick entgegenzusetzen, während Hegel den bourgeoisen Staat unterstützt hat.

Aus diesem Verständnis diskursiver Sprache heraus wird Literatur für Bataille zur Notwendigkeit, von dem zu sprechen, was der Einzelne im Zuge seiner Individualisierung verwerfen muß, und von dem, wogegen Gesellschaften sich zusammenschließen. Daraus folgt nicht nur, daß sich jede ernstzunehmende Literatur stets in Opposition zur Regierung befindet,[106] sondern auch, daß Literatur und Engagement nicht miteinander zu versöhnen sind. In dem 1950 in *Botteghe oscure* erschienenen *Lettre à René Char sur les incompatiblités de l'écrivain* unterstreicht Bataille die Unmöglichkeit, die Literatur einem nützlichen Zweck (und sei es dem Engagement für eine "gute" oder "gerechte" Sache) unterzuordnen. In diesem Brief, der sich wie eine Antwort auf Sartres Konzept der "littérature engagée" liest, heißt es: "NON SERVIAM est, dit-on, la devise du démon. En ce cas la littérature est diabolique."[107] Wenn es einen Grund zu handeln gibt - wie etwa die Furcht vor dem Hunger, der Unterwerfung oder dem Tod eines Anderen - muß man ihn, so Bataille, so unliterarisch wie möglich sagen. Während das Denken sich von unserem souveränen Sein abwendet, versucht die Literatur es zu erfassen. Als Element der Leere gibt die Literatur dem Souveränen Raum. Sie ist eine Leere im Herzen der Sprache,[108] denn die Sprache "bezeichnet", und die Literatur entzieht der Sprache die Fähigkeit, etwas anderes zu bezeichnen als das Souveräne. Das Elend der Literatur resultiert aus der Unfähigkeit der Sprache, das Nutzlose, das Überflüssige, die menschliche Haltung, die die nützliche Aktivität überschreitet, zu bezeichnen. Aber der Gebrauch von Wörtern zu einem nicht nützlichen Zweck birgt, wie Bataille in seiner Rezension von Beckets 1951 erschienenem Roman *Molloy*[109] schreibt, das Glück der Herausforderung und der Dreistigkeit.

Bataille setzt die Möglichkeiten der Sprache einem Kräftefeld gleich: Wörter können, wie Bewegungen, Musik, Symbole, Riten, Gesten und Haltungen, Wege der Ansteck-

---

106 OC XII, S. 25f.
107 OC XII, S. 19.
108 OC XII, S. 22.
109 *Critique* Nr. 48, Mai 1951, S. 387-396. OC XII, S. 85-94.

ung zwischen und der Einwirkung auf Lebewesen sein. Wir, die Subjekte, sind Haltepunkte in der unbegrenzten Kommunikation, Verknüpfungen und Verlangsamungen der schnellen Ströme. So wird die vielfache Faltung in sich selbst, die unser Bewußtsein ist, möglich. Diese mehr oder weniger stabile Ordnung, die scheinbar definitive Konstruktion der Isolation sind notwendig für die Formierung eines reflektierenden Bewußtseins. Die Bewegung kann nicht reflektiert werden ohne einen relativ fixen Spiegel. Der Irrtum beginnt erst dann, wenn dieses reflektierende Bewußtsein die kleine Spanne der Ruhe ernst nimmt, die die Umstände ihm zugestehen. Diese Zeit der Ruhe ist nur eine Ladezeit, um wieder kommunizieren zu können - im Sprechen, im Lachen.[110]

Doch in der Regel lassen Wörter und Diskurs, die fast unaufhörlich in uns arbeiten, uns den stummen Bereich vergessen, der dem Sprechen zugrundeliegt. Erreichbar ist er nur durch vage innere Bewegungen, die von keinem Objekt abhängen und keine Intention haben, durch Zustände, die durch nichts Definierbares motiviert werden. Die Sprache kann nichts darüber sagen, und wenn wir widerspruchslos unter ihrem Gesetz leben, sind diese Zustände in uns, als existierten sie nicht. Wenn wir aber den Diskurs in uns zum Schweigen bringen, können wir uns von ihnen überraschen lassen. Doch es gelingt uns nicht leicht und nie vollständig, zu schweigen, wir müssen mit der "Geduld einer Mutter" gegen uns kämpfen, um uns von der "Macht der Wörter" zu befreien.[111] Paradoxerweise kann uns ein Wort wie *silence* so den Gegenständen entgleiten lassen. Bataille nennt es das perverseste und poetischste aller Wörter. Aber: "le mot silence est encore un bruit".[112] Sprechen heißt immer schon, zu wissen glauben, und um nicht mehr zu wissen, dürften wir nicht mehr sprechen. Diese Schwierigkeit, über das Schweigen zu sprechen, ist ein immer wiederkehrendes Thema Batailles. Seine Bewunderung für Blanchot rührt daher, daß er in dessen Werk eine gelungene Bearbeitung des Gegenstands "Schweigen" sieht. Das Schweigen, von dem gesprochen werden muß, ist Bataille zufolge überhaupt der einzige Gegenstand des Werks Blanchots[113]: "(...) le silence étant bien la dernière

---

110 *Methode de méditation,* Anhang und Ergänzung zur *Expérience intérieure.* OC V, S. 270f.
111 OC V, S. 27f.
112 OC V, S. 25.
113 OC XII, S. 173, *Silence et littérature,* über Maurice Blanchots *Le moment voulu.*

chose que le langage pourrait taire, et ce qu'il ne peut néanmoins prendre pour objet sans une sorte de crime."[114]

Auch in *René char et la force de la poésie*[115] setzt sich Bataille damit auseinander, daß sich der, der über den souveränen Augenblick schreibt, stets der Lächerlichkeit preisgibt: wie kann ich, wenn ich schreibe, diese Höhe erlangen, wenn das, was ich schreibe, mich doch dazu verpflichten müßte, nicht mehr zu schreiben! Aber in Anbetracht der Worte René Chars: "*Pleurer solitaire mène à quelque chose,*" schreibt Bataille: "j'aperçois que l'écriture, au-delà d'une entreprise qui est concertée, et comme telle est terre á terre, privée d'ailes, peut soudain, discrètement, se briser et n'être plus que le cri de l'émotion. Il faut, pour bien m'entendre, se tenir ferme à ceci que, d'une part, la réflexion est froide et doit même exclure la chaleur ou la hauteur de l'esprit; qu'une véritable élévation, d'autre part, me porte au-delà du souci de donner un objet étroit à un cours de pensée conforme au principe de l'utilité. Mais dès lors, je dois mesurer tristement la distance qui sépare l'activité de l'intelligence (...) du moment où l'esprit gagne des hauteurs depuis lesquelles tout se dérobe à *perte* de vue."[116]

Die poetische Sprache kommt dem Unmöglichen nah, denn sie führt uns, indem sie beispielsweise aus den Wörtern Butter und Pferd ein Butterpferd entstehen läßt, vom Bekannten zum Unbekannten. Aber das poetische Bild bindet sich dennoch an das Bekannte, das ihm Körper gibt, auch wenn es dieses zerreißt. Daher ist die Poesie fast vollständig gescheiterte Poesie, Genuß von Bildern, die zwar dem nützlichen Bereich entzogen worden sind, aber die der vollständigen Zerrüttung verweigert wurden, die der Zugang zum Unbekannten ist.[117] Daher bleibt die Poesie im Vergleich zur extremen

---

114 OC XII, S. 175. Entsprechend faßt Derrida zusammen: "(...) que *l'impossible* médité par Bataille aura toujours cette forme: comment, après avoir épuisé le discours de la philosophie, inscrire dans le lexique et la syntaxe d'une langue, la nôtre, qui fut aussi celle de la philosophie, ce qui excède néanmoins les oppositions de concepts dominées par cette logique commune?" *De l'économie restreinte à l'économie générale*, in: ED S. 371. SD S. 382.
115 *Critique* Nr. 53, Octobre 1951, S. 819-828, OC XII, S. 126-130.
116 OC XII, S. 127.
117 OC V, S. 157, 170. Die Faszination, die die Texte Roussels bei Foucault auslösen, ist sicher zu weiten Teilen dem Eindruck zu verdanken, daß sie dieses Problem überwunden haben. In ihnen ist durch vollständige Entleerung der bekannten Sprache die Transgression der *langue* gelungen.

Erfahrung beschränkt. Sie ist an den Bereich der Wörter gebunden, während die Erfahrung alles ist, was möglich ist. Der poetischen Sprache ist ein Moment des Schweigens eigen, aber es ist ein *gewolltes* Schweigen.[118]

Bataille bleibt daher gegenüber der Poesie zutiefst ambivalent. Neben der Feststellung ihres notwendigen Scheiterns steht die Anerkennung dessen, daß sie uns durch ihre Opferung der Wörter dem nützlichen Zusammenhang entreißt: "De la poésie, je dirai maintenant qu'elle est, je crois, le sacrifice où les mots sont victimes. Les mots, nous les utilisons, nous faisons d'eux les instruments d'actes utiles. Nous n'aurions rien d'humain si le langage en nous devait être en entier servile. Nous ne pouvons non plus nous passer des rapports efficaces qu'introduisent les mots entre les hommes et les choses. Mais nous les arrachons à ces rapports dans un délire."[119]

Wenngleich Bataille die Passivität der Dichter, die er im übrigen umstandslos mit Weiblichkeit ineins setzt, scharf angreift,[120] ist doch diese Passivität ein auch der inneren Erfahrung notwendiger Zug. Bataille schreibt nur wenige Seiten später: "(...) l'expérience intérieure est le contraire de l'action." Denn die Handlung ist, wie das diskursive Denken, der Existenzweise des Projekts verpflichtet. Das Projekt aber ist der Aufschub der Existenz. Die innere Erfahrung dagegen ist die Denunziation des Waffenstillstandes, das Sein ohne Aufschub ("L'expérience intérieure est la dénonciation de la trêve, c'est l'être sans délai.").[121] Dennoch ist dieses "être sans délai" nicht die Erfahrung der Präsenz, deren Unmöglichkeit Derrida gezeigt hat. Denn diese Erfahrung selbst bleibt: unmöglich. "Ce qui *s'indique* comme expérience intérieure n'est pas une expérience puisqu'elle ne se rapporte à aucune présence, à aucune plénitude, mais seulement à l'impossible qu'elle

---

118 OC V, S. 41f.
119 OC V, S. 156.
120 OC V, S. 53: "(...) la nonchalance poétique, l'attitude passive, le dégoût d'une réaction virile, qui décide: C'est la déchéance littéraire (...). L'accès à l'extrême a pour condition la haine non de la poésie mais de la féminité poétique (absence de décision, le poète est femme, l'invention, les mots, le violent)."
121 OC V, S. 59f.

"éprouve" dans le supplice. Cette expérience n'est surtout pas intérieure: si elle semble l'être de ne se rapporter à rien d'autre, à aucun dehors, autrement que sur le mode du non-rapport, du secret et de la rupture, elle est aussi tout entière *exposée* - au supplice - nue, ouverte au dehors, sans réserve ni for intérieur, profondément superficielle."[122]

Dem oft mystifizierenden und gequälten Ton der Exerzitien, die Bataille unter dem Titel der *expérience intérieure* gesammelt hat, ist immer wieder mit Abwehr und Distanz gegenüber dieser Praxis des Selbstverlustes begegnet worden. Insbesondere Jean-Paul Sartre hat in *Un nouveau mystique*[123] heftig, aber unangemessen, den Mystizismus Batailles kritisiert.[124] Dennoch tritt gerade hier die Schwierigkeit, sich dem Bereich des Nichtdarstellbaren, des Unmöglichen, das aus der individuellen Existenz hinausführt, sprachlich zu nähern, in aller Deutlichkeit zutage. Die Bedeutung, die Bataille für Foucault gewinnen konnte, ist weitgehend darauf zurückzuführen, daß er sich mit der Sprache stets ausgehend von der Frage nach der Darstellbarkeit des Nichtdarstellbaren, von der Frage nach dem Heterogenen, dem Unmöglichen, beschäftigt. Aus demselben Grund übte Bataille seit Ende der sechziger Jahre großen Einfluß auf die französische Literaturkritik aus. Foucault konstatiert schon 1964: "Pourquoi est-ce que Bataille a été pour l'équipe de Tel Quel quelqu'un de si important, sinon parce que Bataille a fait émerger des dimensions psychologiques du surréalisme quelque chose qu'il a appelé 'limite', 'transgression', 'rire', 'folie' pour en faire des expériences de la pensée... la littérature actuellement, redécouvre cette question..." Damit antizipiert er (gemeinsam mit Philippe Sollers) die Hinwendung der Bataille-Rezeption zu dessen Konzeption der Sprache, ihren soziologischen Bedingungen und ihrem Zusammenhang mit seiner Theorie der Erotik.[125]

---

122   ED, S. 400.
123   In: *Situations I*, Paris 1947.
124   Auf die Unangemessenheit von Sartres Kritik hat Jaques Derrida hingewiesen: " "Ce qui, pour ébranler la sécurité du savoir discursif, *s'indique* comme mystique, *renvoie* au-delà de l'opposition du mystique et du rationnel. Bataille n'est surtout pas un nouveau mystique." ED S. 399f. SD S. 413.
125   Foucault in: *Débat sur le roman* dirigé par Michel Foucault. In: *Tel Quel* 17, 1964, S. 13. DE I S. 339. Vgl. Elisabeth Lange 1992, S. 109ff.

Für Bataille werden diese Fragestellungen in den dreißiger Jahren im Zusammenhang seiner Auseinandersetzung mit dem Faschismus relevant. Insofern ist seine Erfahrung mit der Sprache stets auch im Kontext soziologischer und kulturwissenschaftlicher Fragestellungen zu lesen.[126] Wenn Bataille sich während des Zweiten Weltkriegs der *Expérience intérieure* verschreibt, so erscheint dies wie ein Bruch mit seinen früheren Äußerungen über die revolutionäre Aktion. Aber auch der Wille zur Aktion war bei Bataille stets von dem Gedanken geleitet, die Existenz an ihre Grenze zu führen und die fundamentale Kontinuität zu erfahren, die die Individuen verbindet und auflöst. Dieser Gedanke wird durch die Figur des Souveränen resumiert.[127]

---

126   Vgl. Helga Finter in Finter/Maag (Hrsg), 1992, S. 9.
127   Diese Kontinuität in Batailles Denken hat Jean-Michel Besnier in seinem Artikel *Georges Bataille, intellectuel pathétique* herausgestellt. Francis Marmande sieht das verbindende Moment der Texte Batailles in ihrem Bezug zum Politischen im Sinne Barthes, das heißt als Ensemble der menschlichen Beziehungen in ihrer realen, sozialen Struktur und in ihrer Macht, Welt herzustellen. Dieser Bezug verleihe dem Werk Batailles, in dem sich allerdings mit der *Expérience intérieure* und *Le Coupable* (1943 und 1944) ein fundamentaler Bruch abzeichne, seine Ganzheit. Marmande 1985, S. 6, 8.

Literatur- und Siglenverzeichnis

Schriften Georges Batailles:

Œuvres Complètes, Paris 1970-1988, zwölf Bände. (OC)
L'Erotisme, Paris 1957.
Lettres à Roger Caillois. 4 août 1935 - 4 février 1959, présentées et anotées par Jean-Pierre Le Bouler, Préface de Françis Marmande, Paris 1987.

Übersetzungen:

Manet, Genf 1955.
Der heilige Eros, übersetzt von Max Hölzer, Darmstadt und Neuwied 1963.
Das obszöne Werk, Reinbek 1972.
Das theoretische Werk Band I: Die Aufhebung der Ökonomie. Der Begriff der Verausgabung; Der verfemte Teil; Kommunismus und Stalinismus, München 1975.
Das Schweigen Molloys, in: Materialien zu Samuel Becketts Romanen, Hrsg. H. Engelhardt, D. Mettler, Frankfurt/Main 1976.
Die psychologische Struktur des Faschismus. Die Souveränität. Hrsg. Elisabeth Lenk, übersetzt von Rita Bischof, Elisabeth Lenk, Xenia Rajewsky, München 1978.
Die Literatur und das Böse, Frankfurt/Main 1987.

Schriften Michel Foucaults:

Maladie mentale et personnalité, Paris 1954 (Collection initiation philosophique, Hrsg. Jean Lacroix). (MMP)
Folie et déraison. Histoire de la folie à l'âge classique, Paris 1961 (Neue Ausgabe mit einem anderen Vorwort und zwei Anhängen Paris 1972). (HF)
Maladie mentale et psychologie, Paris 1962. (MMPSY)
L'anthropologie de Kant (Dissertation in zwei Bänden, 1. Band: Einleitung, 2. Band: Übersetzung und Anmerkungen), Paris 1961 (Band 1) und 1964 (Band 2).
Naissance de la clinique. Une archéologie du regard médical, Paris 1963; zweite, revidierte Auflage: Paris 1972.
Raymond Roussel, Paris 1963. (RR)
Les mots et les choses. Une archéologie des sciences humaines, Paris 1966. (MC)

L'archéologie du savoir, Paris 1969. (AS)

L'ordre du discours (Inauguralvorlesung am Collège de France, 2. Dezember 1970), Paris 1971. (Odisc)

Ceci n'est pas une pipe, Montpellier 1973.

Moi, Pierre Rivière, ayant égorgé ma mère, ma sœur et mon frère. Un cas de parricide au XIXe siècle, présenté par M. Foucault, Paris 1973.

Surveiller et punir. La naissance de la prison, Paris 1975. (SP)

Histoire de la sexualité, 1: *La volonté de savoir*, Paris 1976. (VS)

Herculine Babin dite Alexina B., (Hrsg.), Paris 1978.

Le désordre des familles. Lettres de cachet des Archives de la Bastille, présenté par Arlette Farge et Michel Foucault, Paris 1982.

Histoire de la sexualité, 2: *L'usage des plaisirs*; 3: *Le souci de soi*, Paris 1984. (UP;SS)

Sept propos sur le septième ange, Montpellier 1986.

Résumé des cours 1970-1982, Paris 1989.

Dits et écrits 1954-1988, vier Bände, Hrsg. Daniel Defert, François Ewald, Paris 1994. (DE)

Vorträge, Aufsätze und Gespräche, die in Dits et Ecrits *nicht enthalten sind:*

Langage et Littérature, Vorlesung in Saint-Louis, Belgien, 1964. Foucault-Archiv der *Bibliothèque du Saulchoir*, Paris.

Le pouvoir et la norme, Vorlesung vom 28. März 1973 am Collège de France. Transcription pirate, *Bibliothèque du Saulchoir*, Paris.

Qu'est-ce que la critique?, Vortrag vom 27. Mai 1978 vor der Société Française de Philosophie, in: Bulletin de la Société Française de Philosophie, Nr. 2, April-Juni 1990.

Foucault, passe-frontières de la philosophie, Gespräch mit Roger-Pol Droit am 20. Juni 1975, in: *Le Monde*, 6.9.1986.

Übersetzungen:

Psychologie und Geisteskrankheit, übersetzt von Anneliese Botond, Frankfurt/Main 1968.

Wahnsinn und Gesellschaft. Eine Geschichte des Wahns im Zeitalter der Vernunft, übersetzt von Ulrich Köppen, Frankfurt/Main 1969. (WG)

Die Ordnung der Dinge. Eine Archäologie der Humanwissenschaften, übersetzt von Ulrich Köppen, Frankfurt/Main 1971. (OD)

Die Geburt der Klinik. Eine Archäologie des ärztlichen Blicks, übersetzt von Walter Seitter, München 1973.

Die Ordnung des Diskurses, Inauguralvorlesung am Collège de France vom 2. Dezember 1970, übersetzt von Walter Seitter, München 1974. (Odisk)

Mikrophysik der Macht. Über Strafjustiz, Psychiatrie und Medizin, Berlin 1976.

Überwachen und Strafen. Die Geburt des Gefängnisses, übersetzt von Walter Seitter, Frankfurt/Main 1977. (ÜS)

Von der Subversion des Wissens, Hrsg. Walter Seitter, Frankfurt/Main, Berlin, Wien 1978. (Darin u.a.: *Vorrede zur Überschreitung; Das Denken des Außen; Nietzsche, die Genealogie, die Historie*).

Dispositive der Macht. Michel Foucault über Sexualität, Wissen und Wahrheit, Berlin 1978.

Archäologie des Wissens, übersetzt von Ulrich Köppen, Frankfurt/Main 1981.

Sexualität und Wahrheit, Band 1: *Der Wille zum Wissen*, übersetzt von Ulrich Raulff und Walter Seitter, Frankfurt/Main 1983. (SWI)

Freiheit und Selbstsorge, Hrsg. Helmut Becker, Lothar Wolfstätter, Frankfurt am Main 1985.

Sexualität und Wahrheit, Band 2 und 3: *Der Gebrauch der Lüste; Die Sorge um sich*, übersetzt von Ulrich Raulff und Walter Seitter, Frankfurt/Main 1986. (SW II; SW III).

Schriften zur Literatur, Frankfurt/Main 1988.

Für eine Kritik der Politischen Vernunft, in: *Lettre International*, Sommer 1988, S. 58-66.

Der Tod des Menschen im Denken des Lebens. Georges Canguilhem über Michel Foucault, Michel Foucault über Georges Canguilhem, übersetzt von Walter Seitter, Tübingen 1988.

Raymond Roussel, übersetzt von Renate Hörisch-Helligrath, Frankfurt/Main 1989.

Familiäre Konflikte: die "Lettres de cachet", Arlette Farge; Michel Foucault, übersetzt von Chris E. Paschold und Albert Fier, Frankfurt/Main 1989.

Was ist Kritik?, Berlin 1992.

Der Mensch ist ein Erfahrungstier. Gespräche mit Ducio Trombadori, Frankfurt/Main 1996.

Diskurs und Wahrheit. Die Problematisierung der Parrhesia, Berkeley-Vorlesungen 1983, Hrsg. Joseph Pearson, Berlin 1996.

Weitere Literatur:

Ahrendt, Hanna: *Was ist Existenz-Philosophie?*, in: Karl Jaspers, Werner Krauss, Alfred Weber, Dolf Sternberger (Hrsg.): *Sechs Essays*, Heidelberg 1948.

Alexander, Jeffrey: *The Dialectic of Individuation and Domination: Weber's Rationalization Theory and Beyond*, in: Scott Lash, Sam Whimster (Hrsg.): *Max Weber, Rationality and Modernity*, London 1987, S. 185-206.

Altwegg, Jürg: *Die Republik des Geistes. Frankreichs Intellektuelle zwischen Revolution und Reaktion*, München 1989.

Après le sujet, qui vient? Cahiers Confrontation Nr. 20 (Beiträge von A. Badiou, M. Blanchot, G. Deleuze, J. Derrida, J.-F. Lyotard), Paris 1989.

L'Arc Nr. 32, Paris 1967 (Bataille gewidmet. Enthält Auszüge aus bis dahin unveröffentlichten Texten wie *Acéphale, Préface pour le Mort, Projet d'une conclusion pour l'Erotisme, Manuel de l'anti-chrétien* sowie Artikel von Derrida, Hollier, Klossowski, Leiris u.a.)

L'Arc Nr. 44, Paris 1971, *Bataille*. Artikel von Ronse, Leiris, Hollier u.a.

Bachelard, Gaston: *La formation de l'esprit scientifique* (1938), Paris 1972.

Balibar, Etienne: *Foucault et Marx. L'enjeu du nominalisme*, in: *Michel Foucault philosophe*, Paris 1989, S. 54-75.

Ders.: *Foucault und Marx. Der Einsatz des Nominalismus*, in: *Spiele der Wahrheit. Michel Foucaults Denken*, Hrsg. François Ewald, Bernhard Waldenfels, Frankfurt/Main 1991, S. 39-65.

Barthes, Roland: *Critique et vérité*, Paris 1966.

Ders.: *Le degré zéro de l'écriture, suivi de Nouveaux Essais Critiques*, Paris 1972.

Ders.: *Sade, Fourier, Loyola*, Frankfurt/Main 1974.

Ders.: *Leçon/Lektion*. Antrittsvorlesung am Collège de France, Frankfurt/Main 1980.

Ders.: *Schreiben als Verausgabung für nichts*. Ein Gespräch mit Jacques Chancel, in: *Freibeuter* 6, 1980, S. 1-14.

Baudelaire, Charles: *Le Peintre de la vie moderne*, in: *Œuvres complètes*, Bibliothèque de la Pléiade, Paris 1976, Band II.

Ders.: *De l'héroïsme de la vie moderne*, in: *Œuvres complètes*, Paris 1976, Band II.

Baudrillard, Jean: *L'échange symbolique et la mort*, Paris 1976.

Ders.: *Oublier Foucault*, Paris 1977.

Ders.: *Le sujet et son double*, Gespräch mit François Ewald, in: *magazine littéraire* Nr. 264, April 1989, S. 19-23.

Baudry, Jean-Louis: *Bataille et l'expérience intérieure*, in: *Tel Quel* Nr. 55, Paris 1973, S. 63-76.

Behler, Ernst: *Derrida-Nietzsche, Nietzsche-Derrida*, München/Paderborn/Wien/Zürich 1988.

Benedict, Ruth: *Echantillons de civilisation*, Paris 1950 (*Patterns of Culture*, Boston 1934).

Bentham, Jeremy: *Œuvres*, Aalen 1969 (nach der Brüsseler Edition von 1829).

Bernasconi, Robert; Wood, David (Hrsg.): *Derrida and Differance*, Warwick 1985.

Besnier, Jean-Michel: *Georges Bataille, intellectuel pathétique*, in: *Esprit* Nr. 218, Januar/Februar 1996.

Bergfleth, Gerd: *Theorie der Verschwendung*, in: *Bataille, das theoretische Werk* Bd. I: *Die Aufhebung der Ökonomie*, München 1975, S. 289-406.

Bischof, Rita: *Über den Gesichtspunkt, von dem aus gedacht wird*, in: *Bataille, die psychologische Struktur des Faschismus; Die Souveränität*, München 1978, S. 87-120.

Dies.: *Souveränität und Subversion. Georges Batailles Theorie der Moderne*. Mit einem Vorwort von Elisabeth Lenk, München 1984.

Blanchot, Maurice: *L'expérience intérieure* (1943), in: *Faux pas*, Paris 1973, S. 47-52.

Ders.: *La littérature et le droit à la mort*, in: *La part du feu*, Paris 1949.

Ders.: *Le moment voulu*, Paris 1951.

Ders.: *La folie par excellence*, in: Jaspers, Karl: *Strindberg et Van Gogh. Swedenborg-Hölderlin*, Paris 1953, S. 7-33.

Ders.: *L'Expérience-limite*, in: *La Nouvelle Revue Francaise*, 10. Jg., Oktober 1962, S. 577-592.

Ders.: *L'Amitié* (1962), in: *L'Amitié*, Paris 1971, S. 326-330.

Ders.: *Le jeu de la pensée*, in: *Critique* Nr. 195-196, 1963, S. 734-741.

Ders.: *L'entretien infini*, Paris 1969.

Ders.: *La communauté inavouable*, Paris 1983.

Ders.: *Michel Foucault tel que je l'imagine*, Montpellier 1986.

Bolz, Norbert: *Über romantische Autorschaft*, in: *Urszenen*, Hrsg. F.A. Kittler, Horst Turk, Frankfurt/Main 1977, S. 44-52.

Borges, Jorge Luis: *Ficciones*, Buenos Aires 1944.

Ders.: *Die zwei Labyrinthe*, München 1990.

Bouveresse, Jacques: *La parole malheureuse*, Paris 1971.

Bouzon, Frédéric: *L'individu et le sujet*, in: Guibert-Sledziewski, Vieillard-Baron (Hrsg.) 1988, S. 17-30.

Boyer, Philippe: *Le roi du fou, le fou du roi*, in: *Change* Nr. 12, Paris 1972, S. 177-200.

Boyne, Roy: *Foucault and Derrida: The Other Side of Reason*. London 1990.

Butler, Judith: *Das Unbehagen der Geschlechter*, Frankfurt/Main 1991.

Caillois, Roger: *Le Mythe et l'Homme*, Paris 1938. Darin: *La manthe réligieuse*, S. 35-38.

Ders.: *L'Homme et le sacré*, Paris 1939 und 1976.

Canguilhem, Georges: *Sur l'Histoire de la folie en tant qu'évènement*, in: *Le Débat* Nr. 41, Sondernummer *Michel Foucault*, September-November 1986, S. 37-40.

Ders.: *Über die 'Geschichte des Wahnsinns' als Ereignis*, übersetzt von Wilhelm Miklenitsch, in: Wilhelm Schmid (Hrsg.), 1991.

Carroll, Lewis: *The Complete Works of Lewis Carroll*, London 1988.

Colombel, Jeanette: *Contrepoints poétiques*. In: *Critique* Nr. 471-472, August-September 1986, S. 775-787.

Comte, Auguste: *Discours sur l'esprit positif* (1844), Paris 1987.

Cotten, Jean-Pierre: *La vérité en procès, A propos de quelques pages de Michel Foucault*, in: *La Pensée* Nr. 202, Paris 1978, S. 81-95.

Critique Nr. 195-196, *Hommage à Georges Bataille*, Paris, August-September 1963.

Critique Nr. 471-472, *Michel Foucault: du monde entier*, Paris, August-September 1986.

Culler, Jonathan: *Dekonstruktion: Derrida und die poststrukturalistische Literaturtheorie*, Reinbek 1988.

David-Menard, Monique: *Le laboratoire de l'œuvre*. In: *Michel Foucault. Lire l'œuvre*, Grenoble 1992, S. 27-36.

Le Débat Nr. 41, Sondernummer: *Michel Foucault*, Paris, September-November 1986.

Deleuze, Gilles: *Nietzsche et la philosophie*, Paris 1962.

Ders.: *Logique du sens*, Paris 1969.

Ders.: *Un nouvel archiviste*, in: *Critique* Nr. 274, Paris 1970.

Ders.: *Différence et répétition*, Paris 1968.

Ders.: *Foucault*, Paris 1986.

Deleuze, Gilles; Guattari, Felix: *L'anti-Œdipe*, Paris 1972.

Derrida, Jaques: *L'Ecriture et la différence*, Paris 1967. (ED)

Ders.: *Die Schrift und die Differenz*, übersetzt von Ulrich Köppen, Frankfurt/Main 1972. (SD)

Ders.: *De la grammatologie*, Paris 1967.

Ders.: *Grammatologie*, übersetzt von Hans-Jörg Rheinberger und Hanns Zischler, Frankfurt/Main 1983.

Ders.: *Marges de la philosophie*, Paris 1972.

Ders.: *Positions*, Paris 1972.

Ders.: *Positionen*, Gespräche mit Henri Ronse, Julia Kristeva, Jean-Louis Houdebine, Guy Scarpetta, Hrsg. Peter Engelmann; Graz, Wien 1986.

Descartes, René: *Méditations métaphysiques*, Paris 1979.

Ders.: *Meditationen über die Erste Philosophie*, Stuttgart 1983.

Descombes, Vincent: *Le Même et l'Autre. Quarante-cinq ans de philosophie française (1933-1978)*, Paris 1979.

Dörner, Klaus: *Bürger und Irre: Zur Sozialgeschichte und Wissenschaftssoziologie der Psychiatrie*. Frankfurt/Main 1975.

Dreyfus, Hubert L.: *De la mise en ordre des choses. L'Etre et le Pouvoir chez Heidegger et Foucault*, in: *Michel Foucault philosophe*, Paris 1989, S. 101-121.

Dreyfus, Hubert L.; Rabinow, Paul: *Michel Foucault, un parcours philosophique*, Paris 1984.

Dies.: *Michel Foucault. Jenseits von Strukturalismus und Hermeneutik*, Frankfurt/Main 1987.

Dumont, Louis: *Homo Aequalis*, Paris 1977

Ders.: *Genèse de l'individualisme occidental*, in: *Esprit*, Februar 1978.

Ders.: *Essais sur l'individualisme. Une perspective anthropologique sur l'idéologie moderne*, Paris 1983.

Duras, Marguerite: *A propos de Georges Bataille*, in: *La Ciguë* Nr. 1, Paris, Januar 1958, S. 32-33.

Dies.: *Outside*, Pairs 1981.

Dies.: *La maladie de la mort*, Paris 1983.

During, Simon: *Foucault and Literature. Towards a Genealogy of Writing*, London 1992.

Durkheim, Emile: *Les formes élémentaires de la réligion*, Paris 1912.

Ders.: *Règles de la méthode sociologique*, Paris 1947.

Ehrenberg, Alain: *L'individu incertain*, Paris 1995.

Eliade, Mircea: *Le sacré et le profane*, Paris 1979.

Engelmann, Peter: *Jacques Derridas Randgänge der Philosophie*, in: Bernard, Jeff (Hrsg.): *Semiotica Austriaca*, Wien 1987.

Erdmann, Eva; Forst, Rainer; Honneth, Axel (Hrsg.): *Ethos der Moderne. Foucaults Kritik der Aufklärung*, Frankfurt/New York 1990.

Eribon, Didier: *Michel Foucault*, Paris 1989.

Ewald, François: *Michel Foucault. Grundzüge einer Ethik*, in: Wilhelm Schmid (Hrsg.): *Denken und Existenz bei Michel Foucault*, Frankfurt/Main 1991.

Ewald, François; Waldenfels, Bernhard (Hrsg.): *Spiele der Wahrheit. Michel Foucaults Denken*, Frankfurt/Main 1991.

Farge, Arlette: *Fin de règne*. In: *EspacesTemps* Nr. 37, Paris 1988, *Je et Moi, les émois du je. Questions sur l'individualisme*, S. 24.

Felman, Shoshana: *Writing and Madness (Literature/Philosophy/Psychoanalysis)*, Ithaca, New York, 1985.

Finas, Lucette: *La crue*, Paris 1972.

Dies.: *Bataille forcé*, Annexe I, in: Finas; Kofmann; Laporte; Rey: *Ecarts. Quatre essais à propos de Jaques Derrida*, Paris 1973.

Finter, Helga: *Der subjektive Raum.* Band I: *Die Theaterutopien Stéphane Mallarmés, Alfred Jarrys und Raymond Roussels: Sprachräume des Imaginären,* Tübingen 1990.

Finter, Helga; Maag, Georg (Hrsg.): *Bataille lesen. Die Schrift und das Unmögliche.* München 1992.

Forest, Philippe: *Histoire de Tel Quel, 1960-1982,* Paris 1995.

Frank, Manfred: *Was ist Neostrukturalismus?* Frankfurt/Main 1984.

Ders.: *Subjekt, Person, Individuum,* in: Manfed Frank; Anselm Haverkamp (Hrsg.): *Individualität (Poetik und Hermeneutik* Band XIII), München 1988.

Frank, Manfred; Raulet, Gérard; van Rejen, Willem (Hrsg.): *Die Frage nach dem Subjekt,* Frankfurt 1988.

Fraser, Nancy: *Unruly Practices. Power, Discourse and Gender in Contemporary Social Theory.* Minneapolis 1989.

Gemünden, Gerd: *Die hermeneutische Wende,* New York 1990.

Giard, Luce (Hrsg.): *Michel Foucault. Lire l'œuvre,* Grenoble 1992.

Girard, René: *La Violence et le Sacré,* Paris 1972.

Gordon, Colin: *The Soul of the Citizen: Max Weber and Michel Foucault on Rationality and Government,* in: Scott Lash, Sam Whimster (Hrsg.): *Max Weber, Rationality and Modernity,* London 1987, S. 293-316.

Gramme / écriture et lecture, Nr. 1: *Bataille,* Aix-en-Provence 1974.

Gros, Frédéric: *Michel Foucault,* Paris 1996.

Grössel, Hanns (Hrsg.): *Raymond Roussel.* Eine Dokumentation, München 1977.

Guibert-Sledziewski, Elisabeth; Vieillard-Baron, Jean-Louis (Hrsg.): *Penser le sujet aujourd'hui,* Publikation des *Centre Culturel International de Cerisy-la-Salle,* Paris 1988.

Gutman, Huck; Martin, Luther H.; Hutton, Patrick H. (Hrsg.): *The Political Technology of Individuals. Technologies of the Self,* Amherst, Massachusetts, 1988.

Habermas, Jürgen: *Der philosophische Diskurs der Moderne,* Frankfurt/Main 1985.

Ders.: *Nachmetaphysisches Denken,* Frankfurt/Main 1988.

Häfliger, Gregor: *Autonomie oder Souveränität. Zur Gegenwartskritik von Georges Bataille,* Mittenwald 1981.

Hawley, Daniel: *Bibliographie anotée de la critique sur Georges Bataille de 1929 à 1975.* Genf/Paris 1976.

Ders: *L'oeuvre insolite de Georges Bataille. Une hiérophanie moderne,* Genf/Paris 1978.

Hegel, Georg Wilhelm Friedrich: *Phänomenologie des Geistes, Werke* Band 3, Frankfurt/Main 1970.

Heidegger, Martin: *Sein und Zeit,* Tübingen ^{16}1986.

Ders.: *Nietzsche II*, Pfullingen 1961.

Heller, Thomas C.; Sosna, Morton; Wellverry, David E. (Hrsg.): *Reconstructing Individualism: Autonomy, Individuality and the Self in Western Thought,* Stanford 1986.

Historisches Wörterbuch der Philosophie, Hrsg. Karlfried Gründer, Joachim Ritter, Band 4 ("*Individuum, Individualität*"), 1976.

Hollier, Denis: *Le matérialisme dualiste de Georges Bataille,* in: *Tel Quel* Nr. 25, Paris 1966, S. 44-54.

Ders.: *La prise de la Concorde. Essais sur Georges Bataille,* Paris 1974.

Ders.: (Hrsg.): *Le Collège de Sociologie (1937-1939)*, Texte von Georges Bataille, Roger Caillois, Pierre Klossowski, Alexandre Kojève, Michel Leiris u.a., Paris 1979. (CS)

Ders.: *Gottes Wort: "Ich bin tot"*, in: Ewald, Waldenfels (Hrsg.) 1991, S. 106-123.

Honneth, Axel: *Kritik der Macht*. Frankfurt/Main 1985.

Ders.: *Foucault und Adorno. Zwei Formen einer Kritik der Moderne*, in: *Die zerrissene Welt des Sozialen: sozialphilosophische Aufsätze*, Frankfurt/Main 1990, S. 73-92.

Hübener, Wolfgang: *Der dreifache Tod des modernen Subjekts*, in: Frank, Raulet, van Rejen 1988, S. 101-127.

L'Infini Nr. 49-50, Paris 1995: *De Tel Quel à l'Infini*.

Jaspers, Karl: *Allgemeine Psychopathologie*, Berlin 1913.

von Justi, J.H. Gottlob: *Grundsätze der Policey-Wissenschaft*, Göttingen 1756.

Kammler, Clemens: *Michel Foucault. Eine kritische Analyse seines Werks*, Bonn 1986.

Kant, Immanuel: *Kritik der reinen Vernunft*, Werke in zwölf Bänden, Hrsg. Wilhelm Weischedel, Band III, Frankfurt/Main 1968.

Ders.: *Was ist Aufklärung?* In: *Berlinische Monatsschrift*, Dezember 1784, Band IV, S. 481-491.

Kimmerle, Heinz (Hrsg.): *Das Andere und das Denken der Verschiedenheit, Schriften zur Philosophie der Differenz* Band I, Amsterdam 1987.

Kittler, Friedrich: *Aufschreibesysteme 1800/1900*. München 1985.

Ders.: (Hrsg.): *Die Austreibung des Geistes aus den Geisteswissenschaften: Programme des Poststrukturalismus*, Paderborn 1980.

Klinger, Cornelia: *Flucht Trost Revolte. Die Moderne und ihre ästhetischen Gegenwelten*, München 1995.

Klossowski, Pierre: *Sade, mon prochain*, Paris 1947.

Ders.: *De Contre-Attaque à Acéphale*, in: *Change* Nr. 7, 1970,S. 103-107.

Kofmann, Sarah: *Lectures de Derrida*, Paris 1984.

Kojève, Alexandre: *Introduction à la lecture de Hegel, Leçons sur la phénoménologie de l'esprit*, Paris 1947.

Ders.: *Hegel, Kommentar zur Phänomenologie des Geistes*, Hrsg. Iring Fetscher, Frankfurt/Main 1975.

Ders.: *Préface à l'œuvre de Georges Bataille* (1950), in: *L'Arc 44*, 1971, S. 36.

Kritzman, Lawrence D. (Hrsg.): *The Dangerous Individual. Politics, Philosophy, Culture: Interviews and other Writings 1977-1984*, übersetzt von. Alan Sheridan et al., New York 1988, S. 125-151.

Lange, Elisabeth: *"Georges Bataille échappe à l'explication". Zur Rezeption Batailles in der französischen Literaturkritik der sechziger und siebziger Jahre*, in: *Bataille lesen: die Schrift und das Unmögliche*, Hrsg. Helga Finter, Georg Maag, München 1992.

Laurent, Alain: *L'édifiante histoire de l'individualisme*, in: *magazine littéraire* Nr. 264, Paris, April 1989, S. 35-37.

Ders.: *Histoire de l'individualisme*, Paris 1993.

Lebrun, Gérard: *Note sur la phénoménologie dans "Les Mots et les Choses"*, in: *Michel Foucault philosophe*, Paris 1989, S. 33-53.

Le Brun, Jaques: *Une œuvre classique*, in: Giard (Hrsg.) 1992.

Leduc, Paule: *L'Expérience de Georges Bataille, de la dépense à la souveraineté*, Paris 1965.

Leibniz, Gottfried Wilhelm: *Monadologie*, Stuttgart 1979.

Leiris, Michel: *De la littérature considérée comme une tauromachie*, Paris 1946.

Ders.: *De Bataille l'impossible à l'impossible Documents*, in: *Critique* Nr. 195-196, 1963, S. 685-693.

Lejeune, Philippe: *Lire Pierre Rivière*, in: *Le Débat* Nr. 66, 1991.

Lepenies, Wolf: *Gefährliche Wahlverwandtschaften. Essays zur Wissenschaftsgeschichte*, Stuttgart 1989.

Lévy, Bernard-Henri: *Idéologie française*, Paris 1981.

Ders.: *Les aventures de la liberté*, Paris 1991.

Lipovetsky, Gilles: *L'Ere du vide. Essai sur l'individualisme contemporain*, Paris 1983.

Ders.: *L'Empire de l'éphémère*, Paris 1987.

Lyotard, Jean-François: *Le différend*, Paris 1983.

Ders.: *Der Widerstreit*, München 1987.

Macey, David: *Michel Foucault*, Paris 1994.

Macherey, Pierre: *Aux sources de l'Histoire de la folie: une rectification et ses limites*. In: *Critique* No. 471-472, August-September 1986, S. 753-774.

Ders.: *Foucault: éthique et subjectivité*, in: *Autrement*, November 1988, n° 102.

Ders.: *A quoi pense la littérature? Pratiques théoriques*, Paris 1990.

magazine littéraire Nr. 243: *Georges Bataille*, Paris, Juni 1987.

magazine littéraire Nr. 264: *L'individualisme*, Paris, April 1989.

magazine littéraire Nr. 325: *Foucault aujourd'hui*, Paris, Oktober 1994.

Marmande, Francis: *Georges Bataille politique*, Lyon 1985.

Ders.: *Sartre, Bataille: Le pas de deux. L'Histoire des relations tendues et éclairantes entre les deux hommes. D'un côté, l'être, de l'autre, le néant*. In: *magazine littéraire* 243, 1987, S. 43-45.

Mattheus, Bernd: *Georges Bataille. Eine Thanatographie*, München 1984.

Mauss, Marcel: *Essai sur le don*, Paris 1903.

Megill, Allan: *Prophets of Extremity: Nietzsche, Heidegger, Foucault, Derrida*, Los Angeles 1985.

Meinecke, Friedrich: *Die Idee der Staatsräson in der neueren Geschichte*, Berlin, Oldenburg 1924.

Meister, Martina: *Die Sprache, die nichts sagt und die nie schweigt. Literatur als Übertretung*, in: Erdmann, Forst, Honneth (Hrsg.), 1990, S. 235-259.

Méschonnic, Henri: *Modernité modernité*, Paris 1988.

Michel Foucault philosophe, rencontre international, Paris 1989.

Miklenitsch, Wilhelm: *La pensée de l'épicentration*. In: *Critique* Nr. 471-472, August-September 1986, S. 816-825.

Mikobi, Tongo: *Naissance du sujet moderne dans l'itineraire de Michel Foucault*. 2 Bände, Dissertation an der Université catholique de Louvain 1990.

Mishima, Yukio: *Essai sur Georges Bataille*, in: *Nouvelle Revue Française* Nr. 256, April 1974, S. 77-82.

Morin, Edgar: *L'Homme et la Mort dans l'Histoire*, Paris 1951.

Moscovici, Serge: *L'individu et ses représentations*, in: *magazine littéraire* 264, April 1989, S. 28-30.

Mounier, Emmanuel: *La révolution personnaliste et communautaire*, Paris 1934.

Ders.: *Le manifeste au service du personnalisme*, Paris 1935

Ders.: *Anarchie et personnalisme*, Paris 1937.

Nagl-Docekal, Herta; Vetter, Helmut (Hrsg.): *Tod des Subjekts?*, Wien, München 1987.

Nancy, Jean-Luc: *La communauté désoeuvrée*, Paris 1986.

Neuenhaus, Petra: *Max Weber und Michel Foucault. Über Macht und Herrschaft in der Moderne.* Pfaffenweiler 1993.

Nietzsche, Friedrich: *Werke*. Hrsg. Karl Schlechta, Frankfurt/Main, Berlin, Wien 1984.

Ders.: *La volonté de puissance*, Paris 1935.

Oosterling, Henk: *De opstand van het lichaam: over verzet en zelfervaring bij Foucault en Bataille*, Amsterdam 1989.

Otto, Rudolf: *Das Heilige* (1917), München 1987.

Perniola, Mario: *L'instant éternel. Bataille et la pensée de la marginalité*, Paris 1982.

Perrot, Michelle (Hrsg.): *L'Impossible prison: recherches sur le système pénitentiaire au XIXe siècle*, Paris 1980.

Piel, Jean: *La rencontre et la différence*, Paris 1982.

Pinguet, Maurice: *Les années d'apprentissage*, in: *Le Débat* Nr. 41, 1986.

Ders.: *Die Lehrjahre*. In: *Denken und Existenz bei Michel Foucault*, Hrsg. Wilhelm Schmid, Frankfurt/Main 1991.

Pizzorno, Alessandro: *Foucault et la conception libérale de l'individu*, in: *Michel Foucault philosophe*, Paris 1989, S. 236-245.

Quenau, Raymond: *Premières confrontations avec Hegel*, in: *Critique* Nr. 195-196, S. 694-700.

Quilliot, Raymond: *La fascination moderne de l'impersonnel*, in: Guibert-Sleddziewski, Vieillard-Baron (Hrsg.) 1988, S. 291-307.

Quinzaine littéraire Nr. 97: *Présence de Bataille*, Paris, 16-30 Juni 1970.

Rabinow, Paul (Hrsg.): *The Foucault Reader*, New York 1984.

Racevskis, Karlis: *Michel Foucault, Rameaus Nephew, and the Question of Identity*, in: *Philosophy and Social Criticism*. Special Issue: *The Final Foucault*. Co-edited by James W. Bernauer, Nr. 2-3, vol. 12, Sommer 1987, S. 132-144.

Rajchman, John: *Michel Foucault: The Freedom of Philosophy*, New York 1985.

Raynaud, Philippe: *La folie à l'âge démocratique*, in: *Esprit* Nr. 11, 1983, S. 93-110.

Rella, Franco: *The Myth of the Other. Lacan, Foucault, Deleuze, Bataille*, Washington, D.C., 1994.

Renaut, Alain: *L'ère de monadologies*, in: *magazine littéraire* Nr. 264, April 1989, S. 48-51.

Ders.: *L'individu. Reflexions sur la philosophie du sujet*. Paris 1995.

Revel, Judith: *Littérature et philosophie dans l'œuvre de Michel Foucault*. Mémoire de D.E.A., Paris 1991.

Dies.: *Sur l'introduction à Binswanger (1954)*, in: Giard (Hrsg.) 1992, S. 51-56.

Dies.: *Histoire d'une disparition. Foucault et la littérature*, in: *Le Débat* Nr. 79, Paris, März-April 1994.

Rey, Jean-Michel: *La figuration de la mort*, in: *Tel Quel* Nr. 40, 1970, S. 13-17.

Reese-Schäfer, Walter: *"Nach innen geht der geheimnisvolle Weg". Einige kritische Bemerkungen zu Charles Taylors Ontologie der Moralität und des modernen Selbst*, in: *Deutsche Zeitschrift für Philosophie* 4/1996, S. 621-634.

Richard, Jean-Pierre: *L'univers imaginaire de Mallarmé*, Paris 1961.

Rousseau, Jean-Jacques: *Essai sur l'origine des langues*, in: *Œuvres Complètes*, Tome V, Bibliothèque de la Pléiade, Paris 1995.

Roussel, Raymond: *Comment j'ai écrit certains de mes livres* (1935), Paris 1963.

Roussel, Yves: *Le mouvement d'écrire*. In: Giard, Luce (Hrsg.), *Michel Foucault. Lire l'œuvre*, Grenoble 1992, S. 97-110.

Rozenberg, Jacques J.: *Entre philosophie et Psychopathologie: l'opposition sens/non-sens*, in: *Critique* Nr. 559, 1993, S. 860-870.

Saint-Simon, Claude-Henri de: *Le système industriel*, Paris 1821.

Sartre, Jean-Paul: *Un nouveau mystique*, in: *Cahiers du Sud* 1943; wiederaufgenommen in: *Situations, I. Essais critiques*, Paris 1947, S. 132-174.

Ders.: *Jean-Paul Sartre répond*, in: *L'Arc* Nr. 30, 1996.

Sciascia, Leonardo: *Acts Relative to the Death of Raymond Roussel*, in: *Atlas Anthology* 4, 1987, S. 124-129.

Schmid, Wilhelm (Hrsg.): *Denken und Existenz bei Michel Foucault*, Frankfurt/Main 1991.

Schürmann, Reiner: *Se constituer soi-même comme sujet anarchique*, in: *Etudes Philosophiques* Nr.41, Oktober - Dezember 1986, S. 451-471.

Seitter, Walter: *Onirocritiques*, in: *Michel Foucault philosophe*, S. 166-171.

Sennett, Richard: *The Fall of Public Man*, New York 1974.

Shakespeare, William: *Hamlet*, Hrsg. G.R. Hibbard, Oxford 1987.

Simons, Jon: *Foucault and the Political*, London/New York 1995.

Sollers, Philippe: *De grandes irrégularités de langage*, in: *Critique* Nr. 195-196, August-September 1963, S. 795-802.

Ders.: *L'écriture et l'expérience des limites*, Paris 1967.

Ders.: *Le Coupable*, in: *Tel Quel* Nr. 45, Paris 1971.

Ders.: (Hrsg.): *Bataille*, Publication du Centre Culturel International de Cerisy-La-Salle, Paris 1973.

Ders.: *Lettre sur l'indiviidualité littéraire*, in: *magazine littéraire* Nr. 264, April 1989, S. 33-35.

Spivak, Gayatri Chakravorty: *Can the Subaltern Speak?*, in: Cary Nelson, Lawrence Grossberg (Hrsg.): *Marxism and the Interpretation of Culture*, Urbana, Illinois, 1988, S. 271-313.

Starobinski, Jean: *Jean-Jacques Rousseau: La transparence et l'obstacle*, Paris 1976.

Ders.: *L'œil vivant: Essais sur Corneille, Racine, Rousseau, Stendhal*, Paris 1961.

Ders.: *Avant-propos*, in: Friedrich D.E. Schleiermacher: *Herméneutique*. Genf 1987.

Stendhal: *Le Rouge et le Noir, Chronique du XIXe siècle*, Paris 1972.

Sternhell, Zeev: *La Droite révolutionnaire*, Paris 1978.

Ders.: *Ni droite ni gauche*, Paris 1983.

Surya, Michel: *Georges Bataille. La mort à l'œuvre*, Paris 1987.

Tardits, Annie: *Partage, Séparation, Aliénation*, in: Giard (Hrsg.) 1992.

Taureck, Bernhard: *Französische Philosophie im 20. Jahrhundert. Analysen, Texte, Kommentare*, Reinbek 1988.

Taylor, Charles: *Foucault über Freiheit und Wahrheit*, in (Ders.): *Negative Freiheit?* Frankfurt/Main 1988.

Ders.: *Quellen des Selbst. Die Entstehung der neuzeitlichen Identität*, Frankfurt/Main 1994.

Tocqueville, Alexis de: *De la démocatie en Amérique*, (1835-1840), Paris 1981.

Veyne, Paul: *Foucault révolutionne l'histoire*, in (Ders.): *Comment on écrit l'histoire*, Paris 1979.

Voss, Dietmar: *Hegel, Bataille und die Poetik der Moderne - Überlegungen zu einer dialektischen Rekonstruktion der 'subversiven' Moderne*. In: *Literatur im historischen Prozeß*, Hrsg. Jochen C. Schütze, Hans-Ulrich Treichel, Dietmar Voss, Argument-Sonderband 177, Hamburg 1988.

Wahl, François: *Qu'est-ce que le structuralisme?* Paris 1968.

Wahl, Jean: *En lisant 'La littérature et le mal'*, in: *La Ciguë* Nr. 1 (Hommage à Georges Bataille), Paris, Januar 1958, S. 41-46.

Waldenfels, Bernhard: *Phänomenologie in Frankreich*, Frankfurt/Main 1987.

Ders.: *Deutsch-französische Gedankengänge*, Frankfurt/Main 1995.

Weber, Max: *Wirtschaft und Gesellschaft. Grundriß der verstehenden Soziologie*, Tübingen [5] 1980

Ders.: *Die protestantische Ethik I*, Hrsg. J. Winckelmann, Tübingen 1984.

Weir, Allison: *Glauben an Wissen: Über das Problem der Überzeugung in der feministischen Theorie*. In: *Deutsche Zeitschrift für Philosophie* 1/1997, S. 51-61.

Wilde, Oscar: *Pen, Pencil and Poison*, in: *The Complete Works of Oscar Wilde*, 4 Bände, Hrsg. Robert Ross, New York 1922, Band 4, S. 61-99.

MIX
Papier aus verantwortungsvollen Quellen
Paper from responsible sources
FSC® C105338

If you have any concerns about our products,
you can contact us on
ProductSafety@springernature.com

In case Publisher is established outside the EU,
the EU authorized representative is:
**Springer Nature Customer Service Center GmbH
Europaplatz 3, 69115 Heidelberg, Germany**

Printed by Libri Plureos GmbH
in Hamburg, Germany